现代公民法律实用丛书

百姓身边的法律服务 MODERN CIVIL LAW 常用法律常识速查速用

（应用版）

合同法实用案例

徐运全／主编

增强法律观念·提高维权意识

内蒙古出版集团
内蒙古人民出版社

图书在版编目(CIP)数据

合同法实用案例/赵怡编著. -呼和浩特:内蒙古人民出版社,2016.7

(现代公民法律实用丛书/徐运全主编)

ISBN 978-7-204-14211-8

Ⅰ.①合… Ⅱ.①赵… Ⅲ.①合同法-基本知识-中国 Ⅳ.①D923.6

中国版本图书馆CIP数据核字(2016)第184342号

现代公民法律实用丛书·合同法实用案例

主　　编　徐运全
编　　著　赵　怡
责任编辑　王　静
责任校对　赵利霞
责任监印　王丽燕
封面设计　宋双成
出版发行　内蒙古人民出版社
地　　址　呼和浩特市新城区中山东路8号波士名人国际B座
网　　址　http://www.nmgrmcbs.com
印　　刷　北京龙跃印务有限公司
开　　本　710mm×1000mm　1/16
印　　张　18.25
字　　数　290千
版　　次　2016年9月第1版
印　　次　2016年9月第1次印刷
印　　数　1—7000册
书　　号　ISBN 978-7-204-14211-8/D·296
定　　价　35.00元

如发现印装质量问题,请与我社联系。联系电话:(0471)3946120

目　录
CONTENTS

合同与合同法 ………………………………………………………………… 1

为什么要签订合同 …………………………………………………… 1

不签合同的危害 ……………………………………………………… 5

合同的概念及特征 …………………………………………………… 8

合同的分类 …………………………………………………………… 8

《合同法》的概念和基本原则 ………………………………………… 9

合同的订立 …………………………………………………………… 10

合同的内容 …………………………………………………………… 11

合同的效力 …………………………………………………………… 11

合同的履行 …………………………………………………………… 13

合同的变更和转让 …………………………………………………… 14

合同的终止 …………………………………………………………… 15

合同的签订 ……………………………………………………………… 16

合同的种类 …………………………………………………………… 16

签合同的注意事项 …………………………………………………… 20

签合同的步骤与方法 ………………………………………………… 29

合同的内容 …………………………………………………………… 33

合同签订的条件 ……………………………………………………… 34

合同与法人印章 ……………………………………………………… 36

合同的约定 …………………………………………………………… 37

《合同法》对合同的效力的规定 ……………………………………… 38

合同生效应有的条件 …… 39
合同的有效性 …… 40
无效合同 …… 42
无效合同的处理 …… 43
无效合同的诉讼 …… 44
订立合同的特别情形 …… 45
合同变更和撤销 …… 46
合同的约定 …… 47
中止履行合同 …… 48
变更合同 …… 50
合同的变更产生的法律后果 …… 50
合同权利转让 …… 51
合同权利转让的条件 …… 52
合同的解除 …… 53
合同解除与赔偿 …… 54
债务的抵销 …… 55
违约行为 …… 56
违约补救措施 …… 57

合同的格式 …… 60

劳动合同 …… 60
私营企业劳动合同 …… 63
临时工劳动合同 …… 68
买卖合同 …… 70
房屋买卖合同 …… 74
商品房买卖合同 …… 76
房屋租赁合同 …… 83
房地产转让合同 …… 85
柜台租赁合同 …… 87

加工合同 …… 90
定作合同 …… 91
承揽合同 …… 93
广告合同 …… 94
修缮合同 …… 95
保管合同 …… 96
仓储合同 …… 97
委托合同 …… 100
委托出版图书合同 …… 101
商品代销合同 …… 103
中介服务合同 …… 104
技术转让合同 …… 105
技术服务合同 …… 108
合伙合同 …… 111
承包经营合同 …… 114
租赁经营合同 …… 117
担保借款合同 …… 119
抵押借款合同 …… 120
借款合同 …… 121
买卖合同 …… 122

合同纠纷 …… 124

和解 …… 124
调解 …… 125
仲裁 …… 127
诉讼 …… 135

举案说法 …… 136

购销合同纠纷之诉 …… 136

合同部分无效是否导致整个合同无效之诉 …… 140
重大失误造成合同成立纠纷案 …… 145
合同违约给对方造成损失之诉 …… 149
人身意外保险理赔合同纠纷案 …… 153
保险免责条款不明引发理赔纠纷案 …… 157
无效的保险合同之诉 …… 162
房地产商违约售房引发合同欺诈案 …… 166
合同的履行标准不明确引发纠纷案 …… 171
合同格式条款引发争议案 …… 176
合同违约纠纷之诉 …… 180
房屋预售合同纠纷之诉 …… 184
履行合同违约案 …… 189
旅客意外伤亡赔偿纠纷之诉 …… 194

附　录 …… 198

《中华人民共和国合同法》 …… 198
最高人民法院《关于适用〈中华人民共和国合同法〉若干问题的解释(一)》 …… 246
《中华人民共和国担保法》 …… 251
最高人民法院《关于适用〈中华人民共和国担保法〉若干问题的解释》 …… 264

合同与合同法

为什么要签订合同

人们在生活中常常提到“合同”，那么，什么是合同呢？合同，光从字面上讲，是结合而同意的意思。一般人们称它为“契约”或者“协议”。用法律术语来说，合同是指平等主体的公民、法人、其他组织之间设立、变更、终止债权债务关系的协议。

这里边有个法学术语是需要了解的，即“法人”。什么是法人呢？用句通俗话说，就是法律上把它当作人。法人是自然人的对称，是指按照法定程序设立，有一定的组织机构和独立支配的财产或者独立预算，并能以自己的名义进行民事活动，享受民事权利和承担民事义务的社会组织。例如公司、工厂等等。

法人的特征是：它具有一定的组织机构，有常设机关和代表法人的负责人，有自己的名称、住所和组织章程；有自己独立支配的财产或独立预算，这是保证法人能够独立进行民事活动的物质基础和条件；能够以自己的名义，参加民事活动，承担民事责任；能以自己的名义进行民事活动和参加民事诉讼；必须依照法定程序成立，没经过国家有关机关核准或者登记的社会组织，不能以法人身份进行民事活动。

要研究怎样签订合同，必须弄明白合同有什么作用。如果不知道合同有什么作用，或者对合同的作用仅仅是一知半解，对合同的作用了解得不全面，就不能充分认识合同的重要性。

合同的作用是多方面的，总的来说，是保护合同当事人的合法权益，减少纠纷，维护社会经济秩序，促进社会经济建设。具体说，签合同的作用体现在以下四方面：

1. 可以减少纠纷

人们从事生产、买卖、仓储运输、租赁、借款或搞其他经营活动，在绝大多数的情况下，都是和相识的人往来。甚至有时和亲友、同学往来。即使一时不相识，经过几次接触、交谈，也就相识了。于是不少人有这样的错误认识，认为和相识的人进行经济来往，要立字据、签合同，不好意思，怕淡化了感情，怕认为是不相信对方而伤了和气。但实际情况却告诉我们，由于客观情况总是不断变化的，事先口头商量好的事情，经过一段时间，或者是由于人们的记忆出现错误，或者是客观实际发生了变化，往往要产生争议，不好处理，这就很容易发生争吵，甚至到行政机关或者是人民法院去打官司。由于怕伤和气而不签订合同，最后严重伤了和气的实例是很多的。

另外，随着法制建设的日益健全和完善，签订合同是人们从事任何事情的必要手段。如果不签订合同，倒容易使对方产生怀疑，为什么不敢签订合同呢？所以，在目前的经济活动中，要注意运用合同来预防纠纷。

2. 合同具有法律约束力，会督促双方履行合同

合同依法成立，就具有法律约束力。所谓法律约束力，是指合同的当事人必须遵守合同的规定，如果违反，就要承担相应的法律责任。《合同法》第八条规定："依法成立的合同，对当事人具有法律约束力。当事人应当按照约定履行自己的义务，不得擅自变更或者解除合同。"从这一规定可以看出，依法签订的合同，其法律约束力体现在以下四个方面：

一是合同签订以后，任何一方都必须按照合同的规定，全面履行合同，承担合同规定的义务。同时，也都有权利要求对方全面履行合同所规定的义务。这里为什么强调义务的履行呢？这是因为，一方权利的实现，是以对方义务的履行为前提的。如果一方不履行义务，不按合同规定去做，对方则不能享有权利。

二是在合同履行中，不管客观情况发生了什么变化，都不得擅自变更或者解除合同。如果需要变更或解除，必须经双方协商，达成一致意见以后，方能变更或解除。

三是合同依法签订以后，除了不可抗拒的客观原因和法律有特别规定的情况以外，当事人的任何一方，如果不按合同的规定全面履行自己的义务，

则要承担违约责任，要向对方支付违约金或者赔偿金。在支付违约金和赔偿金以后，如果对方要求继续履行合同，还应当继续履行。

四是依法签订的书面合同，是要求对方履行合同的凭证，也是仲裁机关和司法机关调解、处理合同纠纷的依据。在履行合同中．如果发生了争议，或者对方有违约行为时，任何一方当事人都可以向合同管理机关申请调解或者仲裁，也可以直接到人民法院提起诉讼。合同管理机关和人民法院，将根据合同和法律的规定，分别进行调解、仲裁，或者调解、判决。如果有责任的一方不执行裁决或者人民法院的判决，合同管理机关或者人民法院可以采取相应的强制措施，强制其执行，以维护合同的法律效力，保护当事人的合法权益。

3．合同受到广泛的保护

在我们国家里，一切生产、经营的根本目的，就是为了满足人民日益增长的物质和文化生活的需要。所以，一切民事活动、经济活动，都应该围绕着这个根本目的来进行。如果某个单位或者某个人违反了这个根本目的，那么，任何其他组织或者个人，都有责任依照法律规定进行干预。这种干预一般分为两种：

一种是国家干预。这是指国家通过某些有管理职能的机关，分别采取经济的、行政的或者法律措施，来制止或者制裁违背社会主义生产、经营根本目的的行为。

另一种是社会干预。这是指社会的各种组织和公民个人，将会采取宣传教育、舆论谴责、终止经济往来、检举揭发、控告等办法来进行干预。

4．合同不受非法干预

《合同法》第四条规定："当事人依法享有自愿订立合同的权利，任何单位和个人不得非法干预。"这就是说，只要合同合法，不损害国家和人民利益，就不受他人干预。

由此看来，既然签合同有这么多好处，那么，我们在从事经济活动或者其他民事活动时，都应当及时依法签订合同，注意发挥合同的作用，以便保证自己的合法权益不受侵犯。

任何事情都有两面性。当我们看到合同的积极作用　面的同时，也应当注意，有人利用签合同的手段，侵害对方的利益，我们应当提高警惕。由于合法的合同受法律保护，于是，不少善良的人缺乏警惕，认为只要自己不侵害别人，只要对自己有利，什么合同都敢签。认为如果对方不履行合同，就去法院打官司。其实，他们把问题想简单了。打官司那么容易吗，一定能打赢吗？

在社会实践中，我们必须看到以下一些情况：

（1）有人利用合同恶意侵害对方权益。例如，他们明知对方履行合同有困难，或者根本无法履行合同，便好言相劝，物质拉拢，让你签订不能按约履行的合同。合同的条款确立得十分苛刻，故意让你履行不了。合同签订以后，当你不能完全履行合同时，他们立即到法院告你，使你败诉，不得不赔偿对方的所谓损失。你吃亏也无话可说。

（2）有人夸大自己的履行能力，明明没有能力和条件去履行合同，但为了谋利，也跟你签订合同。合同签订以后，他们这才筹集资金和材料，但由于种种原因，还是履行不了合同，使你遭受重大损失，逼得你不得不跟对方打官司。一打官司，使你耗费人力、财力，影响了自己的经营、工作。

（3）有人利用合同诈骗。他们根本不想履行合同，跟你签订合同的目的，就是想骗你钱财，骗完以后拿着就跑，使你找不到。或者骗完钱，用来偿还债务，当你跟他索要时，他已经没有了。你告到法院，他一贫如洗，还是讨要不回来，即使把他告到了公安机关，法院判处了他刑罚，但还是挽救不了你经济上的损失。

签订合同是个复杂问题，必须慎重对待。一遇上合同纠纷，麻烦就来了。争不完的是非搅得你无法正常工作。即使去法院打官司，打完一审打二审，然后再申诉，请律师、写材料，有时一场官司就打一二年。既影响了团结，又浪费了钱财，还影响了正常的经营、生活、工作。因此，签订合同时，首先要想到：必须预防合同纠纷；防止对方利用合同制造纠纷。

不签合同的危害

1. 不签合同容易带来的麻烦

（1）容易产生纠纷

人们在做生意，干事情，或者从事某种经济活动时，往往要与对方进行商量，并且对某些问题会有约定。但光靠这种口头约定是不行的。由于客观情况在不断变化，再加上人们的记忆也容易出现问题，还有人们处理问题往往从有利于自己利益的角度着想，等等，这些因素就决定了人们之间很容易产生纠纷。如果把人们事先的约定用文字的形式记下来，也就是说签订了合同，白纸黑字，明确写出双方约定的内容，这样就可以减少纠纷。

（2）不签合同，对双方没有约束力

没有合同，不利于双方按照事先的约定来履行约定的内容。也就是说，人们在具体的实践中，遇到了困难，遇到了利益上的冲突，有的人就不想再按照事先双方约定，来履行自己的承诺。即使一方背信弃义，自食其言，想怎么干就怎么干，由于没有合同，对其没有约束力。

（3）容易上当受骗

人们在签订合同的时候，双方都比较谨慎。各自要详细了解对方的履约能力，调查对方的资金和信誉等情况。在合同中，每写明一项条款，都要经过认真的考虑。如果不签订合同，这种考察、了解就会削弱。正因为如此，也容易给一些不法之徒创造诈骗他人钱财的机会。这就很容易使不法之徒的诈骗企图得逞，而使自己的利益受到侵害。

（4）为正确解决纠纷带来了困难

由于没有合同，空口无凭，双方一旦出现纠纷，就会出现“公说公有理，婆说婆有理”的现象。到底谁是谁非，没有文字依据。这种纠纷，究竟谁是谁非，很难分清。这也会给有关部门或者是司法机关处理这种纠纷带来困难。这很容易使当事人的合法利益不能够得到保障。

2. 对签合同的种种错误认识

在实践中，有些人不注意签合同，主要是由于以下几种错误认识造成的：

（1）怕麻烦

有人错误地认为，签合同麻烦，不仅对许多重要问题，要与对方商量一致，而且还得书写文字，书写的内容还要推敲，文字要准确，写完又得经过双方签字盖章，觉得很麻烦。他们不懂得今日的麻烦，是为了减少日后更大的麻烦。在实践中我们已经看到，许多人因为怕麻烦，到后来吃了苦头。其教训人们是应当汲取的。

（2）认为无用

有人错误地认为，签订合同，对于有些时候来说，是没有用处的。他们在以往的经济活动中，也没签合同。我们认为，以前没签合同，不能作为以后永远不用签合同的理由。以前没有因为不签合同而出现纠纷，保证不了以后不签合同也永远不出现纠纷。随着经济建设不断深入发展，客观条件不断显现出复杂性，这些都越来越明显地说明，签订合同不仅有用，而且十分必要。

（3）怕影响感情

有些人还错误地认为，签合同，是不相信对方的表现。于是，在与他人个人处理某些事项的时候，应当签订的合同也不签订；甚至跟一些部门、单位搞经营等，应该签订合同也不签订，怕伤害感情。

例如，辽南有个农民叫刘某，他盖房子的事就是这样。他盖六间房，用的瓦工是他的亲戚张某。事先，他和工头张某只是口头议定：建房的一切材料，都由刘某提供，并且全部运到工地，瓦工们只管盖房，盖好经过验收合格，立即给付全部工钱；不合格，返工重建，返工的各种损失都由瓦工负责。在这种情况下，每盖一间，工钱是1000元，盖六间，总计是6000元的工钱，账目清楚，俩人又是亲戚关系，认为没有必要再签订合同。如果签订合同，不仅费事，而且还会伤害感情。他们认为签合同就是为了以后打官司用。于是，口头议定以后，没有签订合同，瓦工队就进入了现场开始施工。

六间房子即将竣工了，刘某看到施工现场还剩不少砖瓦砂石，就跟工头张某提出，要用所剩的材料再盖一间西厢房。他说：“这间厢房简单，工艺也不复杂，房子矮点儿、小点儿也可以。再增盖一间厢房要多少工钱?”

张某说：“我们是亲戚，不能多要，还是原定的那些。”

他俩你一言，我一语，这就算讲好了，仍然没有签合同。口头的商定，当然不能像白纸写黑字那样，一字一词地认真推敲，商定完了以后，瓦工队接着又把小厢房盖好了。

房东刘某经过检验，认为六间正房和一间厢房都合格，他支付给工钱6000元。

争议产生了。张某跟他要7000元，刘某说："我们不是讲好了吗？每盖一间房给1000元，我盖六间，总计给6000元吗！"

张某说："我们还给你盖了一间厢房呢！"

刘某说："当时你不是说我们是亲戚，不能多要，还是原定的那些吗！原定的是总计6000元。"

张某反问："你想想，我们原定的不是每盖一间房给工钱1000元吗？我们一共给你盖了七间。"

两人争执不下，数目又比较大，要是百八十元的，双方都可能让让步，相差1000元，没办法，怕伤和气的张某最后只好诉至法院，跟刘某打起了官司。当初怕伤和气而不把协议写到纸面上，结果打了一场官司。如果签订书面合同，把各条、各项的内容都写到纸上，不仅会减少纠纷，还有利于团结。这个例子只是民间的一般民事问题，对于较为复杂的其他问题，签订合同就显得更加必要。那种认为签订合同会影响团结、伤害感情的观念，已被实践多次证明是错误的。

（4）不会签

本来应该签订合同，但是却没有签，有些人除了因为上述一些原因之外，还有一个原因，这就是不会签合同。确实，合同是一种特殊的法律文书，不管你的文化水平有多高，文字书写能力有多强，如果不懂得签合同的常识，不懂得合同的格式，确实很难签订出合格的合同。但是，不能因为不会而不签订合同。不会的东西可以学习，通过学习，就会由不会转变成会。在这本书里，我们将详细介绍合同的种类、签订合同的注意事项，以及如何签订合同等基本常识。

合同的概念及特征

1. 合同的概念

合同是指平等主体的自然人、法人、其他组织之间设立、变更、终止民事权利义务关系的协议。

2. 合同的特征

合同具有以下特征：

（1）合同是一种民事法律行为。民事法律行为不同于事实行为，它以发生一定的民事法律后果为目的，以当事人的意思表示为基本特征。故不具备民事法律特征的行为，不是合同，如侵权行为等。

（2）合同是双方法律行为。民事法律行为，根据其意思表示的多寡可分为单方行为、双方行为与多方行为，合同属于双方法律行为，即由两个方向相反的意思表示所构成的民事法律行为，双方当事人处于利害关系相对立的地位。

（3）合同是一种旨在发生债权债务关系的合意。合同的目的在于产生、变更或者消灭某种财产权利义务关系，不具备此目的者，不是合同。例如，结婚或离婚的协议，不是合同。另外，合同的这一特征也意味着合同一经成立，即具有约束力，当事人应当按约履行，否则，应当承担违约责任。

合同的分类

依据不同的标准，合同可以分为若干不同的类型。合同主要有以下几种分类：

1. 双务合同和单务合同。以合同双方当事人是否互负给付义务为标准，将合同分为双务合同和单务合同。双务合同是指合同当事人任何一方均向对方承担给付义务的合同。单务合同是指合同双方只有一方负有给付义务而另一方只享有权利的合同。

2. 有偿合同和无偿合同。以合同当事人之间取得合同利益是否支付对价为标准，将合同分为有偿合同和无偿合同。有偿合同是指当事人双方要取得合同利益需支付对方对价的合同。无偿合同则是指当事人一方取得利益无须支付对价的合同。

3．诺成合同和要物合同。以合同成立是否一定要缴付标的物为标准，将合同分为诺成合同和要物合同。诺成合同只需合同当事人意思表示一致，合同即告成立。要物合同又称实践合同，除合同当事人意思表示一致外，必须缴付标的物，合同才告成立。

4．要式合同和不要式合同。以合同成立是否采取一定形式为标准，将合同分为要式合同和不要式合同。要式合同是法律规定必须采用某种形式，合同才告成立的合同；不要式合同的成立，法律没有对形式做严格的要求。

5．主合同和从合同。以合同相互间的主从关系为标准，将合同分为主合同与从合同。在两个相关联的合同中，可以独立存在的合同为主合同，而须依赖其他合同的存在而存在的合同为从合同。

《合同法》的概念和基本原则

《合同法》是调整合同关系的法律规范的总称。现今我们国家通过《合同法》对合同关系进行规范调整。1999 年 3 月 15 日第九届全国人民代表大会第二次会议通过，同年 10 月 1 日开始施行的《合同法》相对过去的三大合同法有了明显的改进，从而更有利地保护民事主体的合法权益，维护社会经济秩序。

我国《合同法》的基本原则是：

1．平等原则。合同当事人的法律地位平等，任何一方不得将自己的意愿强加给另一方。

2．自愿原则。当事人订立合同，完全出于其本人的意志，任何单位和个人不得非法干预，不得强买强卖。

3．公平原则。当事人应当遵循公平原则确定各方的权利和义务。

4．诚信原则。合同当事人应当诚实信用，不得以隐瞒、编造等欺诈方式订立合同。

5．公序良俗原则。当事人订立履行合同要遵守法律法规，尊重社会公德，不得扰乱社会经济秩序，损害社会公共利益。

合同的订立

合同是合同当事人之间关于权利和义务的合意。合同成立的一般过程要经过两个阶段，即要约和承诺。《合同法》第十三条规定：当事人订立合同，采取要约、承诺方式。

1. 要约

要约是希望和他人订立合同的意思表示。该意思表示应当符合下列条件：

第一，要约是由具有订约能力的特定人做出的意思表示；

第二，要约的内容要具体确定，所谓具体确定，是指要约的内容必须是合同的主要条款且语言明确，不能使人难以理解；

第三，要约必须具有订立合同的意图，表明经受要约人承诺，要约人即受该意思表示约束。

要约自到达受要约人时即告生效。要约也可以撤回，但撤回要约的通知须在要约到达受要约人之前或者与要约同时到达；要约也可以撤销，但撤销要约的通知应当在受要约人发出承诺通知之前到达受要约人。但对于要约人确定了承诺期限或其他形式明示要约不可撤销，或受要约人有理由认为要约是不可撤销的，且已经为履行作了准备工作的，要约人不得撤销要约。

在下列情况下，要约失效：

第一，拒绝要约的通知到达要约人；

第二，要约人依法撤销要约；

第三，承诺期限届满，受要约人未做出承诺；

第四，受要约人对要约的内容做出实质性变更。

2. 承诺

承诺是受要约人同意要约的意思表示。承诺应当以通知的方式做出，但根据交易习惯或者要约表明可以通过行为做出承诺的除外。承诺应当在要约确定的期限内到达要约人。通知到达要约人时生效，承诺不需要通知的，根据交易习惯或者要约的要求做出承诺的行为时生效。承诺生效时合同成立，承诺可以撤回，但撤回承诺的通知应当在承诺通知到达要约人之前，或者与承诺通知同时到达要约人。

合同当事人订立合同可以采用书面形式也可以采用口头形式，但法律规定或当事人约定采用书面形式的应采用书面形式。

以上是合同订立的一般方式，属于典型的交易方式。实践中还有一些特殊的合同订立的方式，如招标投标、拍卖、交叉要约、带有标价的商品陈列、悬赏广告等。

合同的内容

合同的内容一般由当事人约定，主要包括以下条款：

1. 当事人的名称或者姓名和住所；
2. 标的；
3. 数量；
4. 质量；
5. 价款或者报酬；
6. 履行期限、地点和方式；
7. 违约责任；
8. 解决争议的方法。

合同的效力

1. 合同的生效

依法成立的合同，自成立时生效。法律、行政法规规定应当办理批准、登记等手续生效的，依照其规定。当事人对合同的效力可以约定附条件或附期限，合同在所附条件成就或所附期限届至时生效。

合同的生效要件：第一，主体合格，即当事人应具有相应的缔约行为能力；第二，内容合法，即合同不能违反法律、法规强制性规定和社会公共利益；第三，内容确定可能，即约定各方的权利义务的内容必须确定和可能履行。第四，形式合法、合约，即合同的形式要符合法律规定，符合当事人的约定。

2. 无效合同

《合同法》第五十二条规定，有下列情形之一的，合同无效：（1）一方以欺诈、胁迫的手段订立合同，损害国家利益；（2）恶意串通，损害国家、集体或者第三人利益；（3）以合法形式掩盖非法目的；（4）损害社会公共利益；（5）违反法律、行政法规的强制性规定。

无效合同从合同订立之时起无效。

3. 可撤销合同

《合同法》第五十四条规定，当事人一方有权请求人民法院或者仲裁机构变更或者撤销的合同：（1）因重大误解订立的；（2）在订立合同时显失公平的；（3）一方以欺诈、胁迫的手段或者乘人之危，使对方在违背真实意思的情况下订立的合同。

对于可撤销的合同，受损害方有权请求人民法院或者仲裁机构变更或者撤销。当事人请求变更的，人民法院或者仲裁机构不得撤销。

可撤销合同的特征是：合同的效力取决于撤销权人，在未被撤销前有效，一旦撤销自始无效。

4. 效力待定合同

限制民事行为能力人订立的合同，在未经法定代理人追认时，该合同效力为待定状态。

行为人没有代理权、超越代理权或者代理权终止后以被代理人名义订立的合同，在未经被代理人追认时其效力待定。

相对人对效力待定的合同可以催告法定代理人或被代理人在一个月内予以追认。法定代理人或被代理人未做表示的，视为拒绝追认。合同被追认之前，善意相对人有撤销的权利。撤销应当以通知的方式做出。

5. 合同无效、被撤销的法律后果

无效的合同或者被撤销的合同自始没有法律约束力。合同部分无效，不影响其他部分效力的，其他部分仍然有效。合同无效、被撤销或者终止的，不影响合同中独立存在的有关解决争议方法的条款的效力。

合同无效或者被撤销后，因该合同取得的财产，应当予以返还；不能返还或者没有必要返还的，应当折价补偿。有过错的一方应当赔偿对方因此所受到的损失；双方都没有过错的应当各自承担相应的责任。当事人恶意串通，损害国家、集体或者第三人利益的，因此取得的财产收归国家所有或者返还集体、第三人。

合同的履行

1．履行的原则

全面适当履行原则：合同当事人应当按照约定全面履行自己的义务。

诚实信用原则：当事人应当遵循诚实信用原则，根据合同的性质、目的和交易习惯履行通知、协助、保密等义务。

2．履行的一般规则

合同生效后，当事人就质量、价款或者报酬、履行地点等内容没有约定或者约定不明确的，可以协议补充；不能达成补充协议的，按照合同有关条款或者交易习惯确定，仍不能确定的按照以下原则确定：

（1）质量要求不明确的，按照国家标准、行业标准履行；没有国家标准、行业标准的，按照通常标准或者符合合同目的的特定标准履行。

（2）价款或者报酬不明确的，按照订立合同时履行地的市场价格履行；依法应执行政府定价或者政府指导价的，按照规定履行。

（3）履行地不明确的，给付货币的，在接受货币一方所在地履行；交付不动产的，在不动产所在地履行；其他标的，在履行义务一方所在地履行。

（4）履行期限不明确的，债务人可以随时履行，债权人也可以随时要求履行。但应给对方留出必要的准备时间。

（5）履行方式不明确的，按照有利于实现合同目的的方式履行。

（6）履行的费用负担不明确的，由有履行义务的一方负担。

（7）价格调整，按照《合同法》规定，执行政府定价或政府指导价的，在合同约定的交付期限内政府价格调整时，按照交付时的价格计价。逾期交付标的物的，遇价格上涨时，按照原价格执行；价格下降时，按照新价格执行。逾期提取标的物或者逾期付款的，遇价格上涨时，按照新价格执行；价格下降时，按照原价格执行。总之，是按照“不利于违约方”的原则确定。

3．履行中的抗辩权

所谓抗辩权即指在双务合同中，如符合法定条件，当事人一方亦可对抗对方当事人的履行请求或否认对方权利主张的权利。行使抗辩权，应符合法定条件。

（1）同时履行抗辩权。我国《合同法》第六十六条规定：当事人互负债务，没有先后履行顺序的，应同时履行。一方在对方履行之前有权拒绝其履行要求，一方在对方履行债务不符合约定时，有权拒绝其相应的履行要求。

（2）后履行抗辩权。《合同法》第六十七条规定：当事人互负债务，有先后履行顺序，先履行一方未履行的，后履行一方有权拒绝其履行要求；先履行一方履行债务不符合约定的，后履行一方有权拒绝其相应的履行要求。

（3）不安抗辩权。按照《合同法》第六十八条规定：应当先履行债务的当事人，有确切证据证明对方有经营状况严重恶化，转移财产、抽逃资金以逃避债务，丧失商业信誉等丧失或者可能丧失履行债务能力的情形，可以中止履行。中止履行的应当及时通知对方。若当事人没有确切证据中止履行的，应当承担违约责任。

4．债权人的代位权

因债务人怠于行使其到期债权，对债权人造成损害的，债权人可以行使其代位求偿权。债权人可以向人民法院请求以自己的名义代位行使债务人的债权，但该债权专属于债务人自身的除外，代位求偿权的范围仅以债权人的债权为限。债权人行使代位求偿权的必要费由债务人负担。

5．债权人的撤销权

因债务人放弃其到期债权或者无偿转让财产，给债权人利益造成损害的，或以明显低价转让财产且受让人知道该转让损害债权人利益的，债权人均可以请求人民法院撤销债务人的行为。该撤销权的范围以债权人的债权为限，债权人行使撤销权的必要费用，由债务人负担。撤销权自债权人知道或者应当知道撤销事由之日起一年内行使。自债务人的行为发生之日起五年内没有行使撤销权的，该撤销权消灭。

合同的变更和转让

合同变更。合同变更是指对已经依法成立的合同，在承认其法律效力的前提下，对其进行修改或补充。

合同转让。合同转让是当事人一方取得另一方同意后将合同的权利义务转让给第三方的法律行为。合同转让是合同变更的一种特殊形式，它不是变更合同中规定的权利义务内容，而是变更合同主体。合同的转让有三种：

1. 债权转让

《合同法》规定，债权人可以将合同的权利全部或者部分转让给第三人。并明确不得转让的债权，一是根据合同性质不得转让；二是按照当事人约定不得转让；三是依照法律规定不得转让。债权人转让权利，应该通知债务人，否则转让对债务人不发生效力。

2. 债务转让

《合同法》规定，债务人将合同的义务全部或部分转移给第三人，应当经债权人同意，否则转让无效。

3. 债权债务一并转让

当事人订立合同后合并的，由合并后的法人或其他组织行使合同权利，履行合同义务。当事人订立合同后分立的，除另有约定外，由分立的法人或其他组织对合同的权利和义务享有连带债权、承担连带债务。

合同的终止

合同终止是指合同当事人双方依法使相互间的权利义务关系终止，即合同关系消灭。

《合同法》规定了合同终止的几种情形：债务已经按照约定履行；合同解除；债务相互抵销；债务人依法将标的物提存；债权人免除债务；债权债务同归一人；法律规定或者当事人约定终止的其他情形。

合同权利义务的终止，不影响合同中结算和清理条款的效力以及通知、协助、保密等义务的履行。

合同的签订

合同的种类

按照不同的标准划分，合同可以分成不同的种类。

按照合同的法律效力划分，可以分为有效合同和无效合同。

按照合同的期限划分，可以分为长期合同、年度合同、季节合同、临时合同。

按照合同是否以其他合同的存在为前提来划分，可以分为主合同和从合同。

按照合同涉及的业务性质和权利义务来划分，可以分成买卖合同；建设工程承包合同；承揽合同；运输合同；供用电、水、气、热力合同；仓储合同；租赁合同；借款合同；融资租赁合同；委托合同；技术合同；行纪合同；居间合同等。

按照合同的形式来划分，可以分成书面合同和口头合同两种。这种划分方法，是划分合同种类的主要方法。

1. 口头合同

口头合同，是指双方当事人就合同的内容取得了一致意见所达成的口头协议。

口头合同可以由当事人当面订立，也可以通过电话交谈订立。也就是一方当事人通过面谈或者利用电话，向对方当事人提出了订立合同的建议，对方当事人利用面谈或者电话，作出了接受订立合同的建议的答复，这时合同便成立了。有些口头合同的订立，是先由一方当事人提出订立的建议，另一方则需要研究，不能马上答复，所以，有时需要给对方规定出答复的期限。对方在规定的期限内，作出愿意接受订立合同建议的答复，口头合同便生效；

对方在规定的期间内，对是否接受建议而订立合同，没作答复，口头合同便没有订立，提出建议的一方可以再另外找别的当事人提出订立合同的建议。

（1）口头合同的效力

口头合同是合同中的一种，它同样受法律保护。那种认为口头合同是空口说白话，不是合同、没有效力的认识，是错误的，也是不符合法律规定的。只要口头合同成立，并且有证据能够证明，违反了口头合同，同样要承担法律责任。

（2）口头合同的利弊

任何事情有利也有弊。口头合同也是这样。合同用口头的形式来签订，有它的好处，但也有明显的弊病。

合同用口头的形式来签订，其好处是：简易方便，对加速商品流转、积极经营起着重要作用。口头合同是大量的、必不可少的一种合同形式。

但它的缺点是很明显的，即：口头合同空口无凭，没有文字为据，一是对履行没有约束，二是一旦发生纠纷，难于取证，不易分清责任，不便于处理。因此，为了保证交易安全，保证工作的顺利，对于不能即时清结的合同和标的金额大的合同，不应当采取口头合同的形式。《合同法》第十条明确规定，当事人订立合同，法律、行政法规规定采用书面形式的和当事人约定采用书面形式的，应当采用书面形式。对于即时清结的，一般可以采用口头形式。所谓即时清结，是指合同的双方，在订立合同的同时，就履行了合同，合同的订立、履行和终止，几乎是同时完成的，没有什么间隔期。就是人们所说的，一手交钱，一手交货，钱货两清。对于不是这样，不能及时结清的合同，一定要采用书面形式。即使即时清结的合同，如果标的额很大，或者内容很重要，也要采用书面合同，以便事后有据可查。

合同中的“标的”，是个常用的法学术语。这里的“的”音同“地”。标的，有目标、目的的意思。合同中的标的，是合同当事人双方权利和义务共同指向的对象。标的有的是指物，如买卖合同中的某种产品，一般称为标的物；有的是指货币，如借款合同中的标的是货币，一般称为标的额；有的是指行为，如货物运输合同中的劳务；有的是指智力成果，如科技协作合同中的某项科研成果等。合同中关于标的的规定，必须明确、具体，切勿笼统、含糊不清。

2. 书面合同

书面合同，是指用书面文字来表述双方当事人经过协商一致而签订合同内容的形式。也就是对双方协商一致的合同，要留下字据。

根据《合同法》第十条第二款的规定，“法律、行政法规规定采用书面形式的，应当采用书面形式。当事人约定采用书面形式的，应当采用书面形式。”

根据合同的内容、效力，书面合同可以分为普通合同和监督合同两种。

所谓普通合同，是指只要双方当事人就某些问题达成一致意见，形成了书面合同的形式，并且在上面签字盖章，合同的内容不违法，那么，这样的合同就生效，就要受到法律保护。

所谓监督合同，是指签订了书面合同之后，除了双方当事人要签字盖章之外，还必须按照国家规定，履行公证、鉴证、登记审批以及银行审核等手续，这样才能生效。需要说明的是，电报、电传、传真、电子数据、电子邮件等，都属于书面合同的组成部分。

单从合同的书面形式方面来划分，合同可以分为简易合同和格式合同两种。

(1) 简易合同

这里所说的简易合同，是与格式合同相对而言的。

书面合同，并不像一些人所认为的那么麻烦、复杂。所谓书面合同，其实就是对双方约定的合同内容，有个书面文字记载，其具体格式可以是各种各样的。如果能够按照规定的合同格式那样签订，当然很好；如果认为规定的合同格式太复杂，又一时弄不到固定的合同格式，有许多书面合同都是由双方协商后，一项一项地写齐即可。甚至也可以不签订正式合同，只要有双方为签订合同而提出的要约（即提出签订合同的意见、建议、要求等）和对方表示的承诺（即答应某些条件、要求、建议），双方为此相互交换的信函、电报、图表等，只要这些材料真实，它就是合同的组成部分。互相交换的这些信函、电报、图表的内容总和，就是合同的内容。

应当注意的是，在这些信函、电报、图表当中，必须具备在一般合同中需要讲明的各项条款，例如标的、价金、质量、数量、履行期限、交货地点、付款时间、违约责任等，都应当讲明。如果双方交换的这些信函、电报、图表等，能够确实反映这些内容，就不必另外签订一份合同。在目前的实践中，有些人不认为双方交换的这些信函、电报、图表是合同的组成部分，随便乱放、乱扔，甚至不注意保管而丢失，出现了纠纷，不能向处理合同纠纷的部门提交这些资料，这对自己一方是很不利的。

总之，签订书面合同，其合同的格式是多种多样的，可以是由双方互相交换的信函、电报、图表之类资料组成，也可以在这个基础上，另外单独写一份内容完整的合同。既可以按照规定的合同格式来签订，还可以对一些比较简单的问题，由双方商定以后，在不漏掉主要内容的情况下，自行书写。我们所说的简易合同，也就是指这一种，没有必要把签订书面合同想得那么复杂、那么困难。但不管是口头合同还是书面合同，也不管是书面合同中的格式合同还是简易合同，其内容都必须合法，都不能遗漏合同应当具备的主要条款。

（2）格式合同

所谓格式合同，就是要按照国家有关部门规定的合同范本来签订的合同。为了使当事人签订的合同规范化，避免在合同中漏掉必须具备的重要条款；另一方面，也是为了便于合同管理机关对合同的监督检查，有利于合同仲裁机关和人民法院及时解决合同纠纷，早在1990年3月20日，国务院办公厅就转发了国家工商行政管理局《关于在全国逐步推行经济合同示范文本制度的请示》，并且明确指出："国务院同意国家工商行政管理局《关于在全国逐步推行经济合同示范文本制度的请示》"，要求"各省、自治区、直辖市的人民政府，国务院各部委、各直属机构，认真贯彻执行"。国家工商行政管理局在这份"请示"中规定，国家工商行政管理局和地方各级工商行政管理机关，作为管理经济合同的职能部门，负责经济合同示范文本的管理工作，按照统一领导、分工负责的原则，制定各类经济合同示范文本。由于相关部门制定了合同示范文本，使合同有了固定的格式，当事人在使用这种合同文本时，可以随时到当地的工商行政管理部门领取或者购买合同示范文本，一时领取或者购买不到的，也允许当事人按照国家统一制定的合同示范文本，自行印制和使用。

目前，由国家工商行政管理局市场规范管理司编撰的《中国最新合同范本》一书，就是一本合同示范文本的汇集。这些示范合同格式，一部分是由国家工商行政管理局根据《合同法》制定，并且以国家工商行政管理局的名义重新发布；另一部分是由国家工商行政管理局与国家科学技术委员会、建设部、水利部、国土资源部、交通部、铁道部、国家国内贸易部、国家煤炭工业局、国家林业局、国家测绘局等有关行业主管部门，根据《合同法》联合制定并且发布或者经过修改重新发布的。本书所介绍的大量合同范例，主要是根据上述这些规定而写出的。我们所介绍的这些合同范例，其中有些条款十分重要，在合同中一定不能漏掉；而有的部分，在实践中，当事人也可以根据自己的具体情况，不予列写。我们这样说是有根据的，即《合同法》第十二条明确规定，“当事人可以参照各类合同的示范文本订立合同”。也就是说，当事人根据具体的情况，可以参照这些示范合同格式来签订合同。所谓“参照”，就是允许当事人按照国家规定的示范文本，在具体签订合同的时候，有适当变动。

参照合同示范文本签订合同，相对来说比较简单，可以选择或者修改示范文本中的有关条款，或者增加合同中所没有的条款，使订立的合同更加完备、可行、合法。利用合同的示范文本来签订合同，不易漏掉合同的主要内容，格式正规，效果比较好。但是，对于一些简单的合同，允许用简易的方法来签订。

签合同的注意事项

关于签合同要注意的问题，应当从签合同的目的谈起。为什么要签合同？其目的在于：

一是要使合同的内容合法，因为只有合法的合同才受法律保护；

二是要注意对方的主体情况，就是跟我们签订合同的人。对方应当具备签订合同的资格；

三是要查明对方是否有资金和信誉，对于在经营中一贯不守信誉的，是不能跟他签合同的；

四是要注意对方的履行合同的能力；

五是防止对方进行合同诈骗；

六是要选择适当的合同形式，在一般情况下，最好采用书面形式；

七是不能漏掉主要条款；

八是在合同中，避免出现笔误，避免出现有歧义、模棱两可的词句以防止出现争议，避免合同纠纷等等。

为了达到签订合同的目的，使合同能够顺利履行，在签订合同的时候，就要特别注意上述问题。对这些问题，我们在下边详细阐述。

1. 内容要合法

要使签订的合同受法律保护，其内容必须合法。

《合同法》第七条规定："当事人订立、履行合同，应当遵守法律、行政法规，尊重社会公德，不得扰乱社会经济秩序，损害社会公共利益。"根据这条规定，我们签订的合同，从合同的主体、内容、形式一直到签订的程序，都必须合法。

所谓主体合法，是指合同的当事人必须具备法律所规定的资格，如果不符合，合同就不能成立。比如，法人超越经营范围签订的合同，就属于主体不合格；代理人超越代理权限签订的合同或者以代理人的名义同自己、同自己所代理的其他人所签订的合同，也属于主体不合格；无民事行为能力的人、限制民事行为能力的人所签订的合同，同样属于主体不合格。也就是说，不能跟那些没有资格签订合同的人签订合同。

所谓内容合法，是指合同的标的、质量、数量要合法。属于国家法律明文禁止的物品，不能作为合同的标的，比如毒品不能成为买卖合同的标的。还有恶意串通、生产和买卖假冒伪劣产品，危害国家利益，危害社会公共利益，危害第三者利益的合同，也是违法的，等等。合同的内容不得超越经营范围。凡是超越经营范围的合同均无效。无效合同不受法律保护。

所谓形式合法，主要是指凡是国家法律或者有关行政法规规定必须采用书面形式的，就应当采用书面形式。否则，合同的签订即属于违法。

还有程序要合法，这是指合同订立的程序，变更或者解除的程序，都必须按照法律规定的程序进行。

我们所说的合同要合法，这里的“法”，包括国家法律和地方行政法规两部分。

2. 要审查对方的资格

为了使签订的合同能够正常履行，不出现合同纠纷，在签订合同之前，首先要审查对方有没有资格签订合同。这要从以下两方面审查：

一是进行资格审查。合同的当事人应该具备法定资格。如果对方是法人，要审查对方是否具备法人资格。

二是审查签订人。要审查签订人是否有资格。对方如果是法人，要审查签订人是否是该法人的法定代表人。按规定，法人的法定代表人在签订合同时，应当出示身份证明，并且提供法人经营范围和项目的证明。如果是法人委托的代理人在签订合同，代理人应当出示法人的委托书和本人的身份证明。法人的委托书应当详细写明委托事项和委托权限。要注意审查代理人的代理活动是否越权。法人的法定代表人或者由法人委托的代理人，在法人的权力能力范围内和在法人授权范围内签订的合同才有效。由法人的法定代表人或者委托代理人越权签订的合同，法人不负责任。因此，审查法人的法定代表人权力能力的大小和代理人受委托权限的范围，十分重要。

上述这两条，是从总的方面来说的。至于对具体的不同的合同，又有具体的不同的审查内容，应当根据合同的内容，审查的内容要有所侧重。比如，签订建设工程合同时，在审查当事人资格的同时，还要注意审查其经营管理的能力，施工方案的可行性、技术指标和质量标准等，以此来最大限度地确保所签订的合同正常履行。在有些合同中，如果对方是以个人身份出现，还必须注意审查他个人的品质、业务熟悉程度等。如果是签订劳务合同，有必要弄清应聘者本人的身份、文化、技术、政治素质、户籍、身体健康情况等等。对应当了解的情况不了解，草率签订合同，这是很不稳妥的，会为以后产生合同纠纷埋下隐患。

3. 要审查对方的信誉

签订合同之前，还要审查对方的信誉。在这方面包括两项内容：一是要审查对方的资金情况。对方有没有资金，有多少资金，决定着对方履行合同的能力。二是要审查对方的信用情况，对方有没有信用，决定着在商品买卖中，是否可以允许对方延期付款或者是否可以向其贷款。审查对方当事人的资金、信用情况，了解对方当事人履行合同的能力，对在合同中确定权利义务条款，有着十分重要的作用。这些情况都不了解，草率签订合同，容易产生合同纠纷。

当然，要与对方签订合同，对方也肯定会审查自己这方的资金、信誉等情况，应当主动向对方如实提供。这样对方也会向自己介绍有关情况。只有双方建立了互相信赖的关系，下一步才可以考虑签订合同问题。

4. 要审查对方的履行能力

所谓履行能力，是指对方履行合同的能力。具体地说，就是除了资金、信誉以外，还有其他方面的情况，例如技术水平、生产能力、原材料和能源的供应情况、产品质量、工艺流程等，如果对方是一个大型企业，还应该了解其对企业的管理能力等。只有详细了解了对方的这些情况，在这个基础上签订的合同才有履行的保证，订立的合同才不易出现差错。否则，轻易听信对方的说法，而对上述这些情况不详细了解，草率签订合同，既不容易达到签订合同的目的，又会给利用合同进行诈骗犯罪或者其他违法活动的人留下可乘之机。因此，在签订合同之前，必须审查对方的履行能力，防止产生合同纠纷。

5. 防止对方用合同进行诈骗

签订合同要防止被骗。有些人本来没有资金，为了骗取他人资金用来自己经营，搞“借鸡生蛋”，通过签订合同的方式，把你的资金、材料等骗到手以后，他自己进行经营。搞经营，并不是百分之百都赢利，有时他们亏损了，不仅合同履行不了，而且骗去你的资金、材料等，无法偿还，使你遭受重大损失。类似这样的情况，在现实中是不少见的，许多人都吃了苦头。还有些人，签订合同的目的是为了骗取你的钱财，根本不想履行合同。搞诈骗的犯罪分子，尽管难逃法网，但是他们把钱财骗到手之后，大肆挥霍，给你造成的损失却无法挽回。为了使签订合同的人提高警惕，我们把利用合同搞诈骗活动的常见手法归纳如下，以便引起人们的注意：

是利用真实合同诈骗。有些犯罪分子利用盗窃等手段，取得他人的有效合同，假冒该合同的当事人，要求签订合同的对方当事人履行合同的条款，从中骗取钱财或者物资。或者把盗窃来的有效合同，以该合同当事人的身份，用转让的形式，卖给第三人，从中骗取钱财。在一般情况下，会给丢失合同的当事人造成很大损失，同样也会给对方当事人造成一些损失。

二是借口推销某种新型产品，与对方当事人签订虚假合同，骗取对方预付款。他们取得预付款以后，有的也能帮助寻找推销的某些新型产品，从中一倒手，捞一大笔钱。但是如果找不到货源，合同履行不了，就逃之夭夭，无影无踪；跑不了的，翻脸不认人，硬是赖账，先用这笔预付款生产、经营，当你诉至法院，强制索回这笔款项时，他用这笔钱款已经取得了经济效益。

三是用空白介绍信、空白合同书与对方签订假合同，骗取钱财。行为人多是本单位的采购员、供销员，他们利用工作上的便利条件进行违法活动。

四是利用签订合同，买空卖空，从中骗取钱财。搞这种诈骗的，一无资金，二无经营场所，三无技术设施和从业人员，四无原材料和商品，即所谓的“皮包公司”。其特点是：你买什么，他就卖什么；你卖什么，他就买什么。只要你愿意和他签订合同，什么项目都敢跟你签。以此来骗取预付款和货物。这种诈骗分子，在客观上根本没有履行合同的能力；在主观上，也根本不想履行合同，不作还款退货的准备，钱财和货物一到手，就成他的了，对钱财随意挥霍和挪用；对货物，随意处置。跟这种人签订了合同，其后果不堪设想。

五是以骗取钱财为目的签订合同。一些诈骗犯罪分子，他们很精明，明明知道自己诈骗犯罪是要受到法律制裁的，但又抱着侥幸心理，就想利用签订合同的方法来骗取钱财。于是，他们就专门去诈骗那些文化水平低，法律知识少的企业管理人员。在签订合同时，表现出友好、互助的诚意，使对方麻痹，与此同时，故意在合同中规定几条明明知道对方在一定的期限内办不到的条款，并且规定出违约金、赔偿金等内容，让对方上当。合同签订以后，只要发现对方有一点没有履行，违反了合同规定，便立即向法院起诉，从而获取对方大量赔款。由于这种诈骗，打着合法、守法的招牌进行，法律难以制裁，使被骗者吃了苦头又无处申辩。这一点，对每个签合同的人来说，都是应当特别注意的，应当防止上当被骗。

当然，利用合同搞诈骗活动的不止是上述五种。犯罪分子无孔不入，百般狡猾，这一客观形势要求每个签订合同的人，在签订合同的同时，务必谨慎。有些人，由于缺少法律知识和经营经验，光是小心谨慎还不行，在签订合同的同时，最好能够请几名法律顾问，让他们给把把关，出出主意。对合同的每一条款，让他们帮助推敲确定。请法律顾问，尽管麻烦并且浪费财力，但这会使履行合同时减少麻烦，减少纠纷，会避免更多的损失。有一利，就会有一弊，利弊相比，利远远大于弊，那么就应当努力而为之。

从实践看，目前的合同纠纷比较多，许多原因都是因为签订合同时被骗造成的。因此，为了防止出现合同纠纷，防止受骗，有以下问题应当提出来，以便引起人们的注意：

第一，要提高警惕。一个人的东西被人偷去了，我们说，窃贼十分可恨，应当将其绳之以法，但事情也有另一面，这就是被盗者防盗防得怎样，同理，产生了合同纠纷，或者被他人利用签订合同的方法欺骗了，骗人者固然可恨，与此同时也应当检查一下被骗者防骗防得怎样。从实践看，被骗者，绝大多数人都是因为自己存在麻痹心理，警惕性不高，才使对方的行骗得逞。因此，签订合同的人在签订合同时，应当提高警惕，防止被骗。有了这样的警惕，就会在各个方面注意，上当受骗的现象就会减少。

第二，要认识到被骗和产生合同纠纷所带来的危害。签订合同被骗了，必然要产生合同纠纷。有了纠纷，就会牵涉经济，带来损失。即使到法院去打官司，官司打赢了，也还是不如不打官司而平平稳稳地生产、经营好。况且，官司一定就能打赢吗？即使打赢了，对方就一定有能力赔偿损失吗？

第三，要多学习法律知识，积累有关签订合同方面的经验。在我国法制建设日益健全的今天，不懂法、不学法会吃很多苦头。签订合同是一项重要的法律行为，不懂签订合同的基本法律常识，则不适应生产、经营、生活的需要。学习法律一时不能奏效的，应当聘请有这方面知识和经验的人当参谋，时刻防止被骗，防止产生合同纠纷。

6. 一般要用书面形式

签订合同，一般要用书面形式，最好能够使用统一的合同用纸。当地市、县工商行政管理局一般都有统一印制的标准的合同样式用纸，签订合同时，可以到那里去领取或者购买。利用标准的合同用纸签订合同，可以防止漏掉主要条款，有利于合同的履行和管理。依照《合同法》的规定，当事人也可以参照各类合同的示范文本订立合同。

采用书面形式签订合同，尽管不像口头合同那样简便、易行，但它的优点是口头合同无法比拟的，主要表现在以下几点：

（1）书面合同，可以具体明确规定双方当事人的权利义务关系，有利于督促双方当事人认真履行合同。

（2）书面合同，可以作为证据材料，双方一旦发生合同纠纷，有关合同管理机关和人民法院，就可以借助合同来查明事实，分清责任，正确处理。

（3）书面合同，有利于双方安排工作计划，也有利于企业加强自身管理，从而保证企业完成生产计划。

（4）有些书面合同须经国家有关机关审批，通过检查审批，有助于了解企业的生产经营情况，可以加强对企业的管理。

由于签订书面合同具有上述这些优点，所以，在一般情况下，签订合同，最好还是采用书面形式。

7. 不能漏掉主要条款

这一点是十分重要的。有这样一份合同，方方面面都规定得很清楚，偏偏把违约责任漏了。也就是说，假如有一方违反了合同，那么，违反合同的一方应当怎样来承担责任呢？对此合同上没有明确规定。这样，对违反合同的一方如何处理，就找不到合适的依据，这就会损害另一方的权益。因此我们说，对合同的内容，在合同中应当写全面。因为合同的内容是合同的核心。《合同法》第十二条对此作了明确规定。合同应当包括以下内容，这些内容在合同中都不能漏掉：

（1）当事人的名称或者姓名及住所。如果签订合同的主体是公民，就应当写上姓名及住所；如果签订合同的主体是法人或者其他组织，就应当写上法人或者其他组织的名称，主要经营场所或者主要办事机构所在地。

（2）标的。标的是合同双方当事人权利和义务共同指向的对象。它可以是物或者是货币，也可以是某项工程或者某些智力成果。不同种类的合同，其标的是不同的。例如：买卖合同中的标的是货物；借款合同中的标的是货币；运输合同中的标的是劳务。关于标的，在合同中必须规定得具体、明确，而且要符合国家法律、政策的规定，以利于合同的顺利履行。

（3）数量。数量是确定合同标的的具体条件。当事人签订合同，首先是确定买什么、运输什么，即确定标的；其次要确定买多少、运输多少，即签订标的的数量。数量是衡量标的的尺度，即以数字和计量来衡量标的的尺度。没有数量，就无法确定标的的多少。因此，在合同中必须明确标的的数量，并且要规定得具体、准确，要按国家法定计量单位来规定标的的计量单位。

（4）质量。它是指标的的内在素质和外观形态的综合，是产品或者行为等优劣程度的体现。例如产品的品种、型号、规格和工程项目等等。对质量的规定，要符合国家规定和标准化要求。签订合同时，对质量标准要规定得具体、明确。对质量没有约定或者是约定不明的合同，实际上是没有明确确定双方当事人之间的权利和义务关系的合同。这样的合同，很容易产生纠纷，难以履行。例如，当事人签订一个买卖汽车合同，但在合同中没有约定买什么型号、牌号，这样的合同怎能得到履行？因此，当事人在签订合同时，一定要在合同中明确约定质量，以便使合同得到切实地履行，如果发生纠纷，也便于处理。

（5）价款或者报酬。价款，是指在标的是货物的合同中，需方向供方支付的货币。报酬，是指在标的是劳务的合同中，提供劳务方收取对方当事人支付的货币。价款和酬金，统称为价金。如果给价金下个定义，可以这样表述：是指当事人一方向缴付标的的一方支付的货币。如买卖产品的货款、财产租赁的租金、提供劳务的报酬等。一份合同，对价款或者报酬规定得是否合理，是合同是否有效或者能否得到顺利履行的关键。因此，为了避免产生合同纠纷，在合同中，对这个内容应当规定得具体、清楚。除了要规定具体的数额之外，还应当规定在哪个银行结算以及支付的方法等。

（6）履行期限。是指合同当事人履行合同约定的义务的起止时间。合同的履行期限，实际上，也是确认要求义务人履行义务的一个时间条件。即当负有履行义务的一方当事人在约定的期限内，没有自动履行义务，享有权利的一方到时可以取得要求对方履行义务的权利。同时，合同的履行期限，又是一方当事人行使合同解除权的一个条件。即当负有义务的一方当事人在约定的期限内，没有履行义务，享有权利的一方当事人就可以取得通知对方解除合同的权利。可见，履行期限是合同的一个主要内容，当事人在签订合同时，应当明确约定。逾期不履行，除了依法可以免除责任的特殊情况以外，都要承担违约责任。

（7）履行地点和方式。履行地点，是指当事人依照合同的规定，完成合同所规定的义务所处的场所。履行地点是一个关系到合同是否已经得到履行的判断标准问题，如果当事人没有在合同约定的期限内到指定的地点履行合同，就可以认定为没有履行合同。同时，履行地点又是一个判断合同是否已经得到适当履行的判断标准。如在货物运输合同中，将货物运错了地方，就可以判断为合同没有得到履行。

签订合同确定履行地点，应当注意以下问题：一是如果某些种类的合同的履行地点法律有明确规定，应当按照规定，在合同中约定履行地点。二是如果法律没有特别规定，由双方当事人协商确定。如果交付的标的物是不动产，在不动产的所在地履行；如果交付的标的物是动产的，应当在接收该动产的一方当事人的所在地履行。此外，在实践中，当事人在签订合同时，也有没有明确约定履行地点的情况，在这种情况下，要按照《民法通则》第八十八条的有关规定处理。即：履行地点不明确的，给付货币的，在接受给付一方的所在地履行，其他标的，在履行义务一方的所在地履行。

履行方式，是指当事人履行义务的具体方法。由于不同的合同有着不同的内容，因此，履行方式也不相同。有的合同是以转移财产的方式来履行的，例如买卖合同，应当规定卖方把货物转移给买方；也有的合同是以提供某种劳务的方式来履行，例如货物运输合同。另外，还可以规定是一次履行或者是分期履行。有的要求必须由当事人亲自履行，有的则允许他人代为履行；有的需要送货、代运，有的可以自行提货，等等。违反规定的履行方式，要承担违约责任。

（8）违约责任。为了维护合同的严肃性，防止不负责任地草率签订，并且有效地督促当事人履行合同，在签订的合同中，要明确写出违约责任。即当事人因为自己的过错不履行或者不能完全履行合同时，要按照法律或者合同的规定，承担责任。承担责任的方式，主要有支付违约金、赔偿经济损失、继续履行合同等。违约责任的内容，既可以依照《合同法》等法律规定来确定，也可以由双方当事人协商确定。

（9）解决争议的方法。当事人可以通过协商或者调解解决合同争议；也可以根据仲裁协议向仲裁机构申请仲裁；当事人没有订立仲裁协议或者仲裁协议无效的，可以向人民法院起诉；如需要向人民法院起诉，可以规定出管辖法院。

8. 防止笔误错漏，避免合同纠纷

签订合同，内容要全面，语意要完整，严防笔误，这也是一个应当充分注意的问题。人们在平时说话，有一句说不明白，可以用第二句补充或者解释。签订合同，白纸写黑字，与平时说话可不一样。错了，当然也可以补充或者更正，当合同发生效力以后，若再对其补充或者更正，就不那么容易了，必须取得对方同意。如果对方不允许更正，不允许补充，那么只好对错漏的地方自己承担责任了。

从实践看，凡是产生合同纠纷的，都是由于疏忽等原因，在签订合同时，就埋下了产生纠纷的种子。有了纠纷，尽管可以请求仲裁机关或者人民法院给以调解或者处理，但这毕竟容易造成损失，还会增加不少麻烦。为了尽量避免纠纷，在签订合同的同时，就应当把可能产生纠纷的问题都想到，并且逐一排除，不能出现错漏、笔误等现象。

签合同的步骤与方法

1. 口头合同的签订

口头合同，是指双方当事人就合同中的内容取得了一致意见以后，达成了口头协议。尽管我们提倡使用书面合同，不提倡采用口头合同，但是，在实践中，有许多简单的事情，采用口头合同比较简便、易行。因此，我们不能否认，口头合同是实践中广为利用的一种合同。关于口头合同签订的步骤与方法，与签订书面合同的步骤与方法大致相同。我们用下例说明。

某省南部有个村庄叫刘屯，这地方盛产葡萄。农民赵某家有五架葡萄，到了成熟季节，他正寻找销路呢。村里有个农民叫李某，他不种葡萄，但他收购葡萄，然后用汽车向外运输贩卖。一天，李某组织了人员和车队，开始收购葡萄。赵某知道后，就去找李某，跟他商议，想把家里的这些葡萄全卖给李某。他对李某说："我的这些葡萄品种都是巨丰，粒大，色彩也好，卖给你如何？"李某问："一斤要多少钱？"赵某说："七角钱。"

李某不同意，说："今年的葡萄丰收，不少农民的葡萄销路都有一定困难。因此，我们往外卖的价格也比较低，每斤我只能给你六角五分钱。"

赵某卖葡萄心切，就对李某说，"这样，你让一点利，我让一点利，每斤六角七分钱。"说完又让李某去葡萄园看货。李某看完，觉得葡萄确实好，就说："行，就这样定了。你家的五架葡萄我都要。我马上派人来装葡萄，当场过称，每市斤按六角七分钱收购。边卸边过称边装车。每装一车付清一车的货款。"赵某问："你们什么时候来人装葡萄？"李某说："马上就来人，装满一车就付一车的货款。"两人经过讨价还价，就这样没签订书面合同，但达成了口头协议。于是，买卖口头合同就签订了。

采用口头合同，一般是一手交钱，一手交货，货款当时即能付清的，合同的内容当时就能履行完毕，而且是内容不太重要的。口头合同最大的优点就是简便、灵活，用起来省事、方便。但有时候要漏掉一些主要条款，一旦发生纠纷，因为合同的内容不全面，缺少主要条款，再加上空口无凭，就给纠纷的处理带来了麻烦。所以，除了特殊的明显简单的事情，不易发生纠纷的以外，一般要采用书面合同。

2. 简易书面合同的签订

书面合同一般分成两种，即简易书面合同和格式合同。简易书面合同是介于口头合同与格式合同之间的简易书面合同。它是把格式合同简易化了，要比口头合同正规得多。

不管签订什么样的合同，都要有一个协商的过程。也就是首先要由想签订合同的一方提出要求，讲明条件，即法学理论上所说的"要约"。另一方对提出的要求和条件是否完全同意，如果完全同意，即法学理论中所说的"承诺"，这样就可以签订合同。签订合同一般要经过要约、承诺或者再要约、再承诺的反复过程，也就是人们所说的要经过讨价还价的过程，最后双方达成一致意见，这才能够使合同成立，从而坐下来签订合同。

签订合同要遵循以下原则：一要公平，也就是说双方平等，在享受权利和承担义务上不能显失公平，二是要诚实信用，三是要遵守国家法律，不得妨害社会公共利益。

现列举一例，供读者签订简易书面合同时参考。

3. 借款合同

甲方（借款人）：张某，男，现住某乡某村。

乙方（供款人）：郭某，男，现住某乡某村。

甲乙双方就下列事项达成一致意见，签订本合同，供双方共同遵守。

一、乙方借给甲方人民币 25000 元，于 2002 年 12 月 5 日以前交付给甲方。

二、利息按照国家银行规定的同期存款二倍的利息给付。

三、借款期限为一年，即到 2003 年 12 月 5 日归还。

四、到期连本带息一次性还清。

五、2002 年 12 月 5 日以前，乙方如果不能拿出全部钱款，应当另行向他人借到这些钱款。甲方如果到期不能归还全部本息，对不能归还的本息，逾期应向乙方交付三倍同期的银行存款利息。

六、本合同自签订之日起生效。本合同一式 2 份，双方各执 1 份。

甲方：张某（签字、盖章）

乙方：郭某（签字、盖章）

2002 年 12 月 2 日

4. 格式合同的签订

所谓格式合同，是指根据国家工商行政管理局或者国家有关部门规定的合同格式，所签订的合同。

为了使人们签订的合同规范化，便于国家有关部门对合同的管理，国家工商行政管理局及其他有关主管部门，制定了各种合同的示范文本和参考文本，明确规定了各种合同的格式。尽管这些合同的示范文本和参考文本相对比较复杂，但由于这些合同格式规范，在一般情况下，人们签订合同的时候，应该按照国家规定的格式来签订合同。

合同格式的签订，与一般口头合同和简易书面合同的签订大致相同，也需要有要约和承诺，双方对合同的内容达成一致意见以后，然后坐下来，根据国家规定的合同格式，逐条逐项地进行商定，意见一致以后，就可以按照规定的合同格式来签订合同。

本书下一部分的“常见合同范例”，就是根据国家规定的格式，向读者提供各种合同范例，供读者参考。当然，人们在签订合同的时候，也可以根据《合同法》第十二条规定，在签订合同的时候，可以参照国家规定的合同格式，适当地增加或者减少合同的项目。

5. 委托他人代签的方法

签订合同是一项重要事情。一个企业与另一个企业签订合同，或者一个人与另一个人签订合同，都是十分重要的，作为企业的主要行政领导人，如经理、董事长、厂长等，应当亲自参加签订。对于个人来讲，当事人应当亲自参加签订。但是由于种种原因，例如工作繁忙，企业内的工作一时脱不开身，或者所了解的法律知识有限，签订合同的经验不足等，需要委托他人代理签订合同。因此，法律上不仅允许，在实践中由他人代签合同的现象也比较普遍。

委托他人代签合同，要有书面委托书。在委托书中，要写明被委托人即代理人的姓名等有关自然状况。还要写明授权情况，如代理事项、代理权限和期限等。在委托书中，委托人和被委托人都要签字、盖章。被委托人即代理人要在受委托的权限内，与对方签订合同。根据《民法通则》第六十五条第三款的规定，“委托书授权不明的，被代理人应当向第三人承担民事责任，代理人负连带责任。”

代替他人签订合同，必须同时具备以下三个条件：一是要事先取得委托人的委托证明，二是要在授权范围之内签订合同，三是要以委托人的名义签订。

代替他人签订合同的情况比较复杂，有下列几种无权代理或者滥用代理权签订的合同无效：

(1) 没有经过被代理人的委托，擅自以被代理人的名义与他人订立的合同无效；

(2) 代理人超越代理权限签订合同，事后又没有经过被代理人追认的，合同无效；

（3）代理人超越代理期限，代理权已经消失，在这种情况下，继续以被代理人的名义与他人签订的合同无效；

（4）自己代理。即代理人以被代理人的名义与自己签订的合同无效。例如：某百货公司委托一商场代订一份服装买卖合同。这个商场见有利可图，即以百货公司的名义同本商场签订了一份服装买卖合同，借此将一批积压在仓库的服装卖给了那个百货公司。这样自己与自己签订的合同无效；

（5）双方代理。即代理人以被代理人的名义，同自己代理的其他人签订的合同无效；

（6）恶意串通代理。即代理人为了捞取回扣费，或者接受了对方的贿赂，或者出于个人的其他目的，与对方通谋，从而签订了损害被代理人利益的合同。这样的合同，不仅对被代理人没有约束力，而且代理人还要赔偿被代理人的损失。

当然，最好的方法是：签合同的当事人自己要参加，并带上参谋或者顾问，对签合同中遇到的每个问题，边研究边签订。须知，一份重要合同没签好，会给自己带来许多麻烦，会造成巨大的经济损失。

合同的内容

合同是平等主体之间设立、变更、终止民事权利义务关系的协议。合同必须具备以下基本条款：

1. 当事人的名称或者姓名和住所。

2. 标的，这是合同有效成立的前提条件，没有标的或标的不明的合同既无法履行，也不能成立。

3. 数量，主要指标的的数量。

4. 质量要求，是指双方在合同中约定的标的的质量及要达到的标准。

5. 对价，是指取得标的一方向给付标的一方所应支付的代价（如：价款、费用、酬金、租金等）。

6. 履行期限，是指合同的履行期限和合同的有效期限。

7. 履行的地点和方式，主要包括：

①交货方式，是指双方约定的交接标的的形式；

②运输形式，是指双方约定的用何种运输工具，采取何种方式运输；

③交货地点，是指双方约定的交接标的的具体地点。

8. 违约责任，是指双方在合同中明确约定的违约方应承担的具体责任。

9. 解决争议的方法，指所签订合同发生纠纷，自行协商不成时，按在合同中约定的解决纠纷的形式来解决。

当事人在签订合同时，除按法律规定应写明以上条款外，还应当尽量使用规范用语，条款尽量详细。

合同签订的条件

《合同法》第九条第一款规定："当事人订立合同，应当具备相应的民事权利能力和民事行为能力。"这里的当事人包括自然人、法人和其他组织。

1. 民事权利能力

民事权利能力是法律赋予民事主体从事民事活动，享受民事权利和承担民事义务的资格。在本质上，它是民事主体参加民事法律关系，取得民事权利和承担民事义务的一种可能性或前提，反映着民事主体在《民法》上的地位。民事主体取得具体的民事权利和承担具体的民事义务则是实现民事权利能力的体现。

自然人的民事权利能力始于出生。在我国，自然人出生的时间以户籍证明为准；没有户籍证明的，以医院出具的出生证明为准；没有医院证明的，参照其他有关证明认定。自然人的民事权利能力因死亡而终止。自然人的死亡在法律上分两种情况：生理死亡和宣告死亡。生理死亡又称自然死亡，是指自然人生命的绝对消灭。宣告死亡是依据一定的法律事实而推定自然人死亡。在我国，如无相反证明，以自然人死亡证明书上的时间为其民事权利能力终止的时间。自然人民事权利能力终止的法律后果是：丧失民事主体资格，其婚姻关系自然终止，对其财产的所有权消灭而由其继承人继承，债权债务亦开始清偿。

法人的民事权利能力是指法人作为民事主体，参加民事法律关系，享受民事权利和承担民事义务的资格。法人的民事权利能力从法人成立时产生。企业法人从核准登记手续办理完毕，并依法领取营业执照之日起享有民事权利能力。事业单位和社会团体法人不需要办理法人登记的，从成立之日起具有民事权利能力。依法需要办理法人登记的，从核准登记手续办理完毕之日起取得民事权利能力。法人的民事权利能力从法人终止时消灭。法人依法被撤销、解散、宣告破产或因其他原因终止以后，原有的民事主体资格即原则上不复存在。但是，法人终止以后，在依法进行清算的阶段，限于清算的必要范围内，法人仍享有一定的民事权利能力。至法人清算完结之日起，其权利能力最终消灭。

2. 民事行为能力

民事行为能力是民事主体以自己的行为取得民事权利，承担民事义务的资格。具备民事权利能力，并不意味着自然人都能正确地运用这种能力。我国《民法通则》将自然人的民事行为能力分为三种：（1）完全民事行为能力，是指法律赋予达到一定年龄和智力状态正常的自然人通过自己的独立行为进行民事活动的能力，亦即完全民事行为能力人有能力充分地实现其权利能力。根据我国《民法通则》的规定，18 周岁以上的自然人是成年人，具有完全民事行为能力，可以独立进行民事活动，是完全民事行为能力人。16 周岁以上不满 18 周岁的自然人，以自己的劳动收入为主要生活来源的，视为完全民事行为能力人。（2）限制民事行为能力，是指法律赋予那些已经达到一定年龄但尚未成年和虽已成年但精神不健全，不能完全辨认自己行为后果的自然人所享有的可以从事与自己的年龄、智力和精神健康状况相适应的民事活动的能力。根据我国《民法通则》的规定，10 周岁以上的未成年人及不能完全辨认自己行为的精神病人是限制民事行为能力人。前者可以进行与其年龄、智力相适应的民事活动；后者可以进行与其精神状况相适应的民事活动。其他民事活动由其法定代理人代理，或者征得其法定代理人的同意。（3）无民事行为能力，是指完全不具备以自己的行为从事民事活动以取得民事权利和承担民事义务的资格。根据我国《民法通则》的规定，不满 10 周岁的未成年人及不能辨认自己行为的精神病人是无民事行为能力人，由其法定代理人代理民事活动。

法人的民事行为能力，是指法人以自己的意思独立进行民事活动，取得权利并承担义务的资格。法人的民事行为能力和民事权利能力在时间上是一致的，也始于法人成立，终于法人消灭，在法人存续期间始终存在。两者同时发生，同时消灭。法人的民事行为能力和其民事权利能力在范围上是一致的。法人的民事行为能力以其不同于单个自然人意思的团体意思为前提，是由其机关或代表来实现的。

合同与法人印章

法人的工作人员擅自加盖法人印章，以法人名义签订合同，其效力如何认定，根据《民法通则》第六十六条第一款的规定，法人无须对其工作人员的行为负责。

根据《合同法》第四十九条关于表见代理的规定，法人的工作人员擅自加盖法人印章，以法人名义签订合同的，如相对人知道或者应当知道该工作人员系擅自加盖公章的，应作无效或效力待定处理；相对人不知道也不应知道的并“有理由相信”行为人有代理权的，应当认定有效。但是否构成“有理由相信”，应当采用严格责任，即法人不能证明相对人知道或者应当知道该公章系工作人员擅自加盖的，即认定相对人有理由相信该工作人员使用该公章已获法人同意。

法人公章是法人的象征，是证明法人表意真实性的凭证，如果允许法人以“公章系其工作人员擅自加盖”为由不承担责任，则设定法人公章就失去了意义，社会经济秩序将会陷入混乱。法人应对自己的盖章行为负责，无论是其法定代表人所盖，还是其委托代理人所盖，或者是其他工作人员未经授权所盖，只要相对人自己没有过错。对相对人而言，只有审查公章是否真实的责任，没有审查公章为谁所盖的责任。这是维护交易的动态安全、保护善意第三人合法权益、维护社会经济秩序的必然要求。

当然，行为人盗窃、伪造法人印章后以法人名义实施的行为，不适用表见代理。但是，法人对此有过错的，仍应当承担损害赔偿责任。

合同的约定

依法成立的合同，自成立时生效。法律、行政法规规定应当办理批准、登记等手续生效的，依照其规定。

1. 当事人对合同的效力可以约定附条件

附生效条件的合同，自条件成就时生效。附解除条件的合同，自条件成就时失效。

当事人为自己的利益不正当地阻止条件成就的，视为条件已成就，不正当地促成条件成就的，视为条件不成就。

作为约定所附的条件可以是事件，也可以是行为，但必须符合下列要求：

（1）条件必须是将来发生的事实，已经发生的事实不能作为条件；

（2）条件必须是不确定的事实，即是否发生是当事人不能预料的；

（3）条件必须合法，不能以违反法律、行政法规和社会公德的事实作为条件；

（4）条件必须可能，不能以不可能发生的事实作为条件。

2. 当事人对合同的效力可以约定附期限

附生效期限的合同，自期限届至时生效。附终止期限的合同，自期限届满时失效。

根据期限对合同效力所起的作用不同，期限可分为延缓期限和解除期限。附生效期限的合同，在期限到来前已经成立，但不生效，自期限届至时生效。附终止期限的合同，在期限到来前已经生效，当事人已经按照合同的约定行使权利、履行义务，自期限届满时失效。

3. 坚持实际履行原则

（1）法律规定应当采用书面形式的合同，当事人未采用书面形式，但已经履行主要义务或者能够证明当事人对合同内容协商一致的，该合同有效。

（2）采用合同书包括确认书形式订立合同，没有签字或者盖章的当事人已经履行主要义务时，该合同有效。

（3）无民事行为能力人、限制民事行为能力人订立的合同，经法定代理人追认后，该合同有效。

但纯获利益的合同或者与其年龄、智力精神健康状况相适应而订立的合同，不必经法定代理人追认。

(4) 行为人没有代理权、超越代理权或者代理权终止后，以被代理人的名义订立合同，未经被代理人追认，对被代理人不发生效力，由行为人承担责任。

(5) 相对人可以催告被代理人在一个月内予以追认。被代理人未作表示的视为拒绝追认。合同被追认之前善意相对人有撤销的权利。撤销应当以通知的方式作出。

(6) 法人或者其他组织的法定代表人、负责人超越权限订立的合同，除相对人知道超越权限的以外，该代表行为视为有效。

(7) 行为人没有代理权、超越代理权或者代理权终止后以被代理人的名义订立合同，相对人有理由相信行为人有代理权的，该代理行为有效。

(8) 无处分权的人处分他人财产，经权利人追认或者无处分权的人订立合同后取得处分权的，该合同有效。

《合同法》对合同的效力的规定

《合同法》规定了以下四种合同效力类型：

1. 合同的生效

合同的生效是指已经成立的合同在当事人之间产生一定的法律约束力，也就是通常所说的法律效力。法律根据自己的价值取向规定一系列的条件和要求，对符合这些条件和要求的合同赋予完全的法律效力，使当事人能够实现其订立合同所期望的目的。

2. 合同的无效

无效合同是指合同虽然已经成立，但因其缺乏生效要件而当然不发生法律效力的合同。无效的合同主要是违反法律禁止性规定或其他强行性规定以及公序良俗的合同。这样的合同由于不符合或者违反了法律的价值取向，因此受到了法律的否定性评价。

3. 合同的效力待定

合同的效力待定是指已经成立的合同不完全符合法律规定的合同效力要件，因此法律不让其效力马上产生，而是等待采取一定的措施进行补救后再让其发生完全的效力。效力待定的合同主要是主体方面存在一些瑕疵，它主要包括：无行为能力人订立的合同及限制行为能力人依法不能订立的合同、无权代理人订立的合同以及无权处分的合同。

4. 合同的可撤销和可变更

合同的可撤销和可变更是指已经成立的合同由于在当事人的意思表示方面存在瑕疵，因此法律赋予因为该瑕疵而可能受有损失的一方当事人对该合同撤销或变更的权利。该当事人可以通过行使撤销权或变更权来保护自己的利益，同时，也可以放弃自己的撤销权或变更权。可撤销或可变更的合同主要是在当事人的意思表示方面存在瑕疵的合同。

合同生效应有的条件

根据我国《民法通则》和《合同法》的规定，合同的一般生效要件是：

1. 合同当事人在订立合同时有相应的订立合同的权利能力与行为能力

根据《民法通则》的规定，10 周岁以上的未成年人和不能完全辨认自己行为的精神病人，属于限制民事行为能力人。前者只能实施某些与其年龄、智力相适应的民事活动，后者只能实施某些与其精神健康状态相适应的民事活动。

法人或者其他组织的法定代表人、负责人超越权限订立的合同，除相对人知道或者应当知道其超越权限的以外，该代表行为视为有效。

无处分权的人处分他人财产，经权利人追认或者无处分权的人订立合同后取得处分权的，该合同有效。

2. 合同当事人的意思表示真实

意思表示真实是指表意人即意思表示的行为人的表意行为应当真实反映其内心的效果意思。表示行为是表示人将其效果意思表达于外部的行为，效果意思则是表示人内心所欲发生一定效果的意思。

3. 合同标的须确定、可能

当事人订立合同的目的在于追求某种合同利益的实现，因此合同的标的必须确定、可能，合同才能发生效力。合同标的在合同成立时，必须确定或相对确定。合同的标的只有确定，或虽不确定但可能确定的，才能使合同利益的实现有所保障。

4. 合同不得违反法律或者社会公共利益

不违反法律，是指合同不能违反法律、法规的强制性规范。强制性规范不同于任意性规范，它要求当事人必须严格遵守，而排斥当事人的意思自治，不能通过协议而加以改变；任意性规范并不要求人们必须执行，是由当事人选择适用的，如果合同违反强制性法律规范，合同必然因违反法律而无效。

社会公共利益是个抽象的概念，我国社会生活的政治基础、社会秩序、道德准则和善良风俗习惯等，均可列入其中。由于法律不可能毫无遗漏地对社会公共利益保护作出规定，因此，只要损害了社会公共利益的合同，即使法律、法规未作明确的禁止性规定，也应确认该合同无效。

5. 合同必须具备法律所要求的形式

《合同法》第十条规定："当事人订立合同，有书面形式、口头形式和其他形式。法律、行政法规规定采用书面形式的，应当采用书面形式。当事人约定采用书面形式的，应当采用书面形式。"依此规定，法律、法规规定用特定形式的合同，应当依照法律、法规的规定。

合同的有效性

以代理人身份订立合同的前提是享有代理权，行为人不享有代理权却以被代理人名义订立的合同，是无权代理合同。无权代理包括以下三种情况：

1. 行为人没有代理权。行为人与他人订立合同根本未经被代理人的授权，完全是行为人自己的意思。

2. 超越代理权。尽管行为人获得了被代理人的授权，但其订立合同的行为超越了被代理人的授权范围，超越代理权而订立的合同或者是合同中超越代理权的部分是无权代理合同。

3. 代理权已经终止。尽管行为人获得过被代理人的授权，但授权委托书的有效期限届满，此时行为人仍然以被代理人名义订立的合同是无权代理合同。

为了保护交易安全，保护第三人的信赖利益，不损害被代理人的利益，无权代理合同并非绝对无效，而是属于效力待定的合同。

法律赋予被代理人对无权代理合同效力的决定权，即：（1）被代理人对该合同予以追认的，视为行为人的代理是有效代理，合同有效则被代理人是合同的一方当事人，合同对被代理人发生法律效力。追认是被代理人对无权代理行为在事后予以承认的一种单方意思表示，在性质上属于形成权。（2）被代理人对该合同不予追认的，该合同不对被代理人发生效力，由行为人承担责任。

无权代理合同订立后，由于被代理人享有追认或者拒绝的选择权，无权代理合同处于未定状态，相对人处于不确定地位。如果被代理人无限期地不作出选择，合同关系的不确定状态无法消除。为了平衡被代理人与相对人的利益，稳定交易，法律赋予相对人以催告权，即相对人可以催告被代理人在1个月内予以追认。在该期限内，被代理人可以向相对人明确表示予以追认，此时行为人的行为自始具有与有权代理同样的效力，合同对被代理人发生效力；被代理人未作任何表示的，视为拒绝追认，合同不对被代理人发生效力；被代理人也可以作出明确的拒绝，合同不对其发生效力。拒绝合同的意思应当以明示的方式向行为人或者相对人作出。行为人受领了这种表示并且无异议的，有义务通知相对人，否则对相对人不知道被代理人拒绝追认而产生的损害负损害赔偿责任。

合同被追认之前，善意相对人有撤销合同的权利。即善意相对人在被代理人未承认无权代理行为之前，可撤销其对无权代理人作出的意思表示。所谓善意相对人，是指对行为人对无权代理的事实不知道也不应当知道的相对人。相对人撤销合同的意思应当以通知的方式作出，可以向行为人作出，也可以向被代理人作出。但是，相对人明知行为人无代理权而仍与之订立合同的，丧失撤销的权利。

无效合同

无效合同，是违反合同法律行为的一种表现形式，也就是指订立合同的行为是违反法定条件的行为，其行为本身就是无效的。因而，所订立的合同从订立的时候起，就是无效合同，不但不受法律保护，而且应该根据其造成的法律后果，给予必要的处理。

《合同法》第五十二条规定，有下列情形之一的，合同无效：

1. 一方以欺诈、胁迫的手段订立合同，损害国家利益

因欺诈而签订的合同，损害国家利益时合同无效。一方当事人故意告知对方虚假情况，或者故意隐瞒真实情况，诱使对方当事人作出错误意思表示的，可以认定为欺诈行为。

因胁迫而签订的合同，损害国家利益时合同无效。已给公民及其亲友的生命健康、名誉、荣誉、财产等造成损害，或者已给法人的名誉、荣誉、财产等造成损害为要挟，迫使对方作出违背真实的意思表示的，可以认定为胁迫行为。

2. 恶意串通，损害国家、集体或者第三人利益的

合同当事人互相串通，明知或者应知合同的履行会损害国家、集体或者第三人利益，却希望或者放任这种结果的发生，因而订立合同。恶意串通订立合同，可以是双方协商一致订立非法合同，也可以是一方当事人作出意思表示，另一方明知或者应知其非法目的，却以默示的方式接受而成立合同。

3. 以合法形式掩盖非法目的的

以合法形式掩盖非法目的订立的合同，是指合同的内容及形式是合法的，但订立合同的目的却是非法的。例如，为了避免财产被抵偿债务而与他人订立赠予合同将财产赠予他人；濒临破产的企业为了隐匿财产而与他人订立买卖合同将设备卖与他人。这类合同就其成立要件来讲是合法的，但根据合同所实现的目的却是非法的。

4. 损害社会公共利益的

损害社会公共利益也就是违反公序良俗和公共秩序，如果合同订立、履

行的结果会损害社会公共利益，则该合同是无效的。例如，规避课税的合同、赌博合同、以债务人的人身为抵押的约定、自选商店张贴的保安人员有权对顾客搜查的店堂告示等。

5. 违反法律、行政法规的强制性规定的。

法律、行政法规依其性质可分为强制性规定和任意性规定，强制性规定在法律上表述为“必须”“应当”等命令性的规定，或者是禁止性的规定。对于强制性规定，当事人必须遵守，不得以协议的形式予以排除。违反任意性规定时并不影响合同的效力。违反法律、行政法规强制性规定而订立的合同不以当事人是否对其行为违法存在过错为条件，即使当事人不知道合同条款是法律所禁止的，合同仍然无效。如果当事人订立合同的当时没有违反法律、行政法规的强制性规定，但是，因立法的变更而导致合同尚未履行完毕的合同违反了现时的法律、行政法规，则应根据新法是否具有溯及力来认定合同的效力。

合同的无效包括部分无效和全部无效，如果合同的部分条款无效而并不影响其他部分的效力的，合同的其他部分仍然有效。但如果无效部分与有效部分有牵连关系，确认部分内容无效会影响有效部分的效力的，有效部分的继续存在对当事人已经没有意义或者不公平的，则合同应全部被确认为无效。合同订立、履行的结果会损害社会公共利益，则该合同是无效的。

无效合同的处理

合同被确认无效后，尚未履行的，不得履行，正在履行的，应当立即终止履行。

1. 无效合同未造成不良后果的不做处理

在当事人履行合同之前，合同被确认无效的，此时尚未造成不良后果，可以不做处理。

2. 双方当事人相互返还财产，返还财产的方式可分为：

（1）在合同被确认无效前已部分或全部履行，而对国家和社会公共利益又无明显损害的，一般应当返还财产。返还时如果原物已经不存在或没有必要返还原物的，应折价补偿。

（2）有过错的一方已经给对方造成损失的，应当赔偿对方因此所受的损失，双方都有过错的，各自承担相应的责任。

（3）有过错的第三人给当事人造成损失的，第三人应承担相应的责任。

3. 没收非法财产归国家所有。当事人恶意串通，损害国家、集体或者第三人利益的，因此取得的财产收归国家所有，或者返还集体、第三人。如双方都属故意，则双方都无权要求返还财产，应追缴双方已付给对方或约定付给对方而尚未给对方的财产，予以没收上缴国库；或根据有关法规处以罚款；情节严重构成犯罪的，移送司法机关依法追究刑事责任。

无效合同的诉讼

《民法通则》第一三五条规定："向人民法院请求保护民事权利的诉讼时效期间为二年，法律另有规定的除外。"所谓法律另有规定的"在我国仅指法律对时效期间的长短另有规定，而不是对是否受时效限制另有规定。任何情况下以任何方式向人民法院提出诉讼请求，都应受时效限制，只不过不同情况下时效期间的长短不同、开始计算的时间不同、是否应中止、中断和延长的情况不同。无效合同中一方当事人向人民法院要求返还财产或赔偿损失，属于向人民法院请求保护民事权利，应当在法定的时效期间内起诉，否则人民法院不予保护。

至于诉讼时效的起算问题，应以合同约定的履行期限届满之次日开始计算，履行期限没有约定或约定不明确的，按照《合同法》第六十一条、第六十二条、第六十六条、第一六一条等的规定确定，从确定的履行期限届满之次日开始计算。《民法通则》第一三七条第（一）项规定："诉讼时效期间从知道或者应当知道权利被侵害时起计算。"《合同法》对此无另外规定。

因此，合同纠纷的诉讼时效仍应遵循此规定，从知道或者应当知道权利被侵害时起计算。合同是否有效由人民法院通过判决或仲裁机构通过裁决确认，一方在起诉时合同效力并不确定，一方或双方也无权自行确定。因此当事人只能按照合同约定的期限主张权利，时效期间应从约定的履行期限届满之次日起计算。如企业之间的借款合同虽然无效，但时效的起算只能以约定的还款期限届满之次日为准，不能以银行款项借出之次日开始计算，也不能以出借人主张权利被借款人拒绝之次日开始计算，更不能以法院或仲裁机构确认合同无效之次日开始计算。

订立合同的特别情形

1．乘人之危订立的合同

乘人之危是指一方当事人利用对方当事人的危难处境或紧迫需要，为牟取不正当利益，迫使对方接受某种明显不公平的条件并作出违背其真意的意思表示的行为。最高人民法院《关于贯彻执行 < 中华人民共和国民法通则 > 若干问题的意见（试行)》第七十条规定：“一方当事人乘对方处于危难之机，为牟取不正当利益，逼使对方作出不真实的意思表示，严重损害对方利益的，可以认定为乘人之危。”根据《合同法》第五十四条的规定，因乘人之危而迫使对方在违背其真实意思的情况下所订立的合同为可撤销的合同。

乘人之危的构成，应具备以下要件：

（1）一方当事人陷于危难处境或急迫需要。危难处境是指急欲避免或解除的重大不利状态，如因自然灾害而遭遇困境。除经济上的窘迫外，还包括生活危险、健康恶化、名誉受损等危险。急迫需要是指为了实现或保障重大利益，而在财物、金钱、服务等方面的急迫需要。一方当事人之陷于危难境地或急迫需要，并非由另一方当事人即乘危人的违法行为造成的，而是本已形成，乘危人只是因势利用而已。

（2）一方当事人利用对方的危难处境和急迫需要而提出苛刻的合同条件，提出苛刻合同条件的目的是为了牟取不正当利益。

（3）一方当事人主观上有乘人之危的故意。

即明知对方当事人陷于危难境地和迫切需要之中，为牟取不正当利益而提出苛刻合同条件，迫使对方接受。如果行为人不知对方处于危难境地时，不能构成乘人之危。

（4）对方当事人被迫接受苛刻合同条件，并与之订立合同。

该意思表示是在被迫情况下进行的，违背了对方当事人的真实意思。

（5）对方当事人蒙受了损失。

此种损失与乘危人取得的不正当利益形成对应关系，其不正当利益是在严重损害对方利益的前提下取得的。

2. 恶意串通订立的合同

《合同法》第五十九条规定：“当事人恶意串通，损害国家、集体或者第三人利益的，因此取得的财产应当收归国家所有或者返还集体、第三人。”恶意串通是指合同当事人在订立合同过程中，为牟取不法利益合谋实施的违法行为。恶意串通的合同具有以下两个特征：

（1）当事人双方是出于故意。因恶意串通而成立的合同的当事人都是故意的，这种故意的本质在于通过损害他人的利益来获取自己的非法利益。当然因恶意串通而成立的合同不以行为人已经或必然获得了非法利益为必要条件，只要有恶意串通，危及他人利益的故意就可以认定。这里需要注意的是，因恶意串通成立的合同，未必是全部当事人的故意，例如当事人的代理人与对方当事人或对方当事人的代理人串通危害被代理人的利益而订立合同，就不应认为是当事人的故意。代理人的故意足以构成恶意串通。

（2）恶意串通的合同是为牟取非法利益。当事人订立恶意串通的合同的目的就是为了取得非法利益。

这种非法利益可以有不同的表现形式。例如，在招投标过程中，投标人之间串通，压低标价；在买卖过程中，双方抬高货物的价格以获取贿赂等。

恶意串通损害了国家、集体或者第三人的利益，是情节恶劣的违法行为。由于这种行为是由于双方相互勾结在一起，共同损害国家、集体或者第三者的利益，因此这种合同在被确认无效后，在处理上不是一方赔偿另一方的损失或者互相赔偿损失，而是由有关国家机关依法收缴双方所得的财产，收归国家所有或者返还集体、第三人。

合同变更和撤销

《合同法》第五十四条规定：下列合同，当事人一方有权请求人民法院或者仲裁机构变更或者撤销。

1. 因重大误解订立的

因重大误解而订立合同，是指当事人在作出意思表示时，对有关合同的重要事项存在认识上的显著缺陷，误解直接影响到当事人应当享有的权利和承担的义务。构成重大误解必须满足以下条件：（1）当事人因为误解作出了意思表示。（2）当事人的误解必须是重大的。（3）误解是由行为人自己的过失造成的，而非受他人的欺骗或不正当影响造成的，亦非自己的故意行为。

2. 订立合同时显失公平的

显失公平的合同是指当事人一方在紧迫或者缺乏经验的情况下而订立的明显对自己有重大不利而对对方有利的合同。法律对显失公平合同的界定规定了严格的条件，这些条件是：（1）须为有偿合同。（2）合同的内容明显背离公平原则。（3）受有不公平利益的一方具有利用对方轻率、无经验等而与对方订立显失公平合同的故意，其行为违反了诚实信用原则的基本要求。

3. 一方以欺诈、胁迫手段或者乘人之危，使对方在违背其真实意思的情况下订立的合同

判断订立合同的过程中是否存在欺诈，应当从以下几个方面考虑：（1）欺诈方是否具有欺诈的故意。（2）欺诈方是否实施了欺诈行为。（3）被欺诈的一方是否因欺诈而陷入错误认识。（4）被欺诈的一方是否因错误而在违背其真实意思的情况之下订立合同的。

一方行为构成胁迫需要满足以下条件：（1）胁迫人具有胁迫的故意。（2）胁迫人实施了胁迫行为。（3）受胁迫者因胁迫而在违背其真实意思的情况下与之订立了合同。（4）胁迫行为是非法的。

构成乘人之危的条件是：（1）受害方处于危难境地。（2）一方当事人明知对方处于危难而故意利用这一事实迫使对方接受不利的条件。（3）危难方迫于危难，在违背其真实意思的情况下与之订立合同。（4）合同的内容对危难方明显不利。

合同的约定

合同生效后，当事人就质量、价款或者报酬、履行地点等内容没有约定

或者约定不明确的，可以协议补充；不能达成补充协议的，按照合同有关条款或者交易习惯确定。

当事人就有关合同内容没有约定或者约定不明确，适用下列规定：

1. 合同中对质量要求的规定不明确的，按照国家标准、行业标准履行；没有国家、行业标准的，按照通常标准或者符合合同目的的特定标准履行。国家标准是指国家主管部门制定的标准；行业标准通常由行业协会或者多数厂商共同制定的标准；通常标准是指与合同标的规格相同或者种类相同的标的在通常情况下采用的标准。

2. 合同中对价款或者报酬规定不明确的，按照订立合同时履行地的市场价格履行，但依法应当执行政府定价或者政府指导价的，按照有关规定履行，如《合同法》第六十三条的规定，不适用履行地的市场价。

3. 合同中对履行地点规定不明确的，如果是给付货币的，则在接受货币一方所在地履行。所在地一般是债权人的营业地，债权人有两个以上营业地的，以与合同的履行有最密切联系的营业地为履行地。如果是缴付不动产的，则在不动产所在地履行。履行标的是其他的，则在履行义务一方所在地履行。

4. 合同中对履行期限规定不明确的，债务人可以随时履行其义务，债权人也可以随时请求对方履行，但应当给对方必要的准备时间。一般先给予对方履行或者请求履行的通知，在通知后的合理期限内履行自己的义务或者作为对方履行义务的始期。

5. 合同中对履行方式规定不明确的，当事人应当按照有利于实现合同目的的方式履行。例如，没有约定包装方式的，负有包装义务的一方应当以最有利于保护标的物的方式包装。

6. 合同中对履行费用的负担规定不明确的，由履行义务的一方负担。

中止履行合同

合同订立后，对方当事人出现了丧失或者可能丧失履约能力的事由的，先履行债务的一方当事人即可中止履行合同。为了限制有先履行债务的一方当事人滥用中止履行权，法律规定了可中止履行合同的事由：

1. 经营状况严重恶化的，如当事人濒临破产。

2. 转移财产、抽逃资金，以逃避债务的。已经接受对方部分履行的一方当事人为了逃避债务，通常采取转移财产、抽逃资金的方式，表面上制造不具备履约能力的假象，以试图豁免履行合同义务。

3. 丧失商业信誉的。信用对于现代市场经济主体是至关重要的，如果当事人一方严重丧失商业信誉，则切断了其融资、融物的渠道，当自己的履约能力不足时，必然会产生不能履行债务的后果。

4. 有丧失或者可能丧失履行债务能力的其他情形的。一般来讲，如果当事人的财产状况显著恶化，商业信誉严重丧失时，就会丧失履行合同的能力，从而构成根本违约。丧失或者可能丧失履行债务能力的情形在实践中样态颇多，有时不是直接体现在对方的财产上。

当事人没有确切证据中止履行的，应当承担违约责任。

合同当事人一方有另一方不能履行合同的确切证据时，可以暂时中止履行合同，但是应当立即通知另一方，当另一方对履行合同提供了适当担保时，中止履行的一方应当恢复履行合同。中止履行后，对方在合理期限内未恢复履行能力并且未提供适当担保的，中止履行的一方可以解除合同。

这里讲的中止，是指暂时停止，而不是永远终止履行合同，为此，应注意以下两点：

1. 当事人一方必须有对方不能履行合同的确切证据，方可中止履行自己的合同义务，而不能无根据地怀疑对方不能履行合同，无确切证据而擅自中止合同的一方应负违反合同的责任。特定的标的已经灭失或转移、对方丧失清偿能力、对方所属国家因发生战争或政府实行封锁禁运等，都有可能成为对方不能履行合同的确切证据。

2. 一旦对方提供了适当履行担保时，暂时中止履行的一方就应继续履行合同。适当担保，是指银行或其他担保人担保，给付履约保证金（定金），抵押担保等。当对方提供了上述形式的担保时，即可认为是“适当担保”，中止的一方应当继续履行自己的合同义务。

变更合同

变更合同，是一种法律行为，是指签约双方当事人在符合法律规定的条件下，就修改原订合同的内容所达成的协议。

《合同法》第七十七条规定：当事人协商一致，可以变更合同。

法律、行政法规规定变更合同应当办理批准、登记等手续的，依照其规定。

变更合同应当具备下列条件：

1. 发生了使合同基础发生变化的客观情况；

2. 合同变更应经当事人各方协商同意，任何一方不得擅自变更合同，擅自变更的合同无法律效力；

3. 变更合同应采取书面形式，口头协议变更应有相应的证据；

4. 按我国法律、法规的规定，须由国家批准成立的合同，其内容的重大变更还应经原批准机关批准。

如果合同变更前或变更时，可能存在或发生的给当事人一方造成损失的事实，合同变更后，受损害的一方仍可要求对方赔偿损失。

当事人如果对合同变更的内容约定不明确的，视为未变更。

法律对变更合同的程序作了如下的规定：

1. 变更合同也应当贯彻协商一致的原则。

（1）当事人一方应当向对方提出变更合同的要约；

（2）对方是否对要约作出承诺；

（3）双方在没有达成新的协议之前，单方面变更合同属违约行为。

2. 变更合同的协议最好采用书面形式。新的协议未达成之前，原合同仍然有效。

合同的变更产生的法律后果

合同的变更，主要是在保持原合同关系的基础上，使合同内容发生变化，合同变更的实质是以变更后的合同代替了原合同。因此，在合同发生变更以后，当事人应当按照变更后的合同内容作出履行，任何一方违反变更后的合同内容都将构成违约。

合同变更的效力，又因合同要素的变更和非要素的变更的不同而不同，前者由于导致合同同一性的丧失，因而原合同所附着的利益和瑕疵因合同的变更而归于消灭，后者由于仅是合同非要素内容的变更，因而仍然保持其同一性，并未影响合同当事人的基本权利义务，所以原合同所附着的利益与瑕疵仍然继续存在，原合同有对价关系的亦仍保有同时履行抗辩权，均不因合同变更而消灭。如果变更后合同权利义务发生了扩张，当事人仅在原来范围内享受利益或者承担瑕疵，而不及于其扩张部分。

合同变更原则上仅对未来发生效力，对已经按原合同所作的履行无溯及力，已经履行的债务不因合同的变更而失去法律根据，任何一方不能因合同的变更而要求对方返还已经作出的履行，当事人另有约定的除外。合同变更仅对已经变更的部分发生效力，对于未变更部分的权利义务继续有效。

根据我国《民法通则》第一一五条的规定，合同变更或者解除，不影响当事人要求赔偿损失的权利。但何种类型的合同变更可与损害赔偿并存，应视具体情况而定。例如，基于情事变更原则而变更合同则不存在损害赔偿；对因重大误解而订立的合同予以变更，在相对人遭受损失的情况下，误解人应赔偿相对人的损失；双方当事人协议变更合同的，双方应就损失的处理作出约定，并载入变更后的合同中。

合同权利转让

债权人可以将合同的权利全部或者部分转让给第三人，但《合同法》第七十九条规定，下列合同权利不允许转让：

1. 根据合同的性质不得转让的权利。所谓根据合同性质不得转让的权利是指根据合同权利的性质，只能在特定当事人之间生效，如果转让给第三人，将会使合同的内容发生变更或者使合同难以履行，从而使转让后的合同内容与转让前的合同内容失去联系性和同一性，且违反了当事人订立合同的目的。

一般来说，根据合同性质不得让与的权利主要包括如下四种：

第一，根据个人信任关系而发生的债权。第二，以选定的债权人为基础发生的合同权利。第三，合同内容中包括了针对特定当事人的不作为义务。第四，从权利。从权利是指附随于主权利的权利。

2. 根据当事人的特别约定而不得转让的合同权利根据合同自由原则，当事人可以在订立合同时或订立合同后特别约定，禁止任何一方转让合同权利，只要此约定不违反法律的禁止规定和社会公共道德，就应当产生法律效力。任何一方违反此种约定而转让合同权利，将构成违约。此种特别约定，只要在合同转让之前订立便可生效。当然，此种约定只能在特定当事人之间生效，不得约束第三人。

3. 依照法律规定不得转让法律规定不得转让的合同权利，当然不能转让。例如《担保法》第六十一条规定："最高额抵押的主合同债权不得转让。"《合同法》之所以规定禁止合同权利转让的情形，是因为债权人转让合同权利是其享有的权利，即依据债权人的单方意思表示就可以发生，无须经过义务人的同意，只要通知债务人就可以了。

合同权利转让的条件

合同权利的转让，是指合同的债权人将其在合同中享有的权利全部或者部分转让给第三人的行为。按照《合同法》第七十九条规定，债权人可以将合同的权利全部或者部分转让给第三人。合同权利转让若要在债权人、受让人、债务人之间均发生法律效力，须具备以下要件：

1. 须有有效存在的合同债权且债权转让不改变债权的内容

合同债权的有效存在是合同权利转让的基本前提。以不存在或无效的债权转让他人或者以已经消灭的债权转让他人，不能发生合同权利转让的效力。但下列三种债权仍可作为合同权利转让的标的：一是诉讼时效已过的债权，二是因可撤销行为所发生的债权，三是将来的债权。

由于合同权利转让关系到债务人的利益，因而让与人转让债权时不得改变债权的内容，即不得增加债务人的负担。如该项权利的转让将极大地改变另一方的义务状况或极大地增加债务人的承担责任，则债务人可对此提出抗辩。债权人在转让债权时，既可转让全部权利，也可转让部分权利。

2. 转让的债权具有可转让性

从鼓励交易、增加社会财富的角度出发，应当允许绝大多数合同债权转让，无论是单务合同中的权利，还是双务合同中的权利，只要不违反法律和社会公共道德，均应允许其转让。但是法律从保护社会公共利益、维护交易秩序、兼顾转让双方的利益出发，对合同权利的转让范围也应当作出一定限制。

合同的解除

合同的解除，是指合同依法有效成立后，因主客观情况发生变化，使合同的履行成为不必要或者不可能，根据合同双方达成的协议或一方当事人的意思表示提前终止合同效力。合同解除主要适用于以下情况：

1. 合同是依法有效成立的合同。解除合同的前提是已经存在一个有效成立的合同，如果合同尚未成立，当事人之间还不存在合同关系，当然也就不存在解除的问题；如果当事人之间的合同是无效合同，无效合同本身就不具有法律效力，也不存在解除问题；合同已经履行完毕，双方的法律关系已经结束，也不存在解除问题。

2. 合同尚在履行期间。合同是一种有期限的民事法律行为。在合同履行期间，当事人必须严格遵照合同履行，超过了履行期限，一般地说，合同就不再具有法律约束力。如一份租赁合同约定的租赁期为二年。在这二年中，合同是应当履行的，如因情况发生变化不想继续履行合同，可经请求解除；超过了二年，合同效力即告终止，不存在解除问题。

3. 合同尚未履行或者尚未履行完毕。解除合同一般应发生在合同尚未履行或者尚未履行完毕之前。

合同已经履行完毕，双方协商解除合同关系，互相返还依据合同从对方取得的财产，使双方的关系恢复到合同签订前的状态，从理论上讲应当是允许的，但是这种情况在实践中极为罕见。

4. 因情况发生了变化，当事人双方或者至少有一方不愿再继续履行合同，双方协商解除合同虽然是一种无因行为，法律并不追究其原因，但对当事人来说，订立合同是为了实现某种目的，解除合同肯定是有其原因的。只要双方协商，认为继续履行合同没有必要就可解除，或者符合法定情况另一方有权单方解除合同。

合同解除与赔偿

因解除合同而使一方当事人遭受损失的，除依法可以免除责任的外，责任方应当负责赔偿，这是合同法律效力的表现。合同依法成立，就具有法律约束力，当事人应当全面履行合同，当事人违反合同要承担违约责任，当事人解除合同给对方造成损失应当负责赔偿。因当事人解除合同的原因不同，赔偿的范围也有区别：

1. 协议解除合同的赔偿

协议解除合同是当事人一方从有利于自己的角度出发，而提议解除合同，解除合同的结果必然使其获得利益或减少损失。而另一方往往因合同的解除而遭受一定的损失。根据公平原则，提出解除合同受益的一方应当赔偿对方所遭受的损失。赔偿的范围包括：

（1）订立合同所支出的费用；（2）为履行合同进行准备所支出的必要费用；（3）履行合同所支出的费用；（4）解除合同所遭受的其他直接经济损失等。赔偿的具体数额和方法，当事人可以在解除合同的协议中约定，在解除合同时没有约定的，可以申请人民法院或仲裁机构裁决。

2. 因不可抗力解除合同的赔偿

因不可抗力造成合同不能履行而解除合同的，当事人不负责赔偿。但是，在合同履行期内当事人没有履行，合同履行期满后才发生不可抗力的，当事人的责任不能免除。另外，不可抗力发生后，遇有不可抗力不能履行合同的一方应将合同不能履行的情况及时通知对方，以便对方及时采取有效措施，避免或者减少损失，如果当事人怠于通知，造成对方损失扩大或者当事人虽然遇到不可抗力，但合同仍能履行而不履行的，应就扩大的损失承担赔偿责任。

3. 因一方当事人违约解除合同的赔偿

合同能够履行而当事人拒不履行，或者迟延履行，履行不符合合同要求，致使严重影响对方订立合同所期望的利益，法律赋予非违约方解除合同的权利。但是，合同的解除并不免除违约方的责任，因为在合同解除前，由于一方当事人的违约已经给对方当事人造成了损失，这种损失是客观存在的。如果违约方不承担责任，让非违约方承担损失显然是不公平的。因此，合同解除后，需要恢复原状的，应当恢复原状。因一方当事人违约致使合同解除的，违约方仍应承担违约责任，不能因为合同的解除而免除其应负的责任。

4. 因第三人的原因或其他原因解除合同的赔偿实践中，造成合同解除的原因是多方面的，如当事人分立、合并、转产、破产，或者由于第三人不履行与合同一方当事人之间的合同造成本合同不能履行而解除合同，在这些情况下，因合同不能履行而解除合同的一方赔偿责任不能免除。因第三人不履行合同造成本合同不能履行的，由于第三人不是本合同的当事人，与本合同的受害人之间没有直接的法律关系，不能直接让第三人赔偿本合同受害人的损失，而由不能履行合同的一方当事人先行赔偿对方当事人遭受的损失，而后再由其向第三人追偿。因企业分立、合并、转产不能履行合同的，合同可以解除，但因解除合同给对方造成损失的仍应赔偿。

债务的抵销

除债务的协议抵销之外，债务在符合以下条件时可以相互抵销：

1. 必须是当事人互负债务。当事人互负债务，意味着当事人之间也互享债权，这是抵销产生的基础，只有当事人之间互相负有债务，才可进行抵销，只有一方负有债务，没有对应的债务，无法抵销。当事人之间互负的债务必须是合法的，才能抵销。如果合同无效，当事人的债权自然也就无效，债权不存在，债务当然也不存在，不存在抵销的问题。

2. 必须是到期债务。合同若订立有履行期限，在期限届满之前，债权人不得强制债务人履行债务。抵销等于是当事人履行了债务，所以在期限届满之前要求抵销债务，等于强制债务人履行债务。如果在合同中没有约定履行期限，债权人如果限期要求债务履行债务时，这个期限可以作为债务的履行期限。

3. 必须是标的物的种类、品质相同的债务。适合抵销的，多是金钱和种类物，这种情况下，双方所负债务的标的物性质同一，抵销后双方的经济目的一般不会受到影响，如果允许不同种类的标的抵销，则有可能影响到当事人的某种特定的目的。抵销时互负债务的当事人各自应承担的债务数量是否相同不影响抵销的成立，只是在进行抵销时，只能同等数量的债务进行抵销，抵销后剩余的债务，当事人仍应履行。

4. 必须是可以用作抵销的债务按照法律规定，下列债务不能抵销：（1）按合同性质不能抵销的。（2）按照约定应当向第三人给付的债务。（3）因故意实施侵权行为产生的债务。（4）法律规定不得抵销的其他情形。

违约行为

《合同法》第一〇七条规定，当事人不履行合同义务或者履行合同义务不符合约定的，应当承担违约责任。由此可见，我国《合同法》对违约责任的认定采取了严格责任的原则，即只要存在违约事实，即应承担违约责任，而无论其是否有过错。

当事人不履行合同义务或者履行合同义务不符合约定的义务包括以下几种情况：

1. 不履行。不履行包括履行不能和拒绝履行。履行不能是指债务人在客观上已经没有履行能力。拒绝履行是指债务人能够实际履行而故意不履行。作为违约行为的一种表现形式，拒绝履行必须具备以下要件：有合法债务的存在、债务人能够履行债务、债务人不履行债务、债务人不履行债务没有合法理由。在债务人享有同时履行抗辩权、不安履行抗辩权、先诉抗辩权、时效经过抗辩权、条件不成就抗辩权、期限未届至抗辩权等权利的情况下，债务人的拒绝履行不构成违约。

2. 履行迟延。履行迟延又称逾期履行，是指在合同债务已经到期，合同当事人能够履行而不按法定或者约定的时间履行的情况。

构成迟延履行必须具备以下要件：存在有效债务、债务人能够履行、履行期限已经到来、债务人不履行。判断是否构成迟延履行的前提是合同债务的履行必须有明确的期限。

迟延履行分为三种情况：（1）债务人迟延履行，指因可归责于债务人的原因导致履行迟延。（2）债权人的迟延，指因可归责于债权人的原因导致履行迟延。它又可分为两种情况：一种情况是债权人负有配合债务人履行合同债务的义务而债权人不积极配合，造成合同履行迟延。另一种情况是债权人拒绝接受债务人到期的履行。（3）因不可归责于双方当事人的原因导致履行迟延。

3. 不完全履行。不完全履行亦称不适当履行或不正确履行，是指债务人虽然履行了债务，但其履行不符合合同的约定。不完全履行分为给付有瑕疵与加害给付两种。给付有瑕疵，亦称瑕疵给付，可进一步分为：（1）给付在数量上不完全。（2）给付不符合质量要求。（3）履行时间与履行地点不当。（4）履行方法不符合约定。加害给付不是一般的不完全履行，加害给付不仅违反了合同的约定，而且因其履行有瑕疵而造成了债权人的人身或财产的损失。

4. 预期违约。《合同法》第一〇八条规定："当事人一方明确表示或者以自己的行为表明不履行合同义务的，对方可以在履行期限届满之前要求其承担违约责任。"

预期违约制度的目的是使受害方提前得到法律上的救济，防止其蒙受本来可以避免的损失，比如，为了就即将到期的履行进行准备而蒙受的损失；或者在得知对方毁约后不得不继续自己一方的履行，从而蒙受损失；或者等合同规定的履行期到来再采取行动，从而丧失了与他人进行交易的机会。

违约补救措施

根据《合同法》的规定，违约责任的方式主要有：继续履行、赔偿损失、违约金、定金罚则及其他方式。

1. 继续履行

继续履行又叫强制实际履行，指在一方当事人违反合同义务时，另一方当事人请求法院强制违约方继续履行合同债务的责任形式。承担继续履行这种责任方式，应具备如下条件：(1) 必须有违约行为。(2) 非违约方要求违约方继续履行。(3) 违约方能够继续履行合同债务。

根据《合同法》的规定，在下列情况下，不能要求债务人继续履行合同债务：(1) 法律上或者事实上不能履行。(2) 债务的标的不适于强制履行或者履行费用过高。(3) 债权人在合理的期限内未要求履行。

继续履行的表现形式主要有：(1) 限期履行。(2) 修理、重作、更换。

2. 采取补救措施

除修理、重作、更换外，《合同法》第一一一条还规定了退货、减少价款或者报酬。本书认为，退货、减少价款或者报酬属于违约责任的一种，但不属于继续履行的形式，而是《合同法》第一〇七条所规定的采取补救措施的责任。不能因为退货、减少价款或者报酬与修理、重作、更换规定在一个条文中而认为它们都属于继续履行责任的表现形式。

3. 赔偿损失

赔偿损失是指违约方依据合同的约定或者法律的规定承担的赔偿对方当事人所受损失的责任。

承担赔偿损失这种责任方式，须具备如下要件：(1) 违约行为，包括不能履行、迟延履行、不完全履行、拒绝履行等违约形式。(2) 债权人受有损失，包括直接损失和间接损失。(3) 违约行为与损失的发生有因果关系。

赔偿损失的范围：(1) 完全赔偿的原则，是指违约方对于违约行为造成的损失应当全部赔偿的原则。(2) 可得利益的赔偿，是指合同在适当履行以后可以实现和取得的财产利益。

4. 违约金责任

违约金是指当事人约定的或法律直接规定的，在一方违约后向对方支付的一定数额的货币或代表一定价值的财物。《合同法》第一一四条第一款规定："当事人可以约定一方违约时应当根据违约情况向对方支付一定数额的违约金，也可以约定因违约产生的损害赔偿额的计算方法。"

5. 定金责任

根据《民法通则》《担保法》《合同法》的规定，定金既可以作为担保方式，也可以作为一种民事责任方式。《合同法》第一一五条规定："当事人可以依照《中华人民共和国担保法》约定一方向对方给付定金作为债权的担保。债务人履行债务后，定金应当抵作价款或者收回。给付定金的一方不履行约定的债务的，无权要求返还定金；收受定金的一方不履行约定的债务的，应当双倍返还定金。"

合同的格式

劳动合同

劳动合同书（范例）

编号：2003001

根据《中华人民共和国劳动法》等法律、行政法规、行政规章的规定，张××（以下简称甲方）与赵××（以下简称乙方）按照平等自愿、协商一致的原则，订立本劳动合同，共同遵守。

一、劳动合同期限。

（一）固定期限：自2003年1月10日起至2004年1月10日止。

（二）无固定期限：自　　年　　月　　日起至甲乙双方约定的劳动合同终止条件出现止。

（三）以完成一定的工作为期限：自　　年　　月　　日起至完成之日止。

其中试用期（见习期或适应期）自2003年1月10日起至2003年4月10日止。

二、工作内容。

（一）乙方同意按甲方生产工作需要在加工车间工作，具体工作内容和要求是：焊接。

（二）因生产经营变化和工作需要，经双方协商一致，甲方可以调整乙方的工作岗位和工作内容，乙方认为不适应甲方调整的工作，可以申请另行调整或提出解除劳动合同。

三、工作时间和休息休假。

（一）甲方执行法律规定的工时制度和休息休假办法。

（二）甲方由于生产经营需要并与工会和劳动者协商后，或出现法律、行政法规规定的其他情形的，可以依法延长工作时间。

（三）甲方安排乙方延长工作时间的，在休息日安排乙方工作又不能安排补休的，在法定休假日安排乙方工作的，应当依法分别支付不低于乙方正常工作时间工资的200%的工资报酬。

（四）乙方享受国家规定的带薪休假。

四、劳动报酬。

（一）甲方根据其生产经营特点，确定对乙方实行工资制。甲方支付给乙方的工资不得低于当地政府规定的最低工资标准。

（二）甲方应以货币形式按月支付乙方工资。

（三）乙方在法定休假日、婚丧假和依法参加社会活动期间，甲方应依法支付工资。

五、劳动保护和劳动条件。

（一）甲乙双方执行国家劳动安全卫生法律、法规、规程和标准。甲方对乙方进行劳动安全卫生教育，防止事故，减少职业危害。

（二）甲方为乙方提供符合国家规定的劳动安全卫生条件和必要的劳动安全防护用品，努力改善劳动条件。

（三）乙方在劳动过程中，应严格遵守安全操作规程。

对甲方违章指挥、强令冒险作业，有权拒绝执行；对危害生命安全和身体健康的行为，有权提出批评、检举和控告。

六、社会保险和福利。

（一）甲乙双方必须执行国家有关社会保险和福利的规定。

（二）甲方努力创造条件，改善集体福利，提高乙方的福利待遇。

七、劳动纪律。

（一）甲方依法建立和完善规章制度。

（二）甲乙双方必须遵守法律、法规和甲方依法制定的规章制度。

（三）甲方有权根据法律、法规和规章制度对乙方进行奖惩。

八、甲乙双方约定劳动合同终止的条件。

（一）合同到期。

（二）违反合同约定。

（三）双方同意劳动合同终止。

九、劳动合同的变更、解除、终止。

（一）甲乙双方在本劳动合同的有效期内，可以遵循平等自愿、协商一致的原则，依法变更劳动合同部分条款。

（二）经甲乙双方协商一致，劳动合同可以解除。

（三）乙方有下列情形之一的，甲方可以解除劳动合同：

1. 在试用期内被证明不符合录用条件的。

2. 严重违反劳动纪律或者甲方依法建立的规章制度的。

3. 严重失职、营私舞弊，对甲方利益造成重大损害的。

4. 泄漏甲方商业秘密，造成重大影响或经济损失的。

5. 被开除、除名、劳动教养和依法追究刑事责任的，劳动合同自行解除。

（四）乙方有下列情形之一的，甲方可以解除劳动合同，但是应当提前30日书面通知乙方：

1. 患病或非因工负伤，医疗期满后，不能从事原工作也不能从事由甲方另行安排的工作的。

2. 不能胜任工作，经过培训或者调整工作岗位，仍不能胜任工作的。

3. 劳动合同订立时所依据的客观情况发生重大变化，致使原劳动合同无法履行，经甲乙双方协商，不能就变更劳动合同内容达成协议的。

4. 法律、行政法规规定可以解除劳动合同的。

（五）乙方解除劳动合同，应当提前30日以书面形式通知甲方。但有下列情形之一的，可以随时通知甲方解除劳动合同。

1. 在试用期内的。

2. 甲方以暴力、威胁或者非法限制人身自由的手段强迫劳动的。

3. 甲方未按劳动合同约定支付劳动报酬或者提供劳动条件的。

（六）乙方有下列情形之一的，甲方不得解除劳动合同：

1. 患职业病或者因工负伤并被确认丧失或部分丧失劳动能力的。

2. 患病或者负伤，在规定的医疗期内的。

3. 女职工在孕期、产期和哺乳期的。

4. 法律、行政法规规定的其他情形。

（七）本劳动合同期满，或者甲乙双方约定的劳动合同终止条件出现，劳动合同即行终止。

十、甲乙双方协商约定的其他内容。

十一、违反劳动合同的责任。

甲乙双方或一方违反本劳动合同的规定，除依法承担法律责任外，还应分别承担如下责任。

甲方的违约责任：

按月工资总额 30% 承担违约金。

乙方的违约责任：

按月工资总额 30% 承担违约金。

甲乙双方因履行劳动合同发生争议，可向本单位劳动争议调解委员会申请调解，也可直接向劳动争议仲裁委员会申请仲裁。

本劳动合同一式 2 份，甲乙双方各持 1 份，具有同等法律效力。

私营企业劳动合同

私营企业职工劳动合同书（范例）

甲方（用人单位）名称：××××××× 有限公司

地址：××市××区××号

法定代表人（委托代理人）：张××

乙方（劳动者）姓名：赵××

性别：男

出生日期：××年×月×日

民族：汉

文化程度：高中

籍贯：××省××市

身份：农业人口（　　）；非农业人口（√）

身份证号码：×××××××××××

现在住址：×市×区×号×路

甲方因生产需要，招乙方为本企业职工。根据《中华人民共和国劳动法》《中华人民共和国私营企业暂行条例》《私营企业劳动管理暂行规定》和有关劳动法规，甲乙双方在自愿基础上，经平等协商，同意签订本劳动合同。

第一条　合同期限。

本合同期从2003年1月10日起至2004年1月10日止，共1年。其中试用期从2003年1月10日起至2003年4月10日止，共3个月。

第二条　生产任务。

甲方安排乙方从事焊接工作。

乙方同意按甲方生产需要，在加工岗位，承担任务，担任焊工工种。

乙方应完成岗位所规定的数量指标和质量指标：本厂指标。

第三条　劳动安全、卫生条件。

1. 甲方必须执行国家有关劳动安全与卫生的法规标准，采取劳动保护措施，改善劳动条件，建立安全生产规章制度，保证安全生产和职工健康。

2. 甲方应根据国家有关规定，给乙方发放劳动保护用品______，保健食品费：××元。

3. 甲方应对乙方进行安全教育和技术培训，乙方从事特种作业的，必须经专业训练，并经劳动行政部门考核合格发证后，持证上岗操作。

4. 甲方应对从事有毒有害工作的乙方定期体检。

5. 甲方不得安排未成年工（16周岁—18周岁）担任不宜从事的工种。

6. 甲方应定期对生产场所、危险设施进行安全检查，消除事故隐患，纠正违章。

第四条　劳动管理。

1. 甲方必须严格执行劳动政策和有关劳动管理的法律规定，并根据国家有关规定建立、健全劳动制度及各项规章。

2. 甲方有监督乙方遵章守纪、安全生产、职业道德及生产任务完成情况的权利。

3. 乙方应严格遵守劳动纪律和规章制度，服从甲方管理，积极完成所从事的工作。

第五条　工作时间和劳动报酬。

1. 甲方应实行每日不超过8小时、平均每周不超过44小时工作制，因生产需要确需延长工作时间时，须经乙方本人和工会同意，并发给乙方加班工资。日加班不得超过3小时，连续加班不得超过3天。乙方如为未成年工（16周岁—18周岁）、孕期、哺乳期女工，甲方不得安排其加班加点。

2. 甲方依照国家法律和有关政策规定，同乙方协商确定的具体工资标准和工资形式以及奖金、津贴、补贴如下（职工最低工资不得低于当地同行业集体所有制企业同等条件工人的最低工资水平）：月工资×××元，月奖金50元至200元，津贴和补贴50元至150元。

3. 甲方应当每月按时给乙方发放工资。每月10日为发薪日。超过当月规定发薪日期的，从第六日起每天按拖欠乙方本人工资额的5%赔偿乙方损失，直至支付工资之日止，与工资一并发给乙方。

4. 法定节日加班工资为50元，公休假日加班工资××元，平日加班工资25元，从事夜间（22时—次日6时）工作的，每班发给夜餐津贴25元。

5. 甲方应当根据企业的生产发展及乙方的技术熟练程度、劳动效率，逐步提高乙方的工资水平。

第六条　保险和福利待遇。

1. 甲方按乙方工资总额的10%，乙方按本人当月工资的10%，按月向当地劳动行政部门所属的社会保险机构缴纳退休养老金。

甲方没有按规定为乙方向社会保险机构缴纳退休养老金的，乙方在退职、解除合同或被辞退时，甲方应按国家规定的标准，如数发给本人退休养老金。

2. 因第七条第2款第（2）项、第（4）项和第3款规定而解除劳动合同的，甲方应按乙方工作每满一年（满半年不满一年的按一年计算）发给乙方一个月标准工资的生活补助费。同时，如合同期未满，甲方应发给乙方合同期内的失业补偿费，标准为：距合同期满，每相差一年发给相当于乙方标准工资一个月的补偿费，生活补助费、补偿费分别合计最高不超过12个月乙方标准工资。

3. 乙方因工负伤或患职业病，治疗期间工资照发，所需医疗费用由甲方支付。医疗终结，经市（县）医务劳动鉴定委员会鉴定，确定为残废的，由甲方发给残废金。

乙方因工残废或患职业病死亡，由甲方发给丧葬费和供养直系亲属抚恤费。残废金、丧葬费和供养直系亲属抚恤费的标准，按照《劳动保险条例》和有关规定执行。

4. 乙方患病或非因工负伤，甲方应按其工作时间长短给予3个月—6个月的医疗期。在医疗期间发给不低于本人原工资60%的病假工资。

5. 乙方为女职工，其孕期、产假和哺乳期的待遇按《女职工劳动保护规定》及有关规定执行。

6. 按国家法律、法规规定，乙方应享受法定节假日及婚、丧假。法定节假日及遇乙方婚、丧假期，甲方必须将乙方按规定所休天数视为有薪假期；乙方如超假，经批准可作事假处理，否则，按旷工处理。

第七条　合同的变更、解除、终止和续订。

1. 甲方因转产、调整生产项目，或者由于情况变化，经甲乙双方协商同意，可以变更合同的相关内容。

2. 在下列情况下，甲方可以解除合同：

（1）乙方在试用期内经发现不符合录用条件的；

（2）乙方患病或非因工负伤，医疗期满后不能从事原工作又无法安排其他工作的；

（3）按照国家法律、法规规定，乙方属于应予辞退的；

（4）甲方歇业、宣告破产，或者濒临破产处于法定整顿期间的（须征求工会意见并向劳动行政部门报告）。

3. 在下列情况下，乙方可以解除合同：

（1）甲方违反国家规定，无安全防护设施，劳动安全、卫生条件恶劣，严重危害乙方身体健康的；

（2）甲方无力或不按照本合同规定支付乙方劳动报酬的；

（3）甲方不履行合同或者违反国家法规、政策，侵害乙方合法权益的；

（4）乙方应征入伍或经甲方同意，自费考上中等专业以上学校学习及本人有正当理由要求辞职的。

4. 乙方被劳动教养，以及受刑事处分的，合同自行解除。

5. 在下列情况下，甲方不得解除合同：

（1）合同期未满，又不符合本条第2款规定的；

（2）乙方患有职业病或因工负伤并经医务劳动鉴定委员会确认的；

（3）乙方患病或非因工负伤，在规定的医疗期内的；

（4）乙方在孕期、产假和哺乳期间的。

6. 甲乙双方任何一方解除合同，须提前30天以书面形式通知对方，并办理解除合同的手续。甲方按照国家法律、法规规定辞退乙方而解除合同的，以及试用期内应解除合同的，不需要提前通知对方。另外，符合第七条第3款（1）、（2）、（3）情形之一的，乙方随时可解除合同。

7. 甲方解除合同，应征求本企业工会组织的意见。

8. 甲方解除合同，应报当地劳动行政部门备案。

9. 合同期限届满，应即终止执行。由于生产、工作需要，甲乙双方协商同意，可以续订合同。

第八条　双方认为需要约定的事项。

第九条　违反劳动合同应承担的违约责任。

1. 甲乙双方任何一方违反合同时，应当向对方支付违约金，违约金标准是××××元。

2. 甲乙双方任何一方违反合同，给对方造成经济损失的，应根据后果及责任大小给予赔偿。

3. 甲方出资培训乙方，应事先与乙方商定在本企业的服务期限。乙方服务期未满，欲辞职或另谋职业的，应支付甲方培训费×××元。

第十条　劳动争议处理。

甲乙双方发生劳动争议后，应先行协商解决。协商不能解决的，可在法定申诉时效内向有管辖权的劳动争议仲裁委员会申请仲裁，对仲裁裁决不服的，向人民法院起诉。

第十一条　本合同未尽事宜以及与今后法律、法规、政策等有抵触的条款，按国家的法律、法规、政策执行。

第十二条　本合同自签订之日起生效，一式2份，甲乙双方各持1份。本合同涂改、未经合法授权代签无效。

第十三条　本合同经双方签订后，必须送交劳动争议仲裁机构予以鉴证。

甲方（盖章）　　乙方（签章）

法定代表人：张××　　赵××

（委托代理人）　　（签章）

××××年×月×日　　××××年×月×日

鉴证人员（签名或盖章）　　鉴证机构（盖章）

××××年×月×日

临时工劳动合同

临时工劳动合同（范例）

根据《××市城镇临时工管理暂行办法》（以下简称暂行办法）的规定，×××××××××有限公司（以下简称甲方），因生产、工作需要，招用赵××同志（以下简称乙方）为临时工，经双方协商同意，签订本劳动合同。

一、合同期限。

本合同期限自2003年1月10日起至2004年1月10日止。合同期满即终止劳动合同。

二、生产工作任务。

1. 乙方在甲方从事焊接工作。

2. 乙方必须按照甲方关于本岗位生产、工作任务和责任制的要求，完成规定的数量、质量指标或生产任务。

三、甲方负责对乙方进行政治思想、职业道德、业务技术、安全生产及各种规章制度的教育、培训。

甲方应根据国家规定，按工种要求发给乙方劳保用品、配备生产工作必需的劳动工具，提供其他必要的生产、工作条件。

四、劳动报酬。

1. 乙方在合同期间的工资标准月工资×××元。

2. 奖金××至×××元。

五、保险、福利待遇。

1. 乙方因工负伤，医疗终结前的工资、医疗费等各项待遇与劳动合同制工人相同，医疗终结后，全部或部分丧失劳动能力的临时工要求另谋职业的，甲方可根据乙方工作时间长短、伤残程度付给乙方3个月至6个月本人工资总额的一次性补助费。

2. 临时工患病或非因工负伤，在合同期间与劳动合同制工人享受同等医疗待遇，并按下列情况享受劳动保险待遇：

连续工作不满6个月、经医院证明需要停工医疗的，停工医疗期限最长不得超过1个月，停工医疗期间不发工资；

连续工作超过6个月（含6个月），经医院证明需要停工医疗的，停工医疗期限最长不得超过2个月。停工医疗期间不发工资。单位可以根据实际情况酌情发给一定数量的生活补助费。

3. 乙方在合同期间死亡，其劳动保险待遇与劳动合同制工人相同。

六、劳动纪律。

乙方应严格遵守国家的各项法律、法令和法规，遵守甲方各项规章制度，服从甲方领导、管理和教育。

七、劳动合同的解除。

1. 符合下列情况之一的，甲方可以解除劳动合同：

（1）发现乙方不符合《暂行办法》第4条规定的招用条件的；

（2）乙方患病或非因工负伤，按规定的医疗期满后不能从事原工作或未痊愈的；

（3）严重违反劳动纪律、影响生产、工作秩序的；

（4）违反操作规程或用工单位规定，损坏设备、工具、浪费原材料、能源，造成重大经济损失或严重后果的；

（5）贪污、盗窃、赌博、营私舞弊，不够刑事处罚的；

（6）无理取闹、打架斗殴、严重影响生产和工作秩序的；

（7）犯有其他严重错误的。

2. 符合下列情况之一的，乙方可以解除劳动合同：

（1）经国家有关部门确认，劳动、安全、卫生条件恶劣，严重危害身体健康的；

（2）用工单位不能按照劳动合同规定支付劳动报酬的；

（3）参军、考入中等以上学校或被招收为劳动合同制工人的；

（4）用工单位不履行劳动合同或违反国家政策、法规，侵害临时工合法权益的。

3. 任何一方解除劳动合同，一般情况下，必须提前一周通知对方，方可到临时工户口所在街道、镇劳动部门办理解除合同手续。

八、违反劳动合同应承担的责任。

任何一方违反本合同规定，给对方造成经济损失的，应根据后果和责任大小予以赔偿。

九、乙方在合同期内的养老保险金由甲方负责按有关规定缴纳。

十、其他双方协商事项。

十一、本合同如有未尽事宜，凡属国家规定的，按有关规定执行。

十二、本合同一式 3 份，甲乙双方和乙方户口所在街道、镇劳动部门各执 1 份。

甲方：张××（盖章）　　　　乙方：赵××（盖章）

××××年××月××日

街道、镇劳动部门（盖章）

买卖合同

买卖合同（范例）

出卖人：××市××厂。

买受人：中国××进出口总公司××市××分公司。

双方经协商，一致同意签订本合同。在合同有效期内，出卖方为买受方提供出口地毯商品。其具体协商条款如下：

一、合同有效期限。

本合同经双方盖章，并由××市公证处公证，从××年×月×日起至××年×月×日止有效。

二、标的种类、数量。

种类：各式（包括美术式、北京式、彩花式）机拉洗地毯。

数量：××年完成×万平方米，××年完成×万平方米，××年完成×万平方米。

说明：1. 若出卖方根据买受方要求，提前完成年预算总量，当年内有权拒绝与买受方续订订单；在双方协商一致时，亦可续订。2. 若买受方在合同规定的期限已满时，年订货总量不足本合同规定数额，则在刨除年总量的1%为合理误差外，其余不足部分，买受方应按不足部分价款的1‰向出卖方支付违约金。

三、标的质量标准。

以国家轻工业部SG168—79质量标准为主要检验依据。鉴于地毯系手工操作，为了体现质量水平，在国家统一质量标准下，双方还将分段建立实物标样。第一次标样在××年×月份建立，第二次标样在××年×月份建立，第三次标样在××年×月份建立。双方保证按国家质量标准及标样进行生产和验收。

四、价格。

机拉洗90道5/8

美术式：21.20元/平方尺

北京式：20.20元/平方尺

彩花式：19.20元/平方尺

说明：1. 地毯长度超过20尺时，每平方尺加付接经费0.36元；地毯长度是33尺，面积是300平方尺（含300平方尺），每平方尺除付上述接经费以外，另加付洗毯费0.25元；地毯长度是50尺，面积是450平方尺（含450平方尺），每平方尺除付上述接经费以外，另加付洗毯费0.49元。2×3尺规格以下的地毯，每平方尺另加价7%；1×1尺规格的地毯，每平方尺另加价

10%。2. 在合同执行期间，如遇中国土产畜产进出口公司进行价格调整，按期交货的，则按交货时的价格执行。即：如遇价格上涨，就按上涨后的价格执行；如遇价格下调，就按下调后的价格执行。逾期交货、逾期提货、逾期付款的，按《合同法》第六十三条执行。

五、交提货地点及运费负担。

由买受方派人、派车到出卖方所在地提货，运费由买受方自负；出卖方只负责装车工作。

六、验收方法。

由买受方派人，到出卖方所在地，在订单规定的交货日期前，验收完毕。

七、结算方式及期限。

方式：采用托收或汇款两种方式均可。

期限：若采用汇款方式，买受方须在接到提货单后 10 天内，汇出款项；若采用托收方式，买受方应在见到出卖方托收单后 10 天内，汇出款项。

八、副次品率及处理方法。

副次品率不另行规定。对副品，买受方按每份订单标的 1% 予以收购，降价幅度 1%—15%，其余副品及残次品，允许出卖方内销；在双方协商一致的情况下，买受方可按质作价，予以收购。

九、其他约定事项。

买受方安排给出卖方的具体生产任务，均应按本买卖合同所规定的各条款，另行签订订单。买受方保证按月均衡安排生产，每月 20—30 日内安排生产任务，全年预定生产额应在每年 6 月底之前安排完毕。出卖方则要负责按具体生产订单及本合同的要求组织生产，按质、按量、按期交货。（注：生产安排、交货日期，如遇节假日，可延迟 10 天。）一般产品，生产周期 6 个月；特殊样品，出卖方应在 1—3 个月内交货。为了便于买受方推销出卖方产品，出卖方还应提供各式地毯样品。

在生产订单的执行中，双方如出现矛盾，依本合同条款解决，不影响本合同继续执行。

关于专利的规定：买受方为出卖方生产所提供的图案、色线样本及工艺革新，均属买受方所有；出卖方未经允许，不得转让、转借、转卖。买受方如有充足、确凿的证据证明出卖方确有上述行为，有权向出卖方提出赔偿经济损失的要求，并视具体情况，赔偿金额为 2 万元—10 万元。

十、违约责任。

1. 出卖方如逾期交货，每逾期 1 天，按每批标的总价款的 1‰向买受方支付违约金。

2. 买受方如逾期验收、提货，或者逾期付款，或者逾期安排生产任务（指每月逾期 20—30 日才予安排），每逾期 1 天，按每批标的总价款的 1‰向出卖方支付违约金。

3. 在双方正常履行本合同的情况下，如单方无故终止合同，则按照预定产量未完成部分的总价款 5% 缴付违约金。

十一、附则。

1. 在本合同有效期内，买受方安排出卖方的每份生产订单，须经 × × 市 × × 区公证处审核公证，才予承认生效。

2. 本合同及生产订单生效后，如一方要修改或终止，必须在 15 日之前提出，征得对方同意，签具协议书，并由原公证处备案，才能生效，否则，应按原合同执行。

3. 确属不可抗力或因国家改革的调整而使本合同不能履行时，双方均不负违约责任。

4. 本合同未尽事宜，由双方协商后另订附件，经原公证处公证后，与本合同有同等效力。

5. 本合同一式 7 份。双方各执 3 份，× × 市 × × 区公证处存档 1 份。

十二、纠纷处理方法。

在合同履行中，如发生纠纷，首先协商解决。协商不成时，可向被告所在地人民法院起诉。

立合同人：

买受方：中国 × × × × 进出口总公司 × × 市 × × 分公司。（公章）

账号：× × × × × × ×

开户银行：中国人民银行 × × 分行。

出卖方：× × 市 × × 厂。（公章）

账号：×××××××

开户银行：中国人民银行××支行

附件：

公 证 书

兹证明中国××××进出口总公司××市××分公司（代理人：赵××，男，××岁）与国营××市××厂（代理人：夏××，男，××岁）双方于××年××月××日来到我处，当我的面，在前面的买卖合同书上签名。

××市××区公证处

公证员：彭××

××年××月××日

（公章）

房屋买卖合同

房屋买卖合同（范例）

出卖人：刘××（以下简称甲方）

买受人：李××（以下简称乙方）

甲、乙双方就房屋买卖事项经过多次协商，一致同意订立合同条款如下，以资共同遵守。

一、甲方愿将自有坐落××市××路××号房屋×间，建筑面积××平方米售卖给乙方。

二、甲方出售给乙方的房屋东至______，南至______，西至______，北至______（附四至平面图一张）。其房屋包括阳台、走道、楼梯、卫生间、灶间及其他设备。

三、上列房屋包括附属设备，双方议定房屋价款人民币××万元，由甲方售卖给乙方。

四、房屋价款乙方分三期付给甲方。第一期，在双方签订买卖合同之日，付人民币××万元；第二期在缴付房屋之日，付人民币××万元；第三期，在房屋产权批准过户登记之日付清余款。每期付款，甲方收到后出具收据。

五、甲方应自本合同签订日起10天内将房屋腾空，连同原房屋所有权证等有关证件，点交乙方，由乙方出具收到凭证。

六、在办理房屋产权移转过户登记时，甲方应出具申请房屋产权移转给乙方的书面报告。如需要甲方出面处理的，不论何时，甲方应予协助。如因甲方的延误，致影响产权过户登记，因而遭受的损失，由甲方负赔偿责任。

七、本合同签订前，该房屋如有应缴纳的一切捐税、费用，概由甲方负责。本合同发生的过户登记费、契税、估价费、印花税由乙方负担。其他税费按有关法律规定，各自承担。

八、甲方如不按合同规定的日期缴付房屋，每逾期1天按房价的总额3‰计算违约金给予乙方。逾期超过3个月时，乙方得解除本合同。解约时，甲方除将已收的房价款全部退还乙方外，并应赔偿所付房价款同额的赔偿金给乙方。

九、乙方全部或一部分不履行本合同第四条规定的日期给付房价款时，其逾期部分，乙方应加付按日5‰。计算违约金给予甲方。逾期超过3个月时，甲方得解除本合同。解约时，乙方已付的房价款作为赔偿金归甲方所有。

十、甲方保证其出卖给乙方的房屋，产权清楚，绝无他项权利设定或其他纠纷。乙方买受后，如该房屋产权有纠葛，致影响乙方权利的行使，概由甲方负责清理，并赔偿乙方损失。

十一、交屋时，乙方发现房屋构造或设备与合同约定的不符，经鉴定属实，甲方应于1个月内予以修理，如逾期不修理，乙方得自行修理，费用在房价款中扣除。如修理仍达不到合同约定的要求，乙方得解除合同，解约时，甲方除返还全部房价款外，并按本合同第八条规定承担违约责任。

十二、房屋所占用的土地（包括庭院围墙等）所有权属于国家。乙方取得上述房屋占有相应比例的土地使用权，并依照国家法律的规定缴纳土地使用税及其他有关费用。

十三、本合同的附件与合同有同等效力。

十四、本合同 式4份，甲乙方各执1份，另2份分别送交房产和土地管理机关办理产权过户登记手续。

立约人：

甲方：刘××（签章）　　乙方：李××（签章）

2003 年 1 月 10 日订于××市（县）

商品房买卖合同

商品房买卖合同（范例）

合同编号：0012—000137—0182 合同双方当事人：

出卖人：××市××房屋开发有限公司，注册地址：××市××区××路×号，营业执照注册号：××××总字 0000428，企业资质证书号：00—7438 法定代表人：赵××　　联系电话：

邮政编码：

委托代理人：　　地址：

邮政编码：　　联系电话：

委托代理机构：

注册地址：

营业执照注册号：　　法定代表人：

邮政编码：　　联系电话：

买受人：

【本人】姓名：沙××　　国籍：中国【身份证】：

地址：××市××区××路××号

邮政编码：　　联系电话：

【委托代理人】姓名：　　国籍：

地址：

邮政编码：　　电话：

根据《中华人民共和国合同法》《中华人民共和国城市房地产管理法》及其他有关法律、法规之规定，买受人和出卖人在平等、自愿、协商一致的基础上就买卖商品房达成如下协议：

第一条　项目建设依据。

出卖人以行政划拨方式取得位于××市××路编号为078的地块的土地使用权。【土地使用权出让合同号】【土地使用权划拨批准文件号】【划拨土地使用权转让批准文件号】为2002字1184号×政地拨字000149号。

该地块土地面积为27012m²，规划用途为住宅用地，土地使用年限自××年××月××日至××年××月××日。

出卖人经批准，在上述地块上建设商品房，【现定名】【暂定名】华贵花园。建设工程规划许可证号为×规建证字02年00193号，施工许可证号为0241。

第二条　商品房销售依据。

买受人购买的商品房为【现房】【预售商品房】。预售商品房批准机关为房产局市场管理办公室，商品房预售许可证号为×房销0000881。

第三条　买受人所购商品房的基本情况。

买受人购买的商品房（以下简称该商品房，其房屋平面图见本合同附件一，房号以附件一上表示为准）为本合同第一条规定的项目中的：

第三【幢】【座】4【单元】【屋】3—2号房。

该商品房的用途为住宅，属砖混结构，层高为7层，建筑层数地上6层，地下1层。

该商品房阳台是【封闭式】。

该商品房【合同约定】【产权登记】建筑面积共65.2平方米，其中，套内建筑面积58.2平方米，公共部位与公用房屋分摊建筑面积7平方米（有关公共部位与公用房屋分摊建筑面积构成说明见附件二）。

第四条　计价方式与价款。

出卖人与买受人约定按下述第1种方式计算该商品房价款：

1. 按建筑面积计算，该商品房单价为（人民币）每平方米1830元，总金额（人民币）零仟零百壹拾壹万玖仟叁百壹拾陆元整。

2. 按套内建筑面积计算，该商品房单价为（______币）______仟______白______拾______力______仟______白______拾______元整。

3. 按套（单元）计算，该商品房总价款为（______币）每平方米______元，总金额（______币）______仟______百______拾______万______仟______百______拾______元整。

第五条　面积确认及面积差异处理。

根据当事人选择的计价方式，本条规定以【建筑面积】【套内建筑面积】（本条款中均简称面积）为依据进行面积确认及面积差异处理。

当事人选择按套计价的，不适用本条约定。

合同约定面积与产权登记面积有差异的，以产权登记面积为准。

商品房缴付后，产权登记面积与合同约定面积发生差异，双方同意按第1种方式进行处理：

1. 双方自行约定：

（1）以产权登记面积计算房款，多退少补，不计利息。

2. 双方同意按以下原则处理：

（1）面积误差比绝对值在3%以内（含3%）的，据实结算房价款；

（2）面积误差比绝对值超出3%时，买受人有权退房。

买受人退房的，出卖人在买受人提出退房之日起30天内将买受人已付款退还给买受人，并按______利率付给利息。

买受人不退房的，产权登记面积大于合同约定面积时，面积误差比在3%以内（含3%）部分的房价款由买受人补足；超出3%部分的房价款由出卖人承担，产权归买受人。产权登记面积小于合同登记面积时，面积误差比绝对值在3%以内（含3%）部分的房价款由出卖人返还买受人；绝对值超出3%部分的房价款由出卖人双倍返还买受人。

$$\text{面积误差比} = \frac{\text{产权登记面积} - \text{合同约定面积}}{\text{合同约定面积}} \times 100\%$$

因设计变更造成面积差异，双方不解除合同的，应当签署补充协议。

第六条　付款方式及期限。

买受人按下列第3种方式按期付款：

1. 一次性付款；

2. 分期付款；

3. 其他方式首次付款40000元，贷款79316.00元。

第七条　买受人逾期付款的违约责任。

买受人如未按本合同规定的时间付款，按下列第 1 种方式处理：

按逾期时间，分别处理（不作累加）。

1. 逾期在 30 日之内，自本合同规定的应付款期限之第二天起至实际全额支付应付款之日止，买受人按日向出卖人支付逾期应付款万分之五的违约金，合同继续履行；

2. 逾期超过 30 日后，买受人有权解除合同。出卖人解除合同的，买受人按累计应付款的 5% 向出卖人支付违约金。买受人愿意继续履行合同的，经出卖人同意，合同继续履行，自本合同规定的应付款期限之第二天起至实际全额支付应付款之日止，买受人按日向出卖人支付逾期应付款万分之五〔该比率应不小于第（1）项中的比率〕的违约金。

本条中的逾期应付款指依照本合同第六条规定的到期应付款与该期实际已付款的差额；采取分期付款的，按相应的分期应付款与该期的实际已付款的差额确定。

第八条　缴付期限。

出卖人应当在 2003 年 1 月 10 日前，按照国家和地方人民政府的有关规定，将具备下列第 4 种条件，并符合本合同约定的商品房缴付买受人使用：

1. 该商品房经验收合格；

2. 该商品房经综合验收合格；

3. 该商品房经分期综合验收合格；

4. 该商品房取得商品住宅缴付使用批准文件。

但如遇下列特殊原因，除双方协商同意解除合同或变更合同外，出卖人可据实予以延期：遭遇不可抗力，且出卖人在发生之日起 15 日内告知买受人的。

第九条　出卖人逾期交房的违约责任。

除本合同第八条规定的特殊情况外，出卖人如未按本合同规定的期限将该商品房缴付买受人使用，按下列第 1 种方式处理：

按逾期时间，分别处理（不作累加）。

1. 逾期不超过 30 日，自本合同第八条规定的最后缴付期限的第二天起至实际缴付之日止，出卖人按日向买受人支付已缴付房价款万分之五的违约金，合同继续履行；

2. 逾期超过30日后，买受人有权解除合同。买受人解除合同的，出卖人应当自买受人解除合同通知到达之日起10天内退还全部已付款，并按买受人累计已付款的5%向买受人支付违约金。买受人要求继续履行合同的，合同继续履行，自本合同第八条规定的最后缴付期限的第二天起至实际缴付之日止，出卖人按日向买受人支付已缴付房价款万分之五〔该比率应不小于第（1）项中的比率〕的违约金。

第十条　规划、设计变更的约定。

经规划部门批准的规划变更、设计单位同意的设计变更导致下列影响到买受人所购商品房质量或使用功能的，出卖人应当在有关部门批准同意之日起10日内，书面通知买受人：

1. 该商品房结构形式、户型、空间尺寸、朝向；

2. 买受人有权在通知到达之日起15日内做出是否退房的书面答复。买受人在通知到达之日起15日内未作书面答复的，视同接受变更。出卖人未在规定时限内通知买受人的，买受人有权退房。

买受人退房的，出卖人须在买受人提出退房要求之日起10天内将买受人已付款退还给买受人，并按同期银行利率付给利息。买受人不退房的，应当与出卖人另行签订补充协议。

第十一条　交接。

商品房达到缴付使用条件后，出卖人应当书面通知买受人办理缴付手续。双方进行验收交接时，出卖人应当出示本合同第八条规定的证明文件，并签署房屋交接单。所购商品房为住宅的，出卖人还需提供《住宅质量保证书》和《住宅使用说明书》。出卖人不出示证明文件或出示证明文件不齐全，买受人有权拒绝交接，由此产生的延期交房责任由出卖人承担。

由于买受人原因，未能按期缴付的，双方同意按以下方式处理：由买受人承担违约责任。

第十二条　出卖人保证销售的商品房没有产权纠纷和债权债务纠纷。因出卖人原因，造成该商品房不能办理产权登记或发生债权债务纠纷的，由出卖人承担全部责任。

第十三条　出卖人关于装饰、设备标准承诺的违约责任。

出卖人缴付使用的商品房的装饰、设备标准应符合双方约定（附件三）的标准。达不到约定标准的，买受人有权要求出卖人按照下述方式处理：出卖人赔偿双倍的装饰、设备差价。

第十四条　出卖人关于基础设施、公共配套建筑正常运行的承诺。

出卖人承诺与该商品房正常使用直接关联的基础设施、公共配套建筑按以下日期达到使用条件：

1. 房屋交接日。

2. 如果在规定日期内未达到使用条件，双方同意按以下方式处理：由出卖人承担违约责任。

第十五条　关于产权登记的约定。

出卖人应当在商品房缴付使用后 15 日内，将办理权属登记需由出卖人提供的资料报产权登记机关备案。如因出卖人的责任，买受人不能在规定期限内取得房地产权属证书的，双方同意按下列第 2 项处理：

1. 买受人退房，出卖人在买受人提出退房要求之日起日内将买受人已付房价款退还给买受人，并按已付房价款的 5% 赔偿买受人损失。

2. 买受人不退房，出卖人按已付房价款的 10% 向买受人支付违约金。

第十六条　保修责任。

买受人购买的商品房为商品住宅的，《住宅质量保证书》作为本合同的附件。出卖人自商品住宅交付使用之日起，按照《住宅质量保证书》承诺的内容承担相应的保修责任。

买受人购买的商品房为非商品住宅的，双方应当以合同附件的形式详细约定保修范围、保修期限和保修责任等内容。

在商品房保修范围和保修期限内发生质量问题，出卖人应当履行保修义务。因不可抗力或者非出卖人原因造成的损坏，出卖人不承担责任，但可协助维修，维修费用由买受人承担。

第十七条　双方可以就下列事项约定：

1. 该商品房所在楼宇的屋面使用权；

2. 该商品房所在楼宇的外墙面使用权；

3. 该商品房所在楼宇的命名权；

4. 该商品房所在小区的命名权。

第十八条　买受人的房屋仅作住宅使用，买受人使用期间不得擅自改变该商品房的建筑主体结构、承重结构和用途。除本合同及其附件另有规定者外，买受人在使用期间有权与其他权利人共同享用与该商品房有关联的公共部位和设施，并按占地和公共部位与公用房屋分摊面积承担义务。

出卖人不得擅自改变与该商品房有关联的公共部位和设施的使用性质。

第十九条　本合同在履行过程中发生的争议，由双方当事人协商解决；协商不成的，按下述第2种方式解决：

1. 提交______仲裁委员会仲裁。

2. 依法向人民法院起诉。

第二十条　本合同未尽事项，可由双方约定后签订补充协议（附件四）。

第二十一条　合同附件与本合同具有同等法律效力。

本合同及其附件内，空格部分填写的文字与印刷文字具有同等效力。

第二十二条　本合同连同附件共××页，一式9份，具有同等法律效力，合同持有情况如下：出卖人2份，买受人6份，备案1份，共9份。

第二十三条　本合同自双方签订之日起生效。

第二十四条　商品房预售的，自本合同生效之日起30天内，由出卖人向批准单位房产局市场管理办公室申请登记备案。

出卖人（签章）：××市××房屋

开发有限公司买受人（签章）：沙××

【法定代表人】：赵××	【法定代表人】：
【委托代理人】：	【委托代理人】：
（签章）	（签章）
2003年1月7日	2003年1月7日
签于××市××区	签于××市××区

附件一

房屋平面图

（此页附盖有房屋开发公司公章的房屋平面图）

附件二

公共部位与公用房屋分摊建筑面积构成说明

附件三

装饰、设备标准

1. 外墙：
2. 内墙：
3. 顶棚：
4. 地面：
5. 门窗：
6. 厨房：
7. 卫生间：
8. 阳台：
9. 电梯：
10. 其他：

附件四

合同补充协议（略）

房屋租赁合同

房屋租赁合同（范例）

出租人：王××　　　　　　　　　　合同编号：

承租人：刘××　　　　　　　　　　签订地点：×市×区

签订时间：××年××月××日

第一条　租赁房屋坐落在××市××区永安路××号、间数××、建筑面积××m^2 房屋质量良，中档装修。

第二条　租赁期限从××年××月××日至××年××月××日。

（提示：租赁期限不得超过二十年。超过二十年的，超过部分无效）

第三条　租金（大写）：年租金××××元。

第四条　租金的支付期限与方式：在××年××月××日进住前，一次付清。

第五条　承租人负责支付出租房屋的水费、电费、煤气费、电话费、光缆电视收视费、卫生费和物业管理费。

采暖费由出租人支付。现水表的指示数为××××；电表的指示数为××××；煤气表的指示数为××××。

第六条　租赁房屋的用途：居住。

第七条　租赁房屋的维修：出租人。

出租人维修的范围、时间及费用负担：

如需维修，出租人接到通知及时维修，并承担费用。

承租人维修的范围及费用负担：

承租人损坏的，由承租人维修，并承担费用。

第八条　出租人不允许承租人对租赁房屋进行装修或改设增设他物。

第九条　出租人不允许承租人转租租赁房屋。

第十条　定金（大写）××××元。承租人在签订此合同时交给出租人。

第十一条　合同解除的条件。

有下列情形之一，出租人有权解除本合同：

1. 承租人不缴付租金的；

2. 承租人所欠各项费用达（大写）×××元以上的；

3. 未经出租人同意及有关部门批准，承租人擅自改变出租房屋用途的；

4. 承租人违反本合同约定，不承担维修责任致使房屋或设备严重损坏的；

5. 未经出租人书面同意，承租人将出租房屋进行装修的；

6. 未经出租人书面同意，承租人将出租房屋转租第三人的；

7. 承租人在出租房屋进行违法活动的。

有下列情形之一，承租人有权解除本合同：

1. 出租人迟延缴付出租房屋半个月以上；

2. 出租人违反本合同约定，不承担维修责任，使承租人无法继续使用出租房屋。

第十二条　房屋租赁合同期满，承租人返还房屋的时间是：××年××月××日。

第十三条　违约责任：

出租人未按时或未按要求维修出租房屋造成承租人人身受到伤害或财物毁损的，负责赔偿损失。

承租人逾期缴付租金的，除应及时如数补交外，还应支付滞纳金。每日滞纳金为年租金的1%。

承租人违反合同，擅自将出租房屋转租第三人使用的，因此造成出租房屋毁坏的，应负损害赔偿责任。

第十四条　合同争议的解决方式：本合同在履行过程中发生的争议，由双方当事人协商解决；也可由有关部门调解；协商或调解不成的，按下列两种方式解决：

1. 提交______仲裁委员会仲裁；

2. 依法向人民法院起诉。

第十五条　其他约定事项：

出租人不得提高房屋租金，合同期未满，不得提前收回房屋。

房地产转让合同

房地产转让合同（范例）

转让方：（甲方）××市××有限公司

地址：××市××区××街××号

电话：××××××××

法定代表人：赵×　性别：男　出生年月：×年×月×日

职务：经理　国籍：中国

身份证号码：××××××××××××××××××

受让方：（乙方）××市××有限公司

地址：××市××区××街××号

电话：×××××××××

法定代表人：张×　性别：男　出生年月：×年×月×日

职务：经理　国籍：中国

身份证号码：××××××××××××××××××

双方达成如下协议：

第一条　甲方在××市××地段（地块编号×××××××）拥有房地产，名称：红楼，数量1栋，现有偿转让。转让方式为出售。

第二条　乙方自愿从甲方受让上述土地使用权及其上物业。

土地面积：______ m^2　其中：基底分摊面积______ m^2

公用分摊面积______ m^2

其他面积______ m^2

共有使用权土地面积：3000m^2

物业部分为：

第三条　甲乙双方对上述转让数量、面积核对无误，同意上述房地产转让价格为300万元人民币，单价1000元每平方米，总金额300万元；并于2003年1月10日前全部交完。

第四条　土地使用年限为30年，自2003年1月10起2033年1月10止。

第五条　乙方继续履行原《土地使用规则》中的有关规定，原条例公布前行政划拨的用地和历史用地，必须履行特区有关规定的义务。

第六条　乙方从2004年开始，缴纳土地使用费，在此以前的土地使用费全由甲方负责。

第七条　房地产转让费由甲方负责缴纳。

第八条　转让合同由双方签字盖章，经市公证机关公证，并到政府主管部门办理产权登记手续后，乙方正式取得房地产权。

第九条　乙方获得房地产权，如再发生出租、抵押、转让（含出售、赠予、继承、交换）时，应按第八条之规定办理产权变更登记手续。

第十条　如系地产商第一次售房，原房地产预售合同书作为本合同附件。

第十一条　本合同正本一式4份，甲乙双方、房地产权登记机关、公证处各1份。

转让方：（盖章）

受让方：（盖章）

法定代表人：张×

法定代表人：赵×

签约地点：××市××区××街××号

2003年1月8日

柜台租赁合同

柜台租赁合同（范例）

出租人（以下称甲方）：××商业广场

承租人（以下称乙方）：万××

根据《中华人民共和国合同法》及有关规定，为明确甲乙双方的权利、义务，经双方协商一致，签订本合同。

第一条　甲方将两节柜台总面积7m^2出租给乙方，用在甲方店内从事商业经营。柜台坐落于××商业广场一楼南大厅西侧。

第二条　租赁期共1年零6个月，甲方从2002年11月1日起将出租柜台缴付乙方使用，至2003年4月30日收回。

第三条　租金每月为3000元（国家有规定的按规定执行，国家没有规定的则由双方协商确定），租金缴纳期限为每月的1至5日。

第四条　乙方有下列情形之一的，甲方有权随时终止合同收回柜台：

1. 擅自将承租柜台转租、转让或转借他人的；
2. 利用所租柜台进行非法活动，损害公共利益的；
3. 严重违反有关部门的规定或甲方单位的管理制度的；
4. 给甲方造成严重不良影响的；

5. 拖欠租金累计达两个月的。

第五条　甲方权利和义务。

1. 甲方权利：

(1) 组织乙方来店人员学习有关法律政策，制订依法经营的具体规章，建立健全各项有关管理制度，并有权要求乙方遵守；

(2) 有权监督检查乙方遵纪守法、文明经营情况，对乙方违反有关规定及出售假冒伪劣商品和“雇托”经营欺骗消费者等行为进行教育和管理，并报告有关执法部门；

(3) 有权要求乙方更换违纪人员。

2. 甲方义务：

(1) 严格执行《××市商业服务业企业出租柜台管理暂行规定》；

(2) 不得擅自提前终止合同，将柜台转租他人；

(3) 对乙方损害消费者利益行为的后果承担连带赔偿损失责任；

(4) 对乙方人员经营提供必要方便，支持乙方的工作。

第六条　乙方的权利和义务。

1. 乙方的权利：

(1) 在工商行政管理部门核准的经营范围内享有自主经营权；

(2) 甲方违反合同规定给乙方造成损失的，乙方有权要求甲方赔偿；

(3) 有权抵制甲方的各种不合理要求，并可向有关部门反映。

2. 乙方的义务：

(1) 严格执行《××市商业服务业企业出租柜台管理暂行规定》，承租柜台明显处悬挂承租柜台标志，服从有关部门的管理，自觉遵守甲方企业的各项规章制度，维护甲方利益及声誉；

(2) 严格依法经营，明码标价，现货交易不得超范围经营，不搞批发业务，不得出售假冒伪劣商品，不得“雇托”经营；

(3) 遵守国家物价及有关政策，照章纳税，文明经商，做到售出商品包退、包换、包修，保证商品质量，讲求信誉；

(4) 爱护柜台及其他设施，不得损失，如有损坏应负担全部修理费用或照价赔偿，租赁期满乙方应完好归还承租的柜台。

第七条　合同的变更或解除。

合同如需变更或解除，由双方协商解决；协商不成时，仍按本合同执行。

第八条　双方违约责任。

1. 甲方如违约，应如数返还全部租金；

2. 乙方如违约，应向甲方缴纳双倍的租金。

第九条　争议的解决方式。

双方因履行本合同发生争议时，应协商解决；也可由当地工商行政管理部门调解；协商或调解不成的，按下列两种方式解决：

1. 提交______仲裁委员会仲裁；

2. 依法向人民法院起诉。

第十条　其他约定事项。

第十一条　本合同未尽事宜，一律按《中华人民共和国合同法》的有关规定，经合同双方共同协商，做出补充规定，与本合同具有同等效力。

第十二条　本合同期满前 30 日，双方如愿延长租赁期，应重新签订合同。

本合同自双方签字、盖章之日起生效。此合同正本一式 2 份，甲、乙双方各执 1 份；合同副本 1 份，送××市工商行政管理局备案。

出租人（章）：×商业广场	承租人（章）：万×
单位地址：××市××街	住　址：××市××街××号
法定代表人：高××	法定代表人：
委托代理人：	委托代理人：
电　　话：××××	电　　话：××××
传　　真：××××	传　　真：××××
开户银行：工商行×支行	开户银行：工商行×支行
账　　号：××××	账　　号：××××
邮政编码：××××	邮政编码：××××

鉴（公）证意见：本合同合法、有效。

经办人：刘××　　　　鉴（公）证机关（章）

××年××月××日

加工合同

加工合同（范例）

合同编号：20030001

定作人：×市×有限公司　　　　　　签订地点：××市

承揽人：×市×厂　　　　　　　　　签订时间：××年××月××日

第一条　加工物、数量、报酬、交货期限。

第二条　定作人提供的材料。

第三条　承揽人对定作人提供的材料的检验标准、时间及提出异议的期限：按国家标准GJB－300，于货到2日内检验，并提出异议。

第四条　加工物的技术标准、质量要求：行业标准HB－12300，达到行优。

第五条　承揽人对定作物质量负责的期限及条件：使用一年以内，非操作不当造成的。

第六条　加工物的包装要求及费用负担：木箱包装，费用由承揽人负责。

第七条　定作人提供技术资料、图纸的时间、办法及保密要求：签订合同2日内提供图纸，由承揽人自取并负责保密。

第八条　承揽人发现定作人提供的图纸、技术要求不合理的，在3日内向定作人提出书面异议。定作人应在收到书面异议后的3日内答复。

第九条　定作人（是/否）允许第三人完成加工物的主要工作。

第十条　加工物的缴付方式及地点：由承揽人送到定作人厂区，并负担费用。

第十一条　加工物的检验标准、方法、地点及期限：按行业标准HB－12300检验，定作物送到厂区2日内，由定作人检验。

第十二条　报酬的结算方式及期限：定作人检验合格后，3日内支票结算。

第十三条　定作人在2003年1月10日前交定金（大写）人民币陆佰陆

拾元。

第十四条　本合同解除的条件：承揽人没按约定时间缴付定作物。

第十五条　定作人未向承揽人支付报酬的，承揽人（是/否）可以留置加工物。

第十六条　违约责任：双方违反本合同约定，按定作物总价数20%承担违约金。

第十七条　合同争议的解决方式：本合同在履行过程中发生的争议，由双方当事人协商解决；也可由当地工商行政管理部门调解；协商或调解不成的，按下列两种方式解决：

1．提交______仲裁委员会仲裁；

2．依法向人民法院起诉。

第十八条　其他约定事项：本合同履行中如发生问题，双方协商，并签订补充协议。

监制部门：　　　　　　　　　　　　印制单位：

定作合同

定作合同（范例）

合同编号：20030002　定作人：×市×有限公司　签订地点：××市

承揽人：××市×××厂　签订时间：×年×月×日

第一条　定作物、数量、报酬、缴付期限。

第二条　承揽人提供的材料。

第三条　定作人对承揽人提供的材料的检验标准、方法、时间及提出异议的期限：按国家标准GBJ300－88抽样检验，货到2日内提出异议。

第四条　定作物的技术标准、质量要求：按行业标准HB－12300省优。

第五条　承揽人对定作物质量负责的期限及条件：使用一年以内，非使用不当造成的损坏。

第六条　定作人提供技术资料、图纸样品、工艺要求等的时间、办法及保密要求：签订合同2日之内，提供图纸，由承揽人自取，负责保密。

第七条　承揽人发现定作方提供的图纸、技术要求不合理的，应在3日内，向定作人提出书面异议。定作人应在收到书面异议后的3日内答复。

第八条　定作物的包装要求及费用负担：木箱包装，由承揽人承担费用。

第九条　定作人（是/否）允许第三人完成定作物的主要工作。

第十条　定作物缴付的方式及地点：由承揽人送至定作人厂区，并负责费用。

第十一条　定作物检验标准、方法、地点及期限：按HB－12300标准，抽样检验，定作物送到厂区2日内检验完毕。

第十二条　定作人在2003年1月15日前向承揽人预付材料款（大写）贰万元整。

第十三条　报酬及材料费的结算方式及期限：按月由定作人检验，达到标准后2日内支票付款。

第十四条　定作人在2003年1月15日前交定金（大写）壹万元整。

第十五条　本合同解除的条件：按标准检验第一批货达不到标准，承揽方赔偿损失，同时合同解除。

第十六条　定作人未向承揽人支付报酬或者材料费的，承揽人（是/否）可以留置定作物。

第十七条　违约责任：任何一方违反本合同约定，承担总价款20%违约金及其他损失。

第十八条　合同争议的解决方式：本合同在履行过程中发生的争议，由双方当事人协商解决；也可由当地工商行政管理部门调解；协商或调解不成的，按下列两种方式解决：

1. 提交______仲裁委员仲裁；
2. 依法向人民法院起诉。

第十九条　其他约定事项：

监制部门：　　　　　　　　　　　　印制单位：

承揽合同

承揽合同（范例）

合同编号：2003－0003

定作人：×市×有限公司　　　　签订地点：×市×区

承揽人：×市××厂　　　　　　签订时间：×年×月×日

第一条　承揽项目、数量、报酬及缴付期限。

第二条　技术标准、质量要求：GBJ－300省优。

第三条　承揽人对质量负责的期限及条件：使用一年之内，非操作不当造成的坏损。

第四条　定作人提供技术资料、图纸等的时间、办法及保密要求：合同签订2日内，由承揽人自取并负责保密。

第五条　承揽人使用的材料由定作人提供。材料的检验方法：抽样。

第六条　定作人（是/否）允许承揽项目中的主要工作由第三人来完成。可以交由第三人完成的工作是：无。

第七条　工作成果检验标准、方法和期限：HB－12300抽样检验。

第八条　结算方式及期限：定作物验收达到标准2日内支票付款。

第九条　定作人在××年××月××日前，交定金（大写）贰万元整。

第十条　定作人解除承揽合同应及时书面通知承揽人。

第十一条　定作人未向承揽人支付报酬或材料费的，承揽人（是/否）可以留置工作成果：可以。

第十二条　违约责任：任何一方违约承担总价款20%违约金。

第十三条　合同争议的解决方式：本合同在履行过程中发生的争议，由双方当事人协商解决；也可由当地工商行政管理部门调解；协商或调解不成的，按下列两种方式解决：

1. 提交______仲裁委员会仲裁；

2. 依法向人民法院起诉。

第十四条　其他约定事项。

广告合同

广告发布业务合同（范例）

广告客户或代理单位名称（以下称甲方）：××××广告有限公司

广告发布单位名称（以下称乙方）：××××广告有限公司

甲乙双方根据国务院《广告管理法》及有关规定，签订本合同，并共同遵守。

一、甲方委托乙方于2003年1月10日至2003年2月10日期间发布维生素C广告。

二、广告发布媒介为电视。

三、单位广告规格为：______

四、广告采用自录/7秒样稿（样带），未经甲方同意，乙方不得改动广告样稿（样带）。

五、乙方有权审查广告内容和表现形式，对不符合法律、法规的广告内容和表现形式，乙方应要求甲方作出修改，甲方作出修改前，乙方有权拒绝发布。

六、广告样稿（样带）为合同附件，与本合同一并保存。

七、广告单价×××元，加急费20元，其他费用______元，扣除优惠______元，扣除代理费42元，播出次数31次，总计××××元。

八、甲方应在2002年10月1日前将广告发布费付给乙方，付款方式：转账。

九、违约责任：双方任何一方违约承担广告费的20%违约金。

十、解决合同纠纷的方式：本合同在履行过程中发生争议，由当事人双方协商解决。协商不成，当事人双方同意由××市仲裁委员会仲裁（当事人双方未在本合同中约定仲裁机构，事后又未达成书面仲裁协议的，可向人民法院起诉）。

十一、其他。

十二、广告的编排方式和发布时间表：（略）签订日期：××××年××月××日。

修缮合同

修缮修理合同（范例）

合同编号：2003－0007

定作人：×××有限公司　　　签订地点：××市

承揽人：×××加工厂　　　签订时间：××××年××月××日

第一条　修缮修理项目、数量、报酬、缴付期限。

第二条　材料。

第三条　定作人检验承揽人提供材料的标准、方法、时间及地点。

承揽人检验定作人提供材料的标准、方法、时间及地点。

第四条　修缮修理时间从2003年1月10日到2003年2月10日。

第五条　修缮修理项目的技术标准、质量要求符合HB－12300，达到行优。

第六条　定作人提供技术资料、图纸的时间、方法及保密要求：签订合同2日内，由承揽人自担并负责保密。

第七条　定作人允许第三人完成修缮修理项目的主要工作。

第八条　定作人协助承揽人的事项与要求：无。

第九条　修缮修理项目缴付时间、方式及地点：2003年2月11日前，由承揽人送至定作人车间。

第十条　修缮修理项目检验标准、方法及时间：2003年2月至5月由定作人按HB－12300抽样检验。

第十一条　定作人在2003年1月10日前向承揽人预付材料款（大写）贰佰元。

第十二条　报酬与材料费的结算方式及期限：总修理费为600元，验收达到标准当日支票付款。

第十三条　保修期限：2003 年 2 月 10 日—2004 年 2 月 10 日。

第十四条　本合同解除的条件：无。

第十五条　违约责任：双方违约各承担总修理费 20% 违约金。

第十六条　合同争议的解决方式：本合同在履行过程中发生的争议，由双方当事人协商解决；也可由当地工商行政管理部门调解；协商或调解不成的，按下列两种方式解决：

1. 提交______仲裁委员会仲裁；

2. 依法向××人民法院起诉。

第十七条　其他约定事项：无。

监制部门：　　　　　　　　　　　　印制单位：

保管合同

保管合同（范例）

合同编号：003 – 245　　　　保管人：×市×旅馆

寄存人：孙××

根据《中华人民共和国合同法》的规定，双方本着平等互利的原则，经过协商，签订本合同，共同信守。

一、保管物的名称：幸福 250C 型摩托车。

二、保管物的数量：一辆。

三、保管期限：自 2003 年 1 月 7 日至 2003 年 7 月 6 日。

四、保管物缴付的方法：保管物在缴付保管时，保管人应当验收，确认有无损坏，并当面记录。寄存人在提取保管物品时，应该当面检查，是否符合原样。

五、保管责任。

1. 保管物在保管期间发生的损坏，由保管人负赔偿责任；

2. 寄存人在隐瞒保管物自身的缺陷，导致保管期间发生损坏，由寄存人承担责任；

3. 保管人不得使用、出租、转借保管物，否则，赔偿保管物的2倍价款。

六、保管费用及付款办法。

1. 在保管物缴付保管时，寄存人应先行缴付保管费用的30%；

2. 在保管期满，寄存人提取保管物时，应缴付其余保管费用；

3. 保管费总额为：××元人民币；

4. 保管费用一律以现金缴付。

七、争议的解决方式。

本合同在履行过程中发生的争议，由双方当事人协商解决，也可由当地工商行政管理部门调解；协商或调解不成的，按下列两种方式解决：

1. 提交______仲裁委员会仲裁；

2. 依法向××人民法院起诉。

八、其他约定事项。

保管人名称：×市×旅馆

寄存人名称（姓名）：孙××

联系人：崔××

联系电话：××××××××

合同签订时间：××××年××月××日

签订地点：××市××旅馆

仓储合同

仓储合同（范例）

合同编号：0031－284－3752

存货人：××市商贸大厦　　签订地点：×市×储存库

保管人：×市×储存库　　签订时间：2003年1月4日

根据《中华人民共和国合同法》的有关规定，存货人和保管人根据委托储存计划和仓储容量，经双方协商一致，签订本合同。

第一条　仓储物的品名、品种、规格、数量、质量、包装、件数和标记。

1. 货物品名：伊莱克斯电冰箱

2. 品种规格：BCD－248

3. 数量：200 台

4. 质量：新

5. 货物包装：优，没启封

6. 件数：200 件

7. 标记

第二条　货物验收的内容、标准、方法、时间、资料。

入库时，由保管员逐件检查验收。

第三条　货物保管条件和保管要求。

应放在通风、干燥的库房内储存，无碰撞，冰箱及外包装应保持完好如初。

第四条　货物入库、出库手续，时间、地点、运输方式。

冰箱于 2003 年 1 月 8 日入库，同年 5 月 8 日出库；入库和出库均由存货人运送；双方在库房交接货，保管人和存货人同时检验。

第五条　货物的损耗标准和损耗处理：无损耗。

第六条　仓储费计费项目、标准和结算方式。

仓储费总计×××元人民币，入库前先付 30%；仓储期满提货前，一次付清剩余的仓储费。银行结算。

第七条　违约责任。

1. 保管人的责任：

（1）在货物保管期间，未按合同规定的储存条件和保管要求保管货物，造成货物灭失、短少、变质、污染、损坏的，应承担赔偿责任。

（2）对于危险物品和易腐物品等未按国家和合同规定的要求操作、储存，造成毁损的，应承担赔偿责任。

（3）由于保管人的责任，造成退仓不能入库时，应按合同规定赔偿存货人运费和支付违约金×××元。

（4）由保管人负责发运的货物，不能按期发货，应赔偿存货人逾期交货的损失；错发到货地点，除按合同规定无偿运到规定的到货地点外，并赔偿存货人因此而造成的实际损失。

（5）其他约定责任。

2. 存货人的责任：

（1）由于存货人的责任造成退仓不能入库时，存货人应偿付相当于相应保管费3%的违约金。超议定储存量储存的，存货人除缴纳保管费外，还应向保管人偿付违约金×××元，或按双方协议办理。

（2）易燃、易爆、易渗漏、有毒等危险物品以及易腐、超限等特殊物品，必须在合同中注明，并向保管人提供必要的保管运输技术资料，否则造成的货物毁损、仓库毁损或人身伤亡，由存货人承担赔偿责任直至刑事责任。

（3）货物临近失效期或有异状的，在保管人通知后不及时处理，造成的损失由存货人承担。

（4）未按国家或合同规定的标准和要求对仓储物进行必要的包装，造成货物损坏、变质的，由存货人负责。

（5）存货人已通知出库或合同期已到，由于存货人（含用户）的原因致使货物不能如期出库，存货人除按合同的规定缴付保管费外，并应偿付违约金×××元。由于出库凭证或调拨凭证上的差错所造成的损失，由存货人负责。

（6）按合同规定由保管人代运的货物，存货人未按合同规定及时提供包装材料或未按规定期限变更货物的运输方式、到站、接货人，应承担延期的责任和增加的有关费用。

（7）其他约定责任。

第八条　储存期间。

从2003年1月8日至2003年5月8日止。

第九条　变更和解除合同的期限。

由于不可抗力事故，致使直接影响合同的履行或者不能按约定的条件履行时，遇有不可抗力事故的一方，应立即将事故情况电报通知对方，并应在2天内，提供事故详情及合同不能履行，或者部分不能履行，或者需要延期履行的理由的有效证明文件，此项证明文件应由事故发生地区的县、区级政府机构出具。按照事故对履行合同影响的程度，由双方协商解决是否解除合同，或者部分免除履行合同的责任，或者延期履行合同。

第十条　合同争议的解决方式。

本合同在履行过程中发生的争议，由双方当事人协商解决；协商不成的，按下列两种方式解决：

1. 提交______仲裁委员会仲裁；

2. 依法向人民法院起诉。

第十一条　货物商检、验收、包装、保险、运输等其他约定事项：无。

第十二条　本合同未尽事宜，一律按《中华人民共和国合同法》执行。

存货人（章）：××市商贸大厦	保管人（章）：×市×储存库
地　　址：×市×街×号	地　　址：×市×街×号
法定代表人：刘××	法定代表人：邵××
委托代理人：	委托代理人：
电　　话：××××××	电　　话：××××××
传　　真：××××××	传　　真：××××××
开户银行：工商行××支行	开户银行：工商行××支行
账　　号：××－××××	账号：××－××××
邮政编码：××××××	邮政编码：××××××

委托合同

委托合同（范例）

合同编号：2003－0008

委托人：张××	签订地点：××市
受托人：××服务有限公司	签订时间：2003 年 1 月 10

第一条　委托人委托受托人处理代办营业执照事务。

第二条　受托人处理委托事务的权限与具体要求：为委托人代办营业执照，从核名到税务登记完毕。

第三条　委托期限自2003年1月10日至2003年1月17日止。

第四条　委托人不允许受托人把委托处理的事务转委托给第三人处理。

第五条　受托人有将委托事务处理情况向委托方报告的义务。

第六条　受托人将处理委托事务所取得的财产转交给委托人的时间、地点及方式：无。

第七条　委托人支付受托人处理委托事务所付费用的时间、方式：签订合同2日之内，支付定金1000元。

第八条　报酬及支付方式：代理费1000元人民币，其他费用实报实销。办理完税务登记，将营业执照及相关资料缴付委托人。由委托人以支票方式一次性支付。

第九条　本合同解除的条件：

1. 未按时办理完毕；

2. 未支付定金。

第十条　违约责任：按《合同法》有关定金的要求处理。

第十一条　合同争议的解决方式：本合同在履行过程中发生争议，由双方当事人协商解决；协商不成的，按下列两种方式解决：

1. 提交______仲裁委员会仲裁；

2. 依法向××人民法院起诉。

第十二条　其他约定事项：无。

第十三条　本合同未作规定的，按《中华人民共和国合同法》的规定执行。

委托出版图书合同

委托出版图书合同（范例）

甲　　方（委托人，即著作权人）：张××

住　　址：××省×市×区××号

邮政编码：××××××

办公电话：×××××××××

乙　　方（受委托人）：××省××市××公司

法定代表人：王××

办公电话：×××××××××

所在单位地址：××市××区××街×号

作品名称：《×××××××××》（一套20本分册）

作者署名：（详见20本分册）

甲乙双方就上述作品的出版问题，达成如下委托协议，双方共同遵守：

一、甲方委托乙方到出版社联系，以图书形式出版上述作品。上述作品的内容如果出现淫秽、诽谤、违反国家法律等不良内容，或者抄袭他人作品，侵犯他人著作权等问题，甲方承担全部政治和经济赔偿责任。乙方如果不找出版社而非法出版，或者具有盗用书号、偷税漏税等不法行为，甲方不负任何责任。

二、合同签订以后，经双方签字盖章，即产生法律效力。甲方在签订合同之后，应将20本分册的原稿交给乙方，乙方应当迅速联系出版社，用全国统一正规书号，正式出版，在全国公开发行。乙方在收到书稿半年之内，联系好并出版上述作品，如果没有正当理由，超过半年不能出版上述作品，应当向作者支付应得稿酬的20%违约金。

甲方也有权另找其他出版社出版。

三、在图书出版后的5个月内，不管出版社给乙方多少稿酬，乙方都应当向甲方支付基本稿酬。在图书出版后的9个月之内，结算全部稿酬。最迟不能超过图书出版后的一年。如果超过，每日向甲方支付稿酬1%的违约金。

四、甲方应得的稿酬标准是：每册书每千字为32元。

乙方不向甲方支付印数稿酬。图书如果需要修订再版，乙方必须由张××或者由张××聘请有关人员进行修订。修订的稿酬，每千字10元。

不管是第一版还是修订版，对图书字数的计算方法，均按页计算来支付稿酬。超过半页的，按一页计算；不够半页的，不计算。序言和内封、目录均不支付稿酬。

再版如果不经过张××修订，则违反本合同规定，乙方应当按照第一版的稿酬标准，向张××支付稿酬。

五、图书出版以后，乙方应当向甲方赠送15套样书。每次再版时，赠送样书10套。

六、甲方只是委托乙方寻找出版社出版该套丛书，甲方从中得到本合同约定的稿酬，对出版社给乙方多少稿酬，乙方在发行中盈利多少，甲方不过问，更没有权利分享利润；乙方如果经营不善，造成亏损，也与甲方无关。

本合同一式2份，双方各执1份为凭。

甲方签字：张×× 乙方签字：王××

盖章：（章） 盖章：（公章）

××年××月××日 ××年××月××日

商品代销合同

商品代销合同（范例）

合同编号：××××

委托人：××有限公司 签订地点：××市

代销人：×市场×有限公司

签订时间：××年××月××日

第一条　代销商品、数量、价格。

第二条　代销商品的质量标准：CB－1500。

第三条　代销商品的缴付时间、地点、方式及费用负担：每月9日由委托人火车托运至××站，由代销人自提，费用由委托人承担。

第四条　代销期限：从2003年1月10日至2004年1月10日。

第五条　代销期限终止后，未售出的代销商品的处理：由代销人用火车托至××站，费用由委托人承担。

第六条　代销商品报酬的计算方法是：每销售一套，按销售额的40%留给代销人。

第七条　报酬、货款的结算（可按下列方式选择，未选择的划掉）：已售商品的价款每月30日结算一次，代销人的相应报酬从价款中扣除。最后一批代销商品价款与报酬在代销期限终止时结清。

第八条　本合同解除的条件：

1. 每月代销人卖出服装达不到10套；

2. 委托人不能按约定结算。

第九条　违约责任：违约方按卖出服装总价款5%承担违约金。

第十条　合同争议的解决方式：本合同在履行过程中发生的争议，由双方当事人协商解决；协商不成的，按下列两种方式解决：

1. 提交______仲裁委员会仲裁；

2. 依法向人民法院起诉。

第十一条　其他约定事项：每月代销人必须销售达到10套以上（含10套)。

中介服务合同

中介服务合同（范例）

合同编号：2003－0010

签订地点：××市　　　　　　　　　　项目名称：×××项目

委托人（甲方)：××××建筑有限公司

服务人（乙方)：××××服务有限公司

签订日期：2003年1月10日

有效期限：2003年1月10日至2004年1月10日

依据《中华人民共和国合同法》及有关法规的规定，经双方协商一致，就经济信息服务项目，签订本合同。

一、乙方受甲方委托就×××项目进行经济信息（中介）服务，服务内容、形式、要求：就×××项目与相关部门沟通、联系，并促成签约。

二、甲方应提供给乙方的文件，期限及其他应予协作的事项：无。

三、乙方应提供给甲方的文件，期限及其他应予协作的事项：无。

四、乙方履行服务的期限、地点和方式：2003 年 1 月 10 日—2004 年 1 月 10 日，为服务时间。

五、乙方提供服务的标准和验收方法：达到签约目的。

六、报酬及其支付方式：

1. 甲方支付给乙方报酬为合同额 5%，×××元；

2. 支付方式：一次总付；

时间：签约之日起 1 个月内。

七、保密内容：服务人提供的相关信息，委托人不得向第三人泄漏。

八、违约责任：任何一方违约，承担项目签约额 1% 的违约金。

九、争议的解决方式：本合同在履行过程中发生的争议，由双方当事人协商解决，也可由当地工商行政管理部门调解；协商或调解不成的，按下列两种方式解决：

1. 提交______仲裁委员会仲裁；

2. 依法向人民法院起诉。

十、本合同生效的条件：从合同签订之日起生效。

十一、其他约定事项：无。

技术转让合同

技术转让合同（范例）

合同登记编号：××××

项目名称：烘干技术

签订地点：××省××市（县）

受让人：×××××食品有限公司

签订日期：2003 年 1 月 10 日

让与人：×××研究所

有效期限：2003 年 1 月 10 日至 2005 年 1 月 10 日

填写说明

一、合同登记编号的填写方式：

合同登记编号为十四位，左起第一、二位为公历年代号，第三、四位为省、自治区、直辖市编码，第五、六位为地、市编码，第七、八位为合同登记点编号，第九至十四位为合同登记序号，以上编号不足位的补零，各地区编码按 GB2260－84 规定填写（合同登记序号由各地区自行决定）。

二、技术转让合同是指当事人就专利权转让、专利申请权转让、专利实施许可、非专利技术转让所订立的合同。本合同书适用于非专利技术转让合同，专利权转让合同、专利申请权转让合同、专利实施许可合同，采用专利技术合同书文本签订。

三、计划内项目应填写国务院部委、省、自治区、直辖市，计划单列市、地、市（县）级计划，不属于上述计划的项目此栏划（/）表示。

四、技术秘密的范围和保密期限：是指各方承担技术保密义务的内容，保密的地域范围和保密的起止时间、泄漏技术秘密应承担的责任。

五、使用非专利技术的范围：是指使用非专利技术的地域范围和具体方式。

六、其他。

合同如果是通过中介机构介绍签订的，应将中介合同作为本合同的附件。如双方当事人约定定金、财产抵押及担保的，应将给付定金、财产抵押及担保手续的复印件作为本合同的附件。

七、委托代理人签订本合同书时，应出具委托证书。

八、本合同书中，凡是当事人约定无须填写的条款，在该条款填写的空白处划（/）表示。

依据《中华人民共和国合同法》的规定，合同双方就烘干技术转让（该项目属星火计划），经协商一致，签订本合同。

一、非专利技术的内容、要求和工业化开发程度：烘干玉米，20%不霉变，日烘干 100 吨。

二、技术情报和资料及其提交期限、地点和方式：让与人自合同生效之日起2天内，在研究所（地点），以自带方式，向受让人提供下列技术资料：说明书，技术标准。

三、本项目技术秘密的范围和保密期限：核心说明保密10年，如有泄漏，承担转让费20%的违约金。

四、使用非专利技术的范围。

受让人：××××食品有限公司　让与人：××××研究所

五、验收标准和方法：受让人使用该项技术，试生产10天后，达到了本合同第一条所列技术指标，按HB－300标准，采用抽样方式验收，由受让人方出具技术项目验收证明。

六、经费及其支付方式：

1. 成交总额：50万元。其中技术交易额（技术使用费）48万元。

2. 支付方式（采用以下第（4）种方式）：

（1）一次总付：______元，时间：______。

（2）分期支付：______元，时间：______。

（3）按利润______%提成，期限：______。

（4）按销售额20%提成，期限：1年；2003年5月至2004年4月。

（5）其他方式。

七、违约金或者损失赔偿额的计算方法：

违反本合同约定，违约方应当按《合同法》第三五一条、第三五二条规定承担违约责任。

1. 违反本合同第一条约定，让与人应当承担违约责任，承担方式和违约金额如下：技术使用费20%违约金。

2. 违反本合同第六条约定，应当承担违约责任，承担方式和违约金额如下：技术使用费20%违约金。

八、技术指导的内容（含地点、方式及费用）：由研究所派驻企业进行现场指导，费用由让与人支付。

九、后续改进的提供与分享：本合同所称的后续改进，是指在本合同有效期内，任何一方或者双方对合同标的的技术成果所做的革新和改进。双方约定，本合同标的的技术成果后续改进由让与人完成，后续改进成果属于让与人。

十、合同争议的解决方式。本合同在履行过程中发生的争议，由双方当事人协商解决；协商不成的，按下列两种方式解决：

1. 提交______仲裁委员会仲裁；

2. 依法向人民法院起诉。

十一、名词和术语的解释：按《合同法》及行业惯用语解释。

十二、其他（含中介人的权利、义务、服务费及其支付方式、定金、财产抵押、担保等上述条款未尽事宜）：无。

技术服务合同

技术服务合同（范例）

合同登记编号：××××××

项目名称：GFE 专业培训

委托人：×××××有限公司

受托人：×××培训中心

签订地点：××省××市（县）

签订日期：2003 年 1 月 10 日

有效期限：2003 年 1 月 10 日至 2003 年 7 月 10 日

填写说明

一、合同登记编号的填写方式：

合同登记编号为十四位，左起第一、二位为公历年代号，第三、四位为省、自治区、直辖市编码，第五、六位为地、市编码，第七、八位为合同登记点编号，第九至十四位为合同登记序号，以上编号不足位的补零。各地区编码按 GB2260－84 规定填写（合同登记序号由各地区自行决定）。

二、技术服务合同是指当事人一方以技术知识为另一方解决特定技术问题所订立的合同。技术服务合同中包括技术培训合同和技术中介合同。

技术培训合同是指当事人一方委托另一方对指定的专业技术人员进行特定项目的技术指导和专业训练所订立的合同。

技术中介合同是指当事人一方以知识、技术、经验和信息为另一方与第三方订立技术合同进行联系，介绍、组织工业化开发并对履行合同提供服务所订立的合同。

三、计划内项目应填写国务院部委、省、自治区、直辖市、计划单列市、地、市（县）级计划，不属于上述计划的项目此栏划（/）表示。

四、服务内容、方式和要求：

包括技术服务的特征、标的范围及效益情况；特定技术问题的难度、主要技术经济指标；具体的做法、手段、程序以及缴付成果的形式。

属技术培训合同的，此条款填写培训内容和要求，以及培训计划、进度。

属技术中介合同，此条款填写中介内容和要求。

五、工作条件和协作事项：

包括委托人为受托人提供的资料、文件及其他条件，双方协作的具体事项。

属技术培训合同，此条款填写培训所需必要场地、设施和试验条件，以及当事人各方应当约定提供和管理有关场地、设施和试验条件的责任。

六、其他：

合同如果是通过中介机构介绍签订的，应将中介合同作为本合同的附件。如果双方当事人约定定金、财产抵押担保的，应将给付定金、财产抵押及担保手续的复印件作为本合同的附件。

七、委托代理人签订本合同书时，应出具委托证书。

八、本合同书中，凡是当事人约定认为无须填写的条款，应在该条款填写的空白处划（/）表示。

依据《中华人民共和国合同法》的规定，合同双方就专业技术培训项目的技术服务（该项目属计划），经协商一致，签订本合同。

一、服务内容、方式和要求：

GFE 专业培训，参训人员要达到五级专业水平。经考试合格，发给合格证。

属技术培训合同应当填写培训内容和要求、培训计划、进度，属技术中介合同应当填写中介内容和要求。

二、工作条件和协作事项：

受托人提供教学场地，并提供相应的教材。

三、履行期限、地点和方式：

2003 年 1 月 10 日—2003 年 7 月 10 日，在××××培训中心。

四、验收标准和方式：

技术服务或者技术培训按国家五级标准，采用考试方式验收，由培训人出具服务或者培训项目验收证明。

本合同服务项目的保证期为：________

在保证期内发现服务质量缺陷的，受托人应当负责返工或者采取补救措施。但因委托人使用、保管不当引起的问题除外。

五、报酬及其支付方式：

1. 本项目报酬为（服务费或培训费）：10 万元。

受托人完成专业技术工作，解决技术问题需要的经费，由______人负担。

2. 本项目中介人活动经费为：______元，由人负担。中介人的报酬为：______元，由______人支付。

3. 支付方式（按以下第（2）种方式）：

（1）一次总付：______元，时间：______。

（2）分期支付：5 万元，时间：合同生效之日起 5 日内。

时间：合同终止时，即 2003 年 7 月 10 日起 5 日内。

（3）其他方式。

六、违约金或者损失赔偿额的计算方法：

技术服务违反本合同约定，违约方应当按《合同法》第三六二条规定，承担违约责任。

技术培训、技术中介违反本合同约定，违约方应当按技术合同行政法规的有关规定，承担违约责任。

1. 违反本合同第一条约定，受托人应承担违约责任，承担方式和违约金额如下：培训费 20% 的违约金。

2．违反本合同第五条约定，委托人应承担违约责任，承担方式和违约金额如下：培训费20%的违约金。

七、合同争议的解决方式：

本合同在履行过程中发生的争议，由双方当事人协商解决；协商不成的，按下列两种方式解决：

1．提交______仲裁委员会仲裁；

2．依法向人民法院起诉。

八、其他（含中介人的权利、义务、服务费及其支付方式、定金、财产抵押及担保等上述条款未尽事宜）：无。

合伙合同

合伙合同（范例）

订立合同各合伙人：

姓名：田××，性别：男，年龄：39岁，住址：××市××区××路×号。

姓名：姚××，性别：女，年龄：28岁，住址：××市××区××路×号。

姓名：张××，性别：男，年龄：42岁，住址：××市××区××路×号。

姓名：王××，性别：男，年龄：40岁，住址：××市××区××路×号。

第一条　合伙宗旨。

因促进大理石加工企业的发展的需要，为当地建材行业服务，合伙各方事业发展。

第二条　合伙经营项目和范围。

大理石加工，信息发布，运输、仓储。

第三条　合伙期限。

合伙期限为3年，自2003年1月10日起至2006年1月10日止。

第四条　出资额、方式、期限。

1. 合伙人田××以现金方式出资，计人民币40万元。

2. 合伙人姚××、张××、王××以现金方式，各出资人民币20万元。

（其他合伙人同上顺序列出）

3. 各合伙人的出资，于2003年1月10日以前交齐。

逾期不交或未交齐的，应对应交未交金额数计付银行利息并赔偿由此造成的损失。

4. 本合伙出资共计人民币100万元。合伙期间各合伙人的出资为共有财产，不得随意请求分割。合伙终止后，各合伙人的出资仍为个人所有，届时予以返还。

第五条　盈余分配与债务承担。

1. 盈余分配，以出资额为依据，按比例分配。

2. 债务承担：合伙债务先由合伙财产偿还，合伙财产不足清偿时，以各合伙人的家庭财产为据，按比例承担。

第六条　入伙、退伙、出资的转让。

1. 入伙：（1）需承认本合同；（2）需经全体合伙人同意；（3）执行合同规定的权利义务。

2. 退伙：（1）需有正当理由方可退伙；（2）不得在合伙不利时退伙；（3）退伙需提前1个月告知其他合伙人，并经全体合伙人同意；（4）退伙后，以退伙时的财产状况进行结算，不论何种方式出资，均以金钱结算；（5）未经合伙人同意而自行退伙给合伙造成损失的，应进行赔偿。

3. 出资的转让：允许合伙人转让自己的出资。转让时，合伙人有优先受让权，如转让合伙人以外的第三人，第三人应按入伙对待。否则以退伙对待转让人。

第七条　合伙负责人及其他合伙人的权利。

1. 田××为合伙负责人。其权限是：（1）对外开展业务，订立合同；（2）对合伙事业进行日常管理；（3）出售合伙的产品（货物）、购进常用货物；（4）支付合伙债务；（5）处理纠纷及进行诉讼。

2. 其他合伙人的权利：（1）参与合伙事业的管理；（2）听取合伙负责人开展业务情况的报告；（3）检查合伙账册及经营情况；（4）共同决定合伙重大事项；（5）参与对重大问题的研究与决策。

第八条　禁止行为。

1. 未经全体合伙人同意，禁止任何合伙人私自以合伙名义进行业务活动；如其业务获得利益归合伙，造成损失按实际损失赔偿。

2. 禁止合伙人经营与合伙竞争的业务。

3. 禁止合伙人再加入其他合伙。

4. 禁止合伙人与本合伙签订合同。

5. 如合伙人违反上述各条，应按合伙实际损失赔偿。

劝阻不听者可由全体合伙人决定除名。

第九条　合伙的终止及终止后的事项。

1. 合伙因以下事由之一得终止：（1）合伙期届满；（2）全体合伙人同意终止合伙关系；（3）合伙事业完成或不能完成；（4）合伙事业违反法律被撤销；（5）法院根据有关当事人请求判决解散。

2. 合伙终止后的事项：（1）即行推举清算人，并邀请××市公证处公证员参与清算；（2）清算后如有盈余，则按收取债权、清偿债务、返还出资、按比例分配剩余财产的顺序进行。固定资产和不可分物，可作价卖给合伙人或第三人，其价款参与分配；（3）清算后如有亏损，不论合伙人出资多少，先以合伙共同财产偿还，合伙财产不足清偿的部分，由合伙人按出资比例承担。

第十条　争议的解决方式。

合伙人之间如发生争议，应共同协商，本着有利于合伙事业发展的原则予以解决。协商不成的，按下列两种方式解决。

1. 提交______仲裁委员会仲裁；

2. 依法向人民法院起诉。

第十一条　本合同自订立并报经工商行政管理机关批准之日起生效并开始营业。

第十二条　本合同如有未尽事宜，应由合伙人集体讨论补充或修改。补充和修改的内容与本合同具有同等效力。

第十三条　其他：无。

第十四条　本合同正本一式6份，合伙人各执1份，送××工商局、××各存一份。

合伙人：田××（盖章）

合伙人：姚××（盖章）

合伙人：张××（盖章）

合伙人：王××（盖章）

2003年1月10日

承包经营合同

企业承包经营合同（范例）

发包人：××××有限公司

法定代表人：张××

承包人：××××经营有限公司

法定代表人：洪××

双方根据××××有限公司董事会决议，经协商签订本合同。

一、承包形式为上缴利润递增包干。

二、承包期限自2003年1月10日起至2004年1月10日止，共1年。

三、上缴利润数额。

1. 承包人上缴利润包干基数为10万元人民币。

2. 承包人按月递增0.5%比例上缴利润。

3. 承包人上缴利润时间按季度计算，即2003年4月缴2.5万元；2003年7月缴2.5万元；2003年10月缴2.5万元；2004年1月缴2.5万元。

四、企业留利分配。

五、国家指令性产品供应计划和生产计划。

六、主要经济技术指标。

1. 2003 年末固定资产原值 500 万元，承包期间固定资产增值总额为 × × 万元，其中 × × 年 × × 万元；× × 年 × × 万元；× × 年 × × 万元；× × 年 × × 万元；× × 年 × × 万元；× × 年 × × 万元。

2. 国家资产的维护 × ×；设备完好率达到 100%；固定资产净值率 × ×%。

闲置资产的处理办法______。

3. 新产品开发 × × 项，主要新产品是 × ×。

4. 承包期间技术改造投资总额 5 万元人民币。

5. 产品质量要求 × ×。

6. 主要物资能源消耗指标 × ×。

7. 安全生产和双保指标 × ×。

8. 出口创汇指标 × ×。

9. 产值指标 × ×。

10. 人均上缴利润 × ×。

七、贷款归还，承包前的债权债务处理：由原发包人负责。

八、双方权利和义务。

1. 发包人：

（1）应按承包合同规定，监督企业管理好资产，监督企业依法经营，照章纳税，履行合同；做好指导、协调、服务工作。

（2）承包人因经营管理不善，在半年时间内完不成上缴利润 30%，或严重违法经营的，发包人会同有关部门核查后，可依法定程序解除承包合同或者更换经营者。

（3）按合同规定兑现奖罚条款。

2. 承包人：

（1）承包人洪 × × 是企业在承包期内的法定代表人，对企业的生产经营管理活动负有全面责任，按照《中华人民共和国全民所有制工业企业法》第四十五条规定行使职权。

（2）在国家法律、政策、计划允许的范围内，承包人有权建立以经营者为首的生产经营管理系统。

(3) 承包人必须遵守国家法律，执行国家政策和计划，完成合同规定的各项指标和任务，维护国家、企业和职工的合法权益，正确处理企业内部的分配关系。

(4) 承包人完成或超额完成承包指标时，分别按下列情况，对企业经营者进行奖励：

①1 万元人民币

②……

③……

(5) 承包人完不成承包指标时，分别按下列情况，对企业经营者进行处罚：

①1 万元人民币

②……

③……

九、违约责任。

1. 发包人违约或非法干预，给承包人造成经济损失，相应调整当年上缴利润或延长承包期限。

2. 承包人完不成上缴利润指标，除由经营者和其他负责人按合同规定赔偿外，不足部分以企业资金补足。

十、解决合同争议的方式：本合同发生争议，由当事人双方协商解决；协商不成，双方同意由××市仲裁委员会仲裁。

十一、双方约定的其他事项，无。

十二、本合同自签订起生效。合同正本一式 2 份，发包人、承包人各执 1 份，副本一式 2 份，分送××1 份，××1 份。

发包人：(盖章) 承包人：(盖章)

法定代表人：(签字) 张×× 法定代表人：(签字) 洪××

签约日期：2003 年 1 月 10 日 签约地点：××市

租赁经营合同

租赁经营合同（范例）

出租人：××××有限公司

承租人：×××××承包有限公司

承租经营者：洪××

租赁企业名称：××××有限公司××化工厂

地址：×××市××区××街

所有制性质：有限责任

开户银行：建行×××支行

账号：×××××

经营范围：化工产品制造

出租人与承租人双方根据××××有限公司董事会决议，经协商签订本合同。

一、租赁企业概况（详见附表1）。

1. 固定资产：110万元人民币。

2. 自有流动资金：10万元人民币。

3. 产品、产值、产量。

二、租赁期限。

共3年，即自2003年1月10日起至2006年1月10日止。

三、交接手续：2003年1月20日前交接完毕。

四、经营目标。

承租人在承租期内必须完成下列指标：

1. 总产值200万元，其中2003年40元；2004年60万元；2005年100万元。

2. 实现利润：30万元，其中2003年5万元；2004年10万元；2005年15万元。

五、租金。

1. 租金数额：30 万元人民币。

2. 租金计算方法：按年结算，每年 10 万元。

3. 租金缴付期限和缴付办法：每年 1 月 30 日前用支票缴付。

六、租赁收入的分配。

1. 承租期间所得收入，除依法纳税外，以下列比例划分为承租人收入（含租金）××%、生产发展基金××%、奖励基金和福利基金××%。

2. 对承租人的收入，扣除租金外，每一租赁年度支付给承租人×××元，其余部分作为风险基金留存，承租人无权支配。具体办法为：××××。

3. 承租经营者合伙承租成员在租赁期间可预支生活费。数额为：××××元。

七、企业租赁前债权债务及遗留亏损的处理：由出租人承担。

八、担保。

承租人提供自有轿车 2 台，折价 120 万元，以此作抵押。

九、双方的权利和义务。

出租人权利：

承租人权利：

出租人义务：

承租人义务：

十、合同的变更和解除。

十一、违约责任。

出租人的责任：

出租人如违反本合同，承担全部租金 20% 的违约金。

承租人的责任：

1. 因亏损不能缴纳租金时，先以风险基金抵缴；风险基金不足抵缴的部分，以承租人的抵押财产抵缴。此外，还应在 30 天内支付出租人违约金，违约金的计算方法为：××××。

2. 不按期缴付租金时，按下列方法和时间期限支付违约金：按月租金 20% 承担违约金。

3. 部分支付租金时，按下列方法和时间期限支付违约金：按欠缴租金的

20% 承担违约金。

4. 对企业资产未尽维护、保养义务，造成损害时，承担赔偿损失的方法和时间期限：在估价后 1 个月内付清全部损失。

5. 承租人对应缴付的违约金和赔偿金，应如期缴付。

不按期缴付时，除解除合同外，并承担应缴付金额的 5% 的违约金。

十二、租赁期满后资产的返还和验收：由出租人验收。

十三、争议的解决方式。

双方因本合同发生争议时，应协商解决。协商不成时，以下列方法解决：

1. 提交________仲裁委员会仲裁。

2. 依法向人民法院起诉。

十四、其他约定事项。

十五、本合同自双方签字时起生效。合同正本一式 2 份，出租人和承租人各执 1 份；副本一式 2 份，××和××各存留 1 份。

附件：企业概况材料 1 份；

出租人：（公章）

地址：×市×区×路×号

法定代表人：×××（签章）

委托代理人：×××（签章）

承租人：（公章）

地址：×市×区×路×号

承租经营者：洪××（签章）

签约时间：2003 年 1 月 10 日

签约地点：××市

担保借款合同

担保借款合同（范例）

借入人（甲方）：邢××，男，48 岁，系××公司经理，现住××市××区××街××号。

借出人（乙方）：关××，男，52 岁，系××市××厂工人，现住××市××区××街××号。

担保人（丙方）：王××，男，38岁，个体业主，现住××市××区××街××号，系甲乙双方的朋友。

甲方因给母亲治病，急需一笔钱款，关于借款事宜，甲乙丙三方达成一致意见，并签订以下借款合同。

一、乙方关××借给甲方邢××人民币贰万元整，于本合同签订之日，一次交清。

二、借出方关××不收利息；借入方从借款之日起，3个月内全部还清。

三、丙方王××愿为甲方邢××提供担保。甲方如果超过3个月不还，丙方情愿替甲方偿还全部债务。

四、甲乙丙三方如发生本合同纠纷，首先协商解决，协商不成时，可向原告所在地人民法院起诉，由原告所在地人民法院管辖。

五、本合同一式3份，甲乙丙三方各执一份。本合同在甲乙双方的钱款交付时，甲乙丙三方签字，合同当即生效。

甲方：邢××

乙方：关××

丙方：王××

××××年××月××日

抵押借款合同

抵押借款合同（范例）

借入人（甲方）：李××，男，37岁，现住××县××乡××村，农民。

借出人（乙方）：沈××，男，52岁，现住××市××区××街××号，系××市××厂工人。

甲乙双方就下列借款事项达成一致意见，并签订本合同。

一、乙方借给甲方壹万元，并于××××年××月××日之前，交给甲方，供甲方购买手扶拖拉机用。利息按同期银行存款的2倍利息计算。

二、甲方应于××××年××月××日之前将此款归还给乙方。现甲方将坐落在××县××乡××村东头的产权属于自己的房屋及宅院作抵押。现有私房产权证为凭。甲方如不能按期归还所借的全部钱款，乙方有权将甲方这处作借款抵押的房屋及宅院出卖。出卖后，从卖房款中扣除甲方应还的本息，将剩余的钱款归还给甲方。

三、甲乙双方交接钱款时，在本合同上签字、盖章，本合同随即生效。双方各执一份。

四、如发生本合同纠纷，首先双方协商解决。协商不成时，可诉至法院，由被告所在地的人民法院管辖。

甲方（借入人）：李××

乙方（借出人）：沈××

××××年××月××日

借款合同

借款合同（范例）

借入人（甲方）：苏××，男，42岁，现住××县××乡××村。

借出人（乙方）：史××，男，48岁，现住××县××乡××村。

甲乙双方就下列借款事宜达成一致意见，并签订本合同。

一、乙方借给甲方人民币×××××元，于××××年××月××日之前一次交清。

二、本款限于经营、还贷等合法使用，不得用于非法活动。

三、两个月之内还清，则无息借款；超过两个月未还，从借款之日起至6个月，按同期银行存款利息支付。

超过6个月不还，从借款之日起，按同期银行贷款利息支付；超过1年不还，从借款之日起，按2倍的同期银行贷款利息付息。

四、如发生纠纷，协商解决；协商不成时，根据《民事诉讼法》第二十五条的规定，可向原告所在地人民法院起诉。

五、本合同从乙方支出甲方所借的全部钱款，双方签字、盖章之日起生效。双方各执一份，供遵守执行。

甲方（借入人）：苏××

乙方（借出人）：史××

××××年××月××日

买卖合同

农药买卖合同（范例）

合同编号：20030011

出卖人：××生产资料公司签订　地点：××市

买受人：田××

签订时间：2003 年 1 月 10

第一条　标的、数量、价款及交（提）货时间。

(注：空格如不够用，可以另接)

第二条　质量标准：GB－100。

第三条　出卖人对质量负责的期限：1 年。

第四条　包装标准：无。

第五条　合理损耗标准及计算方法：无。

第六条　农药的所有权自提货时起转移，但买受人未履行支付价款义务的，农药属于生产资料公司所有。

第七条　交（提）货方式、地点：买受人从××生产资料公司库房自提。

第八条　运输方式和到达站（港）及费用负担：买受人承担。

第九条　检验标准、方法、地点及期限：GB－100，任选检验地点和单位，抽样检验。

第十条　结算方式及期限：一年后现金结算。

第十一条　本合同解除的条件：未达到质量标准。

第十二条　违约责任：承担总贷款 20% 违约金。造成农作物减产的承担全部赔偿责任。

第十三条　担保方式（也可另立担保合同）：无。

第十四条　合同争议的解决方式：本合同在履行过程中发生的争议，由双方当事人协商解决；也可由当地工商行政管理部门调解；协商或调解不成的，按下列两种方式解决：

（一）提交______仲裁委员会仲裁；

（二）依法向人民法院起诉。

第十五条　本合同自签订之日起生效。

第十六条　其他约定事项：无。

提示：生产、经营农药必须取得农药登记证（或者农药临时登记证）、农药生产许可证（或者农药生产批准文件）；经营的农药属于化学危险物品的，还应当办理经营许可证。

监制部门：

印制单位：

合同纠纷

和　解

就是对合同纠纷自行和解。合同纠纷的当事人，在自愿互谅的基础上，按照国家有关法律、政策和合同的约定，通过摆事实，讲道理，从而达成和解协议，这是解决合同纠纷的最好方法。采取这种办法解决合同纠纷的好处是：

1. 自行和解可以省时间、省财力，便于集中精力搞好经营和生产，而不会因为利用其他方法解决纠纷浪费人力、财力。

2. 双方自行和解解决合同纠纷，方法简便。

3. 双方自行解决合同纠纷，由于节省时间，能迅速解决问题，会使双方减少损失。

4. 双方自行和解解决纠纷，有利于互相团结。

5. 由于自行和解解决合同纠纷，不损害团结，便于继续合作，对双方的经营、生产等各个方面，都大有好处。

从实践看，有了合同纠纷，双方自行和解，不仅是明智的，也是加强双方的协作关系，扩大往来，推动经济发展不可缺少的处理纠纷的好方法。因此，只要能通过双方自行和解的方法来解决合同纠纷，就应当使用这种方法来解决。

自行和解，一般应当这样进行：

1. 自己主动找对方，或者请中间人联系，由中间人参与和解。当然，中间人应当是双方所信赖的人，在双方有威信的人，同时也是很会处理问题的精明人，而不是那种容易把事情弄得复杂、糟糕的人。

2. 要明确自行和解的目的，就是前面所讲的要取得自行和解的那些好处，比如要不损害团结，便于继续合作等。自行和解最基本的原则就是要怀着互让、互谅的态度，而不是为了出气，不是为了争出个我是你非。如果一味地指责对方，想让对方知道其所存在的过错，那么，怀着这种目的来和解，远不如不去和解，因为这不会收到好效果。

3．要在较短时间内协商解决。

4．一般来说，有了纠纷，双方都会认为自己有理，都会认为对方无理，否则不会产生纠纷。正是由于这样，双方才应该主动讲出自己存在的过错，作出适当让步。

自行和解应当遵守以下原则：一是平等自愿原则。任何一方不能采取强行命令等手段，强迫对方进行协商，更不能以断绝供应、终止协作等手段相威胁。二是合法原则。即双方达成的和解协议，其内容要符合国家法律和政策的规定，不能损害国家、集体和他人的利益。

和解后，达成了新的协议，一般要签订新的合同。只要新的合同是在双方意思表示一致的基础上签订的，内容不违反国家法律和法规，不损害国家、集体和他人利益，属于合法有效合同，这样的合同受国家法律保护，对双方都有约束力，任何一方不得违反。不管哪一方，如果违反了合同，除了具有国家法律规定的免责条件以外，都要承担违约责任。

如果双方不能自行和解，那么，可以采取调解的方法来解决。

调　解

用调解的方法来解决合同纠纷，其好处与用和解的方法来解决基本相同。比如有利于团结，便于继续合作，减少损失，能够省时省力、简便及时解决纠纷等。通过调解来解决合同纠纷，还有以下两点好处：一是通过仲裁或法院来调解，调解书具有法律效力。二是通过调解解决，便于执行调解协议。

对合同纠纷的调解，是指双方当事人自愿在第三者（即调解人）的主持下，在查明事实、分清是非的基础上，由第三者对纠纷双方当事人进行说服劝导，促使他们互谅互让，达成和解协议，从而使纠纷得到解决的一种活动。

调解解决合同纠纷有三点特征：

1. 调解是在第三方的组织下进行的，它与双方自行和解有着明显的不同。

2. 在调解中，主持调解的第三方，只是说服劝导双方当事人，而不是作出裁决，这一点是区别仲裁和判决的根本点。

3. 调解是依据事实和法律、政策，进行合法调解，而不是不分是非，不顾法律与政策的“和稀泥”。

调解必须是在双方自愿的基础上进行。调解，虽然不是申请仲裁或者提起诉讼的必经程序，但是，从实践看，只要能够通过调解解决的，总是比用仲裁或者诉讼的方法解决好。有许多合同纠纷，双方自己和解不了，但请有关部门从中劝解，讲清利害关系，指明谁是谁非，还是可以解决纠纷的。根据法律规定，调解有以下三种方式：

（1）行政调解

行政调解，是指根据一方或者双方当事人的申请，当事人双方在其上级业务主管部门组织下，通过说服教育，自愿达成协议，从而解决合同纠纷的一种方式。对于企业单位来说，有关行政领导机关和业务主管部门，比较熟悉本系统各企业的生产经营和技术业务等情况，这些行政机关有一定的权威性，调解起来，说服力强，容易在符合国家法律、政策的前提下，说服双方，达成调解协议。尽管这种协议没有强制力，只能靠当事人自觉履行，但当事人一般还是能够自觉履行的。

（2）仲裁调解

仲裁调解，是指合同纠纷的当事人在发生纠纷时，依照合同中的仲裁条款，或者依照事后达成的仲裁协议，向仲裁机构提出申请，在仲裁机构主持下，根据自愿协商、互谅互让的原则，达成解决合同纠纷的协议。由仲裁机构主持调解形成的调解协议书，与仲裁机构所作的仲裁裁决书具有同等法律效力。一方当事人如果不执行，另一方可以向人民法院提出申请，要求对方执行调解协议；对拒不执行的，人民法院可以依法强制执行。

（3）人民法院调解

人民法院调解，也叫诉讼中的调解，是指在人民法院主持下，双方当事人平等协商，达成协议，经人民法院认可后，终结诉讼程序的活动。合同纠纷起诉到人民法院后，人民法院在审理中，首先要进行调解。用调解的方法来解决合同纠纷，是人民法院处理合同纠纷的重要方法。在人民法院主持下达成的调解协议，人民法院据此作出的调解书，与判决书具有同等效力。调解书只要送达双方当事人，便产生了法律效力，双方都必须执行。如果不执行，另一方当事人可以向人民法院提出申请，要求人民法院强制对方执行调解协议。

调解的方式不同，调解的主持人也不同。如果是行政调解，就应当找双方的上级业务主管部门来调解。如果是仲裁调解，就应当向仲裁机构提出仲裁申请，要求调解。如果是想由人民法院来调解，就应当提起诉讼，在诉讼过程中，要求人民法院来调解。

仲　裁

什么是仲裁呢？用句通俗的话来说，就是由公家来裁断，从而解决争议。用法学术语来说，仲裁，是指民事、经济纠纷的当事人，对纠纷争执不决时，按照事先或者事后达成的协议，自愿将有关争议提交仲裁机构，仲裁机构以第三者的身份，对争议的事实和权利义务，作出判断或者裁决的制度。仲裁具备下列要素：

一是采用仲裁的方式解决争议，是出自双方当事人的自愿；

二是仲裁机构和仲裁员，由当事人自行选定；

三是仲裁裁决对当事人具有约束力。

仲裁，作为一种解决民事或者经济纠纷的方法，与民事诉讼同属于程序法范畴，两者作为不同的法律制度，尽管在各自的领域发挥着不同的社会、法律功能，但仍然存在着非常密切的联系。这种密切联系表现为：

一是正确的仲裁裁决，需要依靠《中华人民共和国民事诉讼法》来保证执行。

二是符合法定可以撤销的仲裁裁决，当事人可以向人民法院申请予以撤销。

仲裁与诉讼相比，仲裁具有以下特征：

一是仲裁解决争议，从时间上来看，比较快；从费用方面看，比较低。仲裁是一种极为方便的解决争议的方式。

二是仲裁是协议管辖，也就是说，仲裁裁决纠纷的前提条件，是当事人双方的自愿。而民事诉讼则不需要双方协商，有诉讼权的一方，只要向人民法院起诉，人民法院依据民事诉讼法的有关规定，强制管理。

三是当事人有权选择仲裁员。仲裁员多由专家组成，这有利于案件的公正妥善处理。而民事诉讼当事人，则不能选择审判人员。审判人员由人民法院依法规定。

四是仲裁一般不公开审理，这样可以防止泄露当事人不愿公开的事情，便于保守商业秘密。民事诉讼除了国家法律规定不公开审理的以外，必须实行公开审理。

五是仲裁施行一审终局制，也就是说，当事人不得就同一事实，再次申请仲裁，也不能向人民法院再行起诉、上诉。民事诉讼当事人不服判决，可以上诉，因为我国法院实行两审终审制，当事人不服一审判决，有权上诉。上诉经过二审，案件才能终结。

仲裁有以下原则：

一是自愿原则。就是用仲裁的方法来解决合同纠纷，是出于双方当事人的自愿。因此，它有利于稳定当事人双方现存的法律关系，双方一旦发生纠纷，又有利于纠纷的迅速解决。

二是根据事实，符合法律规定，公平合理解决纠纷的原则。

三是仲裁依法独立进行的原则。

仲裁与诉讼不同。仲裁是依照当事人的协议或者约定来进行。因此，要用仲裁的方法来解决纠纷，首先需要由当事人进行申请。申请仲裁与提起民事诉讼一样，都必须符合法定的条件。根据《中华人民共和国仲裁法》第二十一条规定，申请仲裁必须具备以下三个条件：

一是有仲裁协议。这是当事人申请仲裁的一个先决条件，也是仲裁与民事诉讼的根本区别。只有双方当事人达成协议，都愿意用仲裁的方法来解决纠纷，仲裁机构才能够受理。

二是有具体的仲裁请求和事实、理由。即申请人通过仲裁要解决什么问题，保护自己什么财产权益，纠纷发生的经过及提出请求的具体原因。申请仲裁者为了保护自己的利益，对具体的仲裁请求应当明确。此外，申请人还应当提供有关的证据。

三是属于仲裁委员会的受理范围。这里包括两层意思：一是当事人的仲裁申请，其内容要符合《仲裁法》第二条、第三条规定的范围。二是仲裁机构应当是当事人在仲裁协议中指定的仲裁机构。

申请仲裁，要向仲裁委员会递交仲裁申请书。根据《中华人民共和国仲裁法》第二十三条规定，仲裁申请书的内容如下：

一是仲裁当事人的基本情况。包括当事人的姓名、性别、年龄、职业、工作单位和住所。如果当事人是法人或者其他组织，则应当写清法人和其他组织的名称、住所和法定代表人姓名、职务。这些基本情况应当按照申请人、被申请人的顺序写出来。如果当事人委托了律师或者其他人来代理，也应当写明受委托的律师或者其他代理人的情况。

二是仲裁请求和根据的事实、理由。在仲裁申请书中，除了要简明扼要地写清仲裁请求以外，还要写清提出仲裁请求所依据的事实及理由。

三是证据和证据来源、证人姓名和住所。在仲裁中，仲裁申请人对自己的主张负有举证责任。为此，仲裁申请书应当提供有关的证据和证据来源、证人姓名和住所，以便于仲裁庭核查。

当事人申请仲裁，要向仲裁机构递交仲裁协议。所谓仲裁协议，是指各方当事人根据意思自治原则，表示愿意将他们之间已经发生或者可能发生的财产权益争议提交仲裁机构进行解决的书面协议。仲裁协议分为两类：

一类是仲裁条款，是指当事人在合同中订立的，表示愿意将他们之间将来可能发生的纠纷用仲裁的方式解决的条款。此外，还包括当事人之间在签订合同以后，通过互相交换信函、电传、电报或者有记录的其他通讯方式所达成的同意提交仲裁机构仲裁的文字记录。仲裁条款是最常见的仲裁协议形式。

另一类是仲裁协议书，它是指双方当事人在主合同之外，单独签订的发生纠纷请求仲裁机构仲裁的法律文书。

仲裁协议书区别仲裁条款的地方表现在：仲裁协议书可以在发生纠纷之

前订立，也可以在发生纠纷以后签订；而仲裁条款，是在签订的主合同当中明确说明，它是在纠纷发生之前订立的。

仲裁协议书也有两种形式：一种是独立的法律文书，是指作为主合同的一个专门附件；另一种是当事人在争议发生前或者发生之后，通过对另一个含有仲裁条款书面文书的援引而达成的仲裁协议。这种方式主要在国际贸易中使用。值得强调的是，无论是仲裁条款还是仲裁协议书，其效力都是相同的。

根据《中华人民共和国仲裁法》第十六条的规定，仲裁协议的内容有以下三方面：

第一，请求仲裁的意思表示。即双方当事人在设立仲裁这一法律关系时，完全是出于自愿，对仲裁的事项和将要产生的法律后果十分清楚，并通过文字记载，使双方的意愿得到清楚地体现。

第二，仲裁事项。仲裁事项可以分为概括的仲裁事项和具体的仲裁事项。无论属于哪一种形式的仲裁事项，都必须符合国家法律所规定的仲裁范围，而且与当事人之间必须有特定的法律关系，否则，仲裁协议无效。

第三，选定仲裁委员会。

根据我国仲裁法第十七条、第十八条的规定，有以下五种仲裁协议无效：

1. 仲裁协议约定的仲裁事项超出了仲裁的范围；

2. 无民事行为能力人或者限制民事行为能力人订立的仲裁协议；

3. 一方采取胁迫手段，迫使另一方订立的仲裁协议；

4. 仲裁协议对仲裁事项或者仲裁委员会没有约定或者约定不明确，并且当事人之间又达不成补充协议的；

5. 签订的仲裁协议没有采用书面形式。

用仲裁的方法解决合同纠纷，除了要递交仲裁协议以外，还要递交一份类似向法院起诉用的“起诉书”那样的仲裁申请书，并且要按照被申请人的人数提交副本。仲裁申请书由三部分组成：首部、正文、尾部。首部要写明文书名称及双方当事人的基本情况。正文应当写明仲裁的请求事项、事实理由及证据情况。尾部要写明受理仲裁申请的仲裁委员会，申请人署名，还要写明申请日期及附项等内容。现举实例如下，供参考。

仲裁申请书

申请人：××省××市××鱼粉厂

厂址：××省××市××区××街××号，邮政编码×××××，电话××××××××。

法定代表人：杜××，男，1950年出生，系厂长。

委托代理人：申××，男，1955年出生，系该厂业务员。

委托代理人：宋××，男，1962年出生，系该厂会计。

被 申 请 人：××市××区养鸡场。

厂　　址：××市××区××街××号。

邮 政 编 码：×××，××。

电　　话：×××××××。

法定代表人：刘××，系该养鸡场场长。

请求事项

请求仲裁委会确认经济合同有效，仲裁被请求人赔偿违约金1万元。

事实与理由

××××年××月××日，申请人与被申请人在××市人民宾馆签订了一份鱼粉购销合同。该合同规定，申请人向被申请人销售国产鱼粉20吨，对质量的具体要求是含蛋白质含量不低于40%。同时还规定了履行合同的期限、方式等。并且明确规定，违约金为1万元。合同签订以后，申请人单位立即购进大批干鱼，及时加工，并且按照合同规定，分期将加工的鱼粉运到被申请人单位。在这期间，市场上的鱼粉价格略有下降，被申请人单位感到吃亏了，就以鱼粉含盐高、杂质多为由，单方面撕毁合同，拒收申请人单位的鱼粉，使申请人单位库存货物积压，资金周转不开，造成严重损失。对此，申请人单位已经向对方说明，关于鱼粉的含盐、含杂质问题，合同中没有做出严格要求，在合同的履行中对方才提出合同中没有规定的要求是不妥的，再说，国产的鱼粉含盐、含杂质尽管比进口的要高，但仍然没有超过有关规定的要求，是完全可以用来做鸡饲料的。甚至申请人也表示，愿意随着市场鱼粉价格下降的趋势，修改合同中的价格，可以比合同中规定的价格适当低点，但为了不使申请人赔钱，仍然不能降到现今市场的价格。但是，被申请人单位对此让步不理睬，使双方自行和解已经无望，根据双方签订的鱼粉购销合同第六条关于仲裁条款的规定，请仲裁机关查明情况，确认合同有效，裁决被申请人履行合同，并且支付违约金1万元，以补偿申请人的损失。

证据及证人姓名和住址

关于鱼粉购销合同的签订，有双方委托代理人申××和宋××证实。关于被申请人拒收鱼粉，有被申请人单位的副场长王××和仓库保管员牛××可以证实，还有申请人单位的送货人李××也可以证实。李××现住××省××市××区××街××号。

此致××市××仲裁委员会

附：1. 鱼粉购销合同1份；

2. 法定代表人身份证明一份；

3. 委托书2份；

4. 证明材料2份；

5. 仲裁申请书副本1份。

申请人：××省××市××鱼粉厂

法定代表人：杜××

委托代理人：申××

委托代理人：宋××

××××年××月××日

用仲裁的方法解决合同纠纷，仲裁当事人有以下权利：

1. 可以选择仲裁庭的组成形式。仲裁庭究竟由三名仲裁员组成还是由一名仲裁员来仲裁，则完全由仲裁当事人自主选择。

2. 可以选择仲裁员。采用三名仲裁员组成仲裁庭，当事人应当各自选定一名仲裁员，然后再共同选一名仲裁员，作为首席仲裁员，或者共同委托仲裁委员会主任指定一名仲裁员为首席仲裁员。如果由一名仲裁员来进行仲裁，这要由当事人双方共同选定，或者共同委托仲裁委员会主任指定。

3. 可以选择开庭的方式。当事人协议不开庭的，仲裁庭只进行书面审理。

4. 可以选择是否公开仲裁。

5. 当事人可以选择特定的鉴定部门。

6. 当事人可以选择裁决书不必写明争议事实和理由的表述方式。这就从根本上为双方当事人保守了秘密。

7. 当事人在申请仲裁以后，仲裁庭作出裁决前，可以进行和解。

从以上仲裁当事人权利的设定可以看出，《仲裁法》充分体现了当事人意思自治和协商一致的原则，因此，这种方式已成为现代社会处理民商事纠纷的一种通行制度。

根据《仲裁法》第四十九条规定，“当事人在申请仲裁后，可以自行和解。达成和解协议的，可以申请仲裁庭根据和解协议作出裁决书，也可以撤回仲裁申请。”据此，我们可以看出，仲裁的和解可以发生在开庭当中，也可以发生在庭外；既可以由单方面提出，也可以由双方提出。

但和解有效的关键是出于双方的自愿。这里值得注意的是，双方达成和解协议以后，是否申请仲裁庭根据和解协议进行裁决，产生的法律后果不同。经过仲裁庭裁决的，在当事人之间就产生了法律效力，双方均不得反悔。如果当事人没有要求仲裁庭作出裁决，而是撤回了仲裁请求，任何一方对和解协议反悔，那么原仲裁协议仍然有效，可以再次申请仲裁。所以，从《仲裁法》第九条的规定可以看出，是否作出裁决书，是认定原仲裁协议是否有效的界限。

仲裁实行一裁终局的制度。裁决作出后，当事人就同一纠纷再申请仲裁或者向人民法院起诉的，仲裁委员会或者人民法院不予受理。这就是说，当事人双方发生的纠纷经过仲裁庭裁决，该裁决就具有了终局的法律效力。当事人即使不服，也不能再向仲裁机构申请仲裁，也不允许就同一纠纷向人民法院起诉。上述制度的确立，对于确立仲裁的法律地位，树立起权威，充分尊重当事人双方的意愿，提高解决纠纷的效率，是有重大意义的。然而，我们还应当看到，现实生活十分复杂，由于各种主、客观因素的干扰，一次仲裁的裁决也难免出现偏差，甚至会出现这样或者那样的裁决错误。面对错误的裁决，当事人是否就束手无策，只能被动地遵照执行呢？当然不是。只要出现不当的仲裁裁决，经过人民法院审查核实后，可以裁定撤销裁决。

我国《仲裁法》第五十八条对申请撤销裁决的理由作了明确规定，具体表现在以下几方面：

1. 没有仲裁协议；

2. 裁决的事项，不属于仲裁协议的范围，或者仲裁委员会无权仲裁的；

3. 仲裁庭的组成或者仲裁的程序违反法定程序；

4. 裁决所依据的证据是伪造的；

5. 对方当事人隐瞒了足以影响公正裁决的证据；

6. 仲裁员在仲裁该案的时候，有索贿受贿、徇私舞弊、枉法裁决行为的。

除了上述情形之外，《仲裁法》还规定，人民法院认为该裁决违背社会公共利益的，也应当裁定撤销。

关于提起仲裁的期限，即仲裁时效期限，我国《仲裁法》第七十四条规定："法律对仲裁时效有规定的，适用该规定。法律对仲裁时效没有规定的，适用诉讼时效的规定。"因此，关于仲裁时效问题，具体分为以下几种情况：

1. 根据我国《民法通则》的规定，当事人请求保护其民事权利，提起仲裁时效为 2 年，计算的时间从知道或者应当知道权利被侵害时起计算。

2. 我国《合同法》规定，对合同争议的仲裁时效为 2 年，自当事人知道或者应当知道权利被侵害之日起计算。

3. 工业产品质量责任的仲裁时效为 1 年，自当事人知道或者应当知道其权利被侵害之日起计算。

4. 关于涉外合同，根据我国《合同法》第一二九条规定，国际货物买卖合同和技术进出口合同争议提起诉讼或申请仲裁的期限为 4 年，自当事人知道或者应当知道其权利受到侵害之日起计算。

从以上规定可以看出，仲裁时效的开始就是仲裁时效的起算点，从权利人知道或者应当知道权利被侵害时起开始计算。在仲裁时效进行过程中，因为不可抗力或者其他障碍，不能行使请求权提起仲裁时，可以暂时停止时效的进行，这被称为仲裁时效的中止。仲裁时效中止以后，以前经过的时效期间仍然有效，等到阻碍时效进行的原因消失以后，时效又继续进行。在仲裁时效进行过程中，因为当事人另一方提出要求，或者同意履行义务，从而阻碍了时效的进行，并使以前经过的时效期间归于无效，这被称为仲裁时效的中断。从中断时起，时效期间重新开始进行。

凡属于在书面合同中定有仲裁条款，或者在发生纠纷以后，双方达成了书面仲裁协议，一方当事人向人民法院起诉，人民法院则不应当受理，应当告诉其向仲裁机构申请仲裁。如果是仲裁协议或者仲裁条款无效、失效或者内容不明确，无法执行的，人民法院可以受理。当事人双方在仲裁条款或者仲裁协议中选择的仲裁机构不存在，或者选择裁决的事项超过了仲裁机构的权限，人民法院这才有权受理当事人的起诉。当事人一方起诉时，没有说明有仲裁协议或者仲裁条款，对方当事人又进行了答辩，对这种情况，应该视为人民法院对本案有管辖权。

对于人民法院没有管辖权，双方当事人有仲裁协议或者有仲裁条款约定的，纠纷由仲裁机构来裁决，人民法院则不能受理。仲裁机构实行一裁终局制，对这一纠纷的同一事实，人民法院不能再立案受理。

仅仅是不服仲裁裁决，不可以向人民法院另行起诉。

但是，如果仲裁机构的裁决确有错误，属于《仲裁法》第五十八条规定的6种应当撤销的裁决，或者属于《民事诉讼法》第二五七条第二款规定的不予执行的几种情况，那么，当事人才可以向人民法院另行起诉。

诉　讼

诉讼，俗称打官司，是指司法机关和案件的当事人，在其他诉讼参与人的配合下，为了处理案件所进行的全部活动。为了解决合同纠纷而打官司，这种案件一般都属于民事案件，人民法院受理后，由民事审判庭进行审理。民事案件的诉讼程序有三个基本阶段，即起诉、审判、执行。

举案说法

购销合同纠纷之诉

案情简介：

2005年6月28日，被告海南省三亚市某水果进出口公司（以下简称被告水果进出口公司）与原告北京市朝阳区某水果批发站（以下简称“原告水果批发站”）签订了一份香蕉购销合同。合同约定：1. 由原告水果批发站于2005年8月15日向被告水果进出口公司提供香蕉100吨；2. 由原告水果批发站代办托运，保证货物在8月15日之前到达三亚市港口。双方对这批香蕉的品质作了十分详尽的约定，合同还规定被告水果进出口公司在提货后3日内将货款电汇给原告。

2005年8月10日，原告水果批发站按正常船期将100吨香蕉装上货船运往被告水果进出口公司指定的港口。但由于货船航行途中遇上热带风暴，未能及时到达港口。船方通知了原告水果批发站后，原告水果批发站遂去函告知被告水果进出口公司，但被告水果进出口公司收到函件后未予理睬。2005年8月18日货到港口后，承运人通知被告水果进出口公司来港口提货，并将提货单交给被告水果进出口公司。8月21日，被告水果进出口公司认为原告水果批发站未能在8月15日前将香蕉运到，属于违约在先，故持提货单后未到港口提货。船方无奈之下将香蕉直接卸在码头，被告水果进出口公司未履行受领义务也未以任何形式通知原告水果批发站。原告水果批发站对于香蕉被卸在港口无人受领的情况一直都不知晓。

10天以后，即2005年8月28口，原告水果批发站发现被告水果进出口公司依然未将货款汇到，感到十分奇怪，又发函询问。而被告水果进出口公司依然未予答复。原告水果批发站只好再次派人到被告水果进出口公司，才了解到，货物已在码头存放 10 天之久，而被告水果进出口公司根本未予受领。当原告水果批发站工作人员赶到码头时，发现在 10 天的高温湿热气候下，原本青涩的香蕉已经发黑霉烂，依然被堆放在码头。原告水果批发站遂要求被告水果进出口公司承担其不予受领货物给自己造成的经济损失。而被告水果进出口公司则认为原告水果批发站交货迟延，违约在先，应当承担违约责任。

原告水果批发站认为，本公司依约向被告发货，但是由于货船遇到热带风暴，影响了船期，导致双方交易的香蕉在约定的时间后 3 天到达。香蕉到达后，承运人已经将提货单缴付给被告，而被告采取置之不理的态度来处理此事，导致香蕉发黑霉烂，给本公司造成了经济损失。根据上述的事实可知，被告拒绝收货才导致本公司的经济损失，被告理应承担赔偿责任。更何况，船期延迟的原因是遇到热带风暴，属于不可抗力，而且香蕉到达港口后，被告有能力收货或采取其他有效的措施来处理，但被告采取消极的交易态度，导致本公司遭受经济损失。综上，被告对于本公司的经济损失理应承担赔偿责任。

双方争执不下，原告水果批发站无奈之下遂于 2005 年 9 月 27 日依法向海南省三亚市人民法院提起诉讼，要求被告水果进出口公司承担由于其未尽依诚信义务履行协助、通知的合同义务，导致原告公司造成的经济损失 8 万元。

被告水果进出口公司认为，根据双方合同的约定，原告方应于 2005 年 8 月 15 日前向本公司缴付货物，直至 2005 年 8 月 18 日，原告的承运人才向本公司缴付提货单，可见，原告方迟延交货已经构成违约。而且，本公司继续履行合同已经没有实际意义，更会增加本公司的经济损失。根据《合同法》第九十四条规定，当事人一方迟延履行债务或者有其他违约行为致使不能实现合同目的，当事人可以解除合同。据此，原告迟延履行合同，致使本公司不能实现合同目的，本公司可以解除合同。因此，本公司拒绝接收货物的行为，是解除合同的默认行为。综上，本公司拒绝收货的行为符合《合同法》的有关规定，原告提出的要求本公司承担赔偿责任的诉讼请求于法无据，请求法院依法驳回原告的诉讼请求。

法院判决：

海南省三亚市人民法院经审理认为：1. 原告水果批发公司与被告水果进出口公司于2005年6月28日签订的合同，双方意思表示真实，属于合法有效的合同，对双方当事人具有约束力。2. 原告水果批发站以正常的情况估算在2005年8月10日发送货物，在正常情况下通过班轮运输，货物应当于2005年8月15日运到被告指定的港口。但货物之所以于2005年8月18日才运到被告指定的港口，是由于船在运输过程中遇到了强热带风暴。强热带风暴是一种天灾，属于不可抗力范畴。由于不可抗力造成的履行迟延，原告水果批发站可以免除违约责任。3. 被告在收到原告的告知函后不予理睬，在收到海运提单后，既不通知原告货物状况和自己的打算，也不采取任何行动受领货物，致使货物在码头露天放置10天之久无人问津，发生大量发黑霉变。可见，被告在履行合同的过程中，未遵守诚实信用原则，导致原告受到经济损失，理应承担赔偿责任。因此，本案中的被告完全违背上述原则，恶意拒绝受领货物，且拒不履行重要事项的通知义务，应当承担违约责任。

据此，海南省三亚市人民法院根据《合同法》的相关规定，依法于2006年2月12日依法作出判决，判决由被告向原告赔偿货物发黑霉变所造成的经济损失8万元。

法律问题：

如何认定合同的附随义务以及违反附随义务应当如何承担法律责任。

本案评析：

在本案中，双方当事人争议的焦点问题是：被告是否违反了合同义务，具体来说，在本案中，被告是否违反了合同的附随义务，以及违反合同的附随义务应当如何承担法律后果。一般的情况下，将附随义务定义为“法律没有明文规定，当事人之间也无明确约定，但为维护对方当事人的利益，并依照社会的一般交易观念，当事人应当负担的义务”和“在合同履行过程中，为辅助实现债权人的给付利益或周全保护债权人的人身或财产利益，债务人遵循诚实信用原则，根据合同的性质、目的和交易习惯而履行的通知、协助、保密、保护等给付义务以外的义务”。可见，附随义务是相对于给付义务而言的，它依法律规定而产生于诚实信用原则。附随义务在合同关系发展的各个阶段均可发生，在缔约过程中和契约关系终止后，皆有附随义务存在和适用的情形，包括先合同义务、履行中的附随义务和后合同义务。先合同义务、后合同义务的功能主要在于保护相对人人身与财产利益，履行中的附随义务除了承担这一功能外，还具有辅助实现债权人给付利益的功能。违反附随义务，只能引起损害赔偿，而不能引起同时履行抗辩权和合同解除。与法定义务、约定义务不同，附随义务并非自始确定，亦非当事人约定，而是随着当事人对合同的磋商、订立、履行，根据合同目的和维护当事人利益的需要而逐步确定的。我国《合同法》第六十条规定：“当事人应当按照约定全面履行自己的义务。当事人应当遵循诚实信用原则，根据合同的性质、目的和交易习惯履行通知、协助、保密等义务。”此条款具体规定了当事人应当遵循诚实信用原则，并应当根据合同的性质、目的和交易习惯履行通知、协助、保密等义务。如果当事人违反上述规定的义务，理应承担法律责任。

在本案中，被告违反的并不是双方当事人在合同中明确约定的义务，而是依据法律规定，基于诚实信用原则而产生的原告和被告在履行合同中互负的通知、协助义务，属于合同的附随义务。

所谓通知义务又称告知义务，是指一方当事人负有对有关对方当事人利益的重大事项的通知义务。而有关的重大事项是指一方当事人所掌握的，会对对方当事人合同利益产生实质性影响的有关事项。主要有：1. 使用方法告知义务；2. 瑕疵告知义务；3. 履行障碍的告知义务等。本案中的被告拒绝受领货物，使货物被放置于码头，而使原告的利益遭受损失的重大风险即为此类事项。而且，此事项若被告不通知原告，原告将无法知晓，从而使原告的合同利益严重失衡，对原告的合同利益产生重大影响。此时，被告基于诚信原则负有法定的通知义务，被告没有履行该告知义务，对于因他的过错给原告造成的损失，理应承担相应的法律责任。

协助义务是指合同当事人应互为对方行使合同权利、履行合同义务提供照顾和方便，促使合同目的的全面实现。一般认为以下为必要的协助：一方当事人缴付货物、价款时，另一方当事人依约受领的义务；在合同不能履行或不能全面履行时，无过错的一方应采取积极措施，防止损失扩大的义务等。这些必要的协助在正常情况下为双方当事人实现合同利益所必须。在出现违约的情况下，也可以将双方当事人的损失减少到最小，因此是双方当事人重要的合同附随义务。因此，在本案中，原告将货物运至被告指定的港口后，虽然货到时间在双方约定期限的3天之后，但被告违反合同附随义务，不采取积极的处理措施，防止原告方的经济损失扩大，反而采取置之不理的态度，既不通知原告，也不防止损失扩大，致使原告缴付的香蕉发黑霉变，其已经违反合同规定的附随义务。

综上所述，在本案中，被告在原告发货至其所在地港口，履行合同交货义务时，不能以原告延迟交货违约为由，免除自己应当积极受领货物予以妥善保管或处理，并防止损失扩大的附随义务，对因此给原告造成的损失应负赔偿责任。同时，致使标的物发生重大的损毁和灭失与被告主观上存在过错和客观上具有不履行合同义务的行为有着直接的因果关系，而原告履行迟延是由于不可抗力，且通知了被告，其主观上没有过错，依过错责任原则，被告也应当承担本案中原告方所遭受的经济损失。鉴于此，人民法院在认清事实的基础上，判令被告承担原告遭受的经济损失是正确的。

合同部分无效是否导致整个合同无效之诉

案情简介：

2000年9月12日，原告孙某与被告李某及王某共同出资120万元注册了北京市某科技有限责任公司（以下简称某科技公司），公司经营期间效益良好，2002年12月24日，原告孙某由于出国的原因，急于将其所持有的股权出让，被告李某在得知此消息后，有意购买其股权。双方协商后于2003年1月30日，原告孙某与被告李某签订了转让协议书，协议书中约定原告孙某将自己在北京某科技有限责任公司中的全部股权以55万元的价格转让给被告李某，被告李某应当在两年内，即2005年1月30日前分期支付转让费（每月支付5%），被告李某如不能按期支付则应当向原告孙某支付迟延利息2%。

双方达成协议后，原告孙某就将其所有的股份转让给了被告李某。但被告李某一直未按协议中约定的条件向原告孙某支付转让费。原告孙某就此事多次催告被告李某，但被告李某仍不履行合同义务。现合同约定的付款期限已经届至，但被告李某仍没有向原告孙某支付转让费，也没有支付迟延利息。原告孙某又给被告李某两个月的宽限期，在宽限期内，被告李某也没有提出支付转让费。在宽限期满时，原告孙某将被告李某告上了法庭。

原告孙某认为，李某在合同规定的期限内拒不履行合同义务，在宽限期内，也不向自己支付转让费，是一种严重的违约行为。故起诉要求李某给付转让费55万元及自2003年1月30日至2005年1月30日的利息13995.4元，并要求李某承担本案诉讼费用。

被告李某认为，确与孙某签订了股份转让协议，但孙某在签约后未经我同意擅自更改合同，增加了月付5%及利息等条款。且我公司有三位股东，孙某出资仅为49万元，协议中所称其出资62万元，占出资总额50%与事实不符，孙某无权处分另一位股东的出资，若按照该协议的约定转让出资，也无法在工商行政管理部门进行变更登记。故被告认为该转让协议无效，不同意孙某的诉讼请求。

法院判决：

北京市朝阳区人民法院经审理认为，2000年9月12日，原告孙某、被告李某和案外人王某共同出资成立了某科技公司，注册资本120万元，其中孙某出资49万元，李某出资58万元，王某出资13万元，李某为公司的法定代表人。孙某与李某签订转让协议，双方约定，自2003年1月30日起孙某向李某转让所持公司股本及经营权。孙某同意将所持股本折合人民币55万元，李某在两年内以资金和实物的形式偿还孙某股本。自2003年1月30日起孙某将不参与某科技公司的经营活动。双方还对公司的现有财产及债权债务进行了确认。合同签订后，孙某自行在该转让协议上添加了资金的偿还形式为月付全额的5%，以及如不能按期付清，愿付迟延利息2%等内容。后孙某未再参与某科技公司的经营，李某至今未付转让费。另悉，孙某签订该转让协议，未经王某授权处理其在京华科技公司的出资额。

孙某与李某签订出资转让合同，将孙某所持股本以 55 万元转让给李某，系建立在双方协议中确认孙某出资额为 62 万元的基础上，而该 62 万元出资额中含案外人王某的 13 万元出资额，孙某未经王某授权，无权处分王某的出资额，故该协议中将王某的出资转让给李某的部分无效。但合同部分无效不影响其他部分的效力，关于孙某转让自己出资额的部分，系双方当事人的真实意思表示，亦不违反有关法律和行政法规，应属合法有效。李某既已同意接受孙某的出资额，理应支付转让费，有关转让费的数额，应以出资转让费 49 万元为基数，按孙某本人出资额所占该协议中转让的 62 万元出资额的比例计算。至于王某自行添加的合同内容，因其无证据证明已经李某同意，法院对此不予认定，对孙某要求李某给付自 2003 年 1 月 30 日至 2005 年 1 月 30 日的利息的诉讼请求不予支持。李某关于该转让协议全部无效的答辩意见，缺乏事实和法律依据，法院对此不予采纳。根据《中华人民共和国合同法》第五十一条、第五十六条、第一〇七条之规定，判决如下：

1. 被告李某给付原告孙某转让费 384759 元（于本判决生效后 10 日内给付）。

2. 驳回原告孙某的其他诉讼请求。

法律问题：

1. 在本案中，原告孙某在没有经过案外人王某的授权下，擅自转让其财产的行为是否具有法律约束力。

2. 在本案中，原告孙某转让给李某的出资额是否全部无效。

本案评析：

在本案中，原告孙某在没有经过案外人王某的授权下擅自转让其财产，其与被告之间签订的转让协议属于效力待定合同。

在本案中，原告孙某与被告李某签订出资转让合同，没有经过案外人王某的授权，但处分了王某的财产，即该出资转让合同中有无处分权人处分他人财产的情形。要想解决本案原、被告之间的纠纷，首先要确定无处分权人处分他人财产的合同效力的问题。

无处分权人订立的以处分他人财产为内容的合同属于效力待定的合同。所谓效力待定的合同，是指虽然已经成立，但因欠缺生效要件而使其效力能否发生尚未确定的合同。效力待定的合同不完全具备合同的生效要件，其本身具有瑕疵。但是，这种瑕疵并非不可改变，通过法律特别处理可使合同发生效力，这就是合同效力的补正。根据《合同法》的有关规定，对于有瑕疵而处于效力待定状态的合同，须经有关权利人表示承认才能生效。

效力待定的合同主要包括以下四种类型：

1. 限制民事行为能力人订立的不能独立订立的合同；

2. 无权代理人以被代理人名义订立的无代理权的合同；

3. 法定代表人、负责人超越权限订立的合同；

4. 无处分权人订立的以处分他人财产为内容的合同。

在本案中，原告孙某与被告李某订立的出资转让合同中，有部分涉及未经王某授权就处分王某出资额的内容，即该合同中有无处分权人处分他人财产的内容，故该出资转让合同的部分内容属于效力待定。

根据《合同法》第五十一条规定："无处分权的人处分他人财产，经权利人追认或者无处分权的人订立合同后取得处分权的，该合同有效。"处分财产包括财产的出让、赠予、设定抵押等，只能由享有处分权的人行使。对他人财产无处分权的人，自然不得擅自处分他人的财产或者订立以处分他人财产为内容的合同。但是，如果权利人对无处分权人订立的合同予以追认，或者无处分权人在订立合同后取得处分权的，则该合同应当视为有效。当然，如果无处分权人订立的合同未被权利人追认，并且无处分权人事后也未取得该财产的处分权，则该合同不发生效力。因此，无处分权人订立的以处分他人财产为内容的合同，属于效力待定的合同，即该合同在权利人予以追认或者无处分权人取得处分权之前，处于效力待定状态。

综上，在本案中，原告孙某与被告李某在出资转让协议中处理了王某的出资。但没有证据证明经过了王某的授权和王某的事后追认，故出资转让协议中处理王某出资的部分内容无效。

承认效力待定的合同并确立合同效力补正制度，有利于灵活处理合同关系，促使当事人切实履行注意的义务，慎重行使自己的权利，维护合同交易的安全和有关人员的合同权益，避免或者减少因合同效力待定所产生的纠纷，促成更多的市场交易活动。

但是，效力待定的合同与无效合同有着本质区别。效力待定的合同由于不完全具备合同生效要件，而使其效力处在不确定状态，但由于其并不损害国家利益和社会公共利益，因而经过权利人的承认即可补正合同的效力，使其成为有效合同。而无效合同的效力并非不确定，而是根本不发生法律效力。因为合同本身违反了法律或者损害了社会公共利益。

在本案中，孙某转让给李某的出资额并非全部无效，对自己享有的出资额进行转让是有效的。

根据《合同法》第五十六条中规定："无效的合同或者被撤销的合同自始没有法律约束力。合同部分无效，不影响其他部分效力的，其他部分仍然有效。"合同部分无效，是指合同中的部分内容违反法律规定，但不影响其他部分内容的效力。合同的内容是由合同的全部条款组成的，并且这些条款涉及许多方面的问题，如果其中某些条款因不符合法律规定而不发生效力，其他条款却并不一定也因此不生效。合同的部分无效可以是量上的部分无效，也可以是质上的部分无效。所谓量上的部分无效，是指合同由一部分是在法律许可的范围之内的，则可以将范围之外的部分确认为无效。如买卖合同的标的数量超过了国家规定的数量，则超过部分无效，在法律范围内的部分仍然有效。所谓合同质上的部分无效，是指合同的内容是由各种不同的条款组成的，而可以将其中的一个条款或者数个条款确认为无效。如当事人约定的法律适用条款违反了我国法律的规定，那么该法律适用条款无效，但其他条款仍然有效。

如果认定合同的某些条款无效，该部分内容与合同的其他内容相比较，应当是相对独立的，该部分与合同的其他部分具有可分性，也就是《合同法》第五十六条中所规定的情况，合同的无效部分不影响其他部分的效力。如果部分无效的条款与其他条款具有不可分性，或者当事人约定某合同条款为合同成立生效的必要条款，那么该合同的部分无效就会导致整个合同的无效。在这种情况下，就不能在确认该部分无效时，另一部分合同内容又保持其效力。

综上所述，在本案中，孙某、李某、王某在某科技公司的出资分别为58万元、49万元、13万元。但孙某与李某订立的出资转让协议中却称，将孙某的62万元出资额折合人民币55万元转让给李某。实际上双方协议转让的这62万元出资额中含王某的13万元出资额。因为孙某未经王某授权，无权处分王某的出资额，故出资转让协议中，将王某的出资转让给李某的部分无效。

由于这13万元出资额与62万元出资额是可分的，所以当这部分协议约定无效时，不影响协议中关于转让49万元的效力。在此基础上，法院认为李某应当向孙某支付49万元出资额的转让费。转让费的数额以出资转让协议中约定的49万元为基数，按照孙某向李佳转让的49万元出资额占出资转让协议中约定的62万元出资额的比例给予确定，这种处理是比较妥当的。

重大失误造成合同成立纠纷案

案情简介：

2006年2月12日，原告崔某在家上网浏览时发现，被告某公司在硅谷动力公司的IT商城里开设的新惠普金牌店网页上，正开展“全新惠普笔记本网上促销”活动，其中有一款型号为533MHZ的惠普笔记本电脑新款上市，网页上显示：“市场价：14499.00元，现折扣价：1100.00元。”见此情形，原告崔某立刻在网上提交了订单。不久后，系统提示订单有效。然而当天下午，被告某公司向原告崔某发来电子邮件，声明因其工作人员疏忽，将笔记本电脑的实际价格11000.00元误写为1100.00元，并表示原订单无效。

原告崔某认为，既然系统提示订单有效，说明双方之间已达成合意，该买卖合同即告成立。根据《合同法》的有关规定，依法成立的合同受法律保护，任何当事人不得擅自解除合同。可见，不能因某公司工作人员的失误就导致双方之间的合同无效。更何况，在该买卖合同中，是某公司存在过失，自己作为善意第三人，应当依法取得该型号为533MHZ的惠普笔记本电脑。

原告崔某与被告某公司进行多次协商未果。于是，原告崔某于2006年2月21日依法向北京市海淀区人民法院提起诉讼，请求法院确认其与被告某公司之间的订单有效，并要求被告某公司依约缴付型号为533MHZ的惠普笔记本电脑。

被告某公司认为，由于本公司工作人员的失误，将型号为533MHZ的惠普笔记本电脑优惠价11000.00元的标价误写成1100.00元，导致原告崔某向本公司下了订单。根据《民法通则》的有关规定，行为人对行为的性质作出错误的认识，使行为的后果与自己的意思相悖，并造成较大经济损失的，当事人可以认定为重大误解。因此，本公司作出了错误的行为，属于法律规定的重大误解行为。再根据《合同法》第五十四条规定，因重大误解订立的合同，当事人一方有权请求人民法院或者仲裁机构变更或者撤销。综上，原告崔某与本公司之间的合同属于因重大误解而订立的，现请求法院予以撤销，以维护本公司的合法权益。

法院判决：

北京市海淀区人民法院经审理认为，根据《民法通则》的规定，行为人因对行为的性质，对方当事人，标的物的品种、质量、规格和数量等作出错误的认识，使行为的后果与自己的意思相悖，并造成较大损失的，可以认定为重大误解。本案双方当事人诉争的标的为一台全新惠普笔记本电脑，因被告某公司工作人员的疏忽将其价格误写为1100.00元，该价格与市场上相同型号的笔记本电脑的交易价格相差十倍以上，如果被告某公司根据此价格将笔记本电脑出售给原告崔某，将会给被告某公司造成较大的经济损失。因此，被告某公司的行为符合上述重大误解的行为，应当认定为重大误解。

根据《合同法》的规定，因重大误解订立的合同，当事人一方有权请求人民法院或者仲裁机构变更或者撤销合同。被告要求本院撤销重大误解的行为，符合上述法律之规定，本院予以支持。不过由于被告某科技公司存在过错，给原告崔某造成了经济损失，其应承担因此给原告崔某造成的损失。根据最高人民法院《关于贯彻执行〈中华人民共和国民法通则〉的若干问题的意见（试行）》第七十一条、《中华人民共和国合同法》第五十四条之规定，判决如下：

1. 撤销原告与被告之间的合同买卖民事行为。

2. 由被告安腾思路公司赔偿原告崔某经济损失1000元。

法律问题：

如何认定当事人之间签订的合同属于重大误解合同以及重大误解的合同产生何种法律效果。

本案评析：

在本案中，双方当事人争议的焦点问题是如何认定当事人之间签订的合同属于重大误解合同以及重大误解的合同产生何种法律效果。

1. 重大误解合同的认定

最高人民法院《关于贯彻执行〈中华人民共和国民法通则〉的若干问题的意见（试行）》第七十一条规定："行为人因对行为的性质，对方当事人，标的物的品种、质量、规格、数量等的错误认识，使行为的后果与自己的意思相悖，并造成较大损失的，可以认定为重大误解。"依此，重大误解的买卖合同就是指买卖合同的一方当事人或双方当事人在订立合同的过程中基于对合同的性质，对方当事人，标的物的品种、质量、规格数量等发生错误认识，而使自己所做的意思表示与自己的真实意思相背离，使自己遭受较大不利的合同。可见，重大误解的合同成立必须具备以下要件：（1）合同当事人发生了误解。误解是行为人的外部表示与其内心真意不一致的行为，通常是由于行为人的过失行为造成的。即由于表意人的不注意或无知所造成的。在本案中，由于被告某公司的不注意，使其对电脑的价格发生了误解，将11000元误写成了1100元，出现了表意行为与其内心真实意思表示的严重背离。

（2）合同当事人所发生的误解必须是重大的。所谓重大应从误解的内容和后果两方面加以理解。一般来说，误解的内容应与合同的履行后果有密切联系的合同要素或基本条件。具体来说，包含对对方当事人身份的认识错误、对合同性质的认识错误，和对标的物的认识错误，而对于当事人对动机的认识错误，或只是对标的物判断上的错误或法律上的错误则不构成重大误解。在本案中，被告某公司误认为其提出的价格条款为每台11000元而予以承认，是对合同标的物价格的误解，对合同的履行有至关重要的影响，应当认为误解是重大的。

（3）一方当事人基于这种重大的误解作出了违背其真实意愿的意思表示，即重大误解与合同条款或合同订立之间存在着因果关系。

如果当事人知道了误解的内容，其就不会订立该买卖合同。在本案中，被告某公司的货物标价1100元，明显大大低于其他同一规格的电脑价格，如不发生误解是不会同意订立该买卖合同的。

（4）由于重大误解订立的合同一旦履行将会给当事人造成重大损失。这种重大损失可能是权利义务的严重失衡或者对价的严重不足，也可能是当事人订立合同目的的完全背离。在本案中，被告某公司如果依此内容履行，将一款型号为533MHZ的惠普新款上市笔记本电脑以1100元价格出售给原告崔某，由于差价相差十倍，将会构成对价的严重不充分，使被告某公司的利益出现严重损害，有违法律追求的公平精神。可见，本案中某公司与原告崔某订立的合同为重大误解的合同。

2. 重大误解合同的法律效果

我国《合同法》第五十四条将重大误解订立的合同归于可变更或者可撤销的合同，赋予当事人请求人民法院或者仲裁机构变更或撤销的权利。同时，《合同法》第五十五条、第五十八条还规定，撤销权时效期间为当事人自知道或者应当知道撤销事由之日起一年内行使，被撤销的合同自始没有法律约束力。合同被撤销后，因该合同取得的财产，应当予以返还；不能返还或者没有必要返还的，应当折价补偿。

有过错的一方应当赔偿对方因此所受到的损失，双方都有过错的，应当各自承担相应的责任。因此，在本案中，被告某公司通过向原告崔某发来电子邮件，声明因其工作人员的疏忽，将笔记本电脑的实际价格11000.00元误写为1100.00元，并表示原订单无效的方式来行使撤销权。依法律规定，可撤销合同是相对无效的合同，可撤销的合同必须由当事人向法院申请撤销，必须经过申请才会发生失效的后果。当事人不能通过单方面的意思表示而行使撤销权。因此，在本案中，被告某公司的通知并不构成撤销权的行使，也不发生撤销的效力。但法院在审理后作出的撤销该买卖合同的判决是合法的。同时依法律规定，在有重大失误的买卖合同中，有过错的一方应当赔偿对方因此所受到的损失，双方都有过错的，应当各自承担相应的责任。在本案中，被告某公司存在过错，而原告崔某没有过错，被告应承担因此给原告造成的损失，因此，法院判决被告赔偿原告崔某经济损失1000元也是合理的。

合同违约给对方造成损失之诉

案情简介：

2005年3月16日，原告北京市某达贸易有限责任公司（以下简称北京某达贸易公司）与被告湖北省武汉市某芽服装有限责任公司（以下简称武汉某芽服装公司）签订了一份购销儿童服装合同。合同约定：1. 被告武汉某芽服装公司向原告北京某达贸易公司提供2000套童装，每套单价50元，货物共计价款10万元；2. 被告武汉某芽服装公司必须在5月25日之前将货物缴付给原告北京某达贸易公司，以便原告参加北京市地坛公园举行的“六一儿童节”节前的童装展销会；3. 原告北京某达贸易公司应当在合同签订后5日内先预付8万元货款，其余的在收到货物后10日内支付。

合同双方当事人还对童装的式样、面料、花式、规格、质量等都作了具体规定。合同签订后，原告北京某达贸易公司依约向被告武汉某芽服装公司预付了8万元货款。

2005年4月30日，原告北京某达贸易公司向被告武汉某芽服装公司询问合同履行情况，并向被告询问能否按期缴付合同约定的2000套童装，被告武汉某芽服装公司非常肯定地回答原告，在合同约定的期限前肯定能够依约交货。据此，原告北京某达贸易公司为了参加5月26日举行的“六一”童装展销会作了大量的前期订位、宣传工作。

2005年5月24日，原告北京某达贸易公司向被告武汉某芽服装公司了解童装生产情况，发现被告武汉某芽服装公司仅仅生产了1000套童装，遂书面告知被告武汉某芽服装公司将已生产的1000套童装装运送到原告北京某达贸易公司销售部，其余的1000套童装就不用再发货了。2005年5月25日，某芽服装公司只缴付了1000套童装，其余的1000套童装直到5月31日才运送到原告北京某达贸易公司销售部。鉴于此，原告北京某达贸易公司认为童装展销会已经结束，遂拒绝接收货物，并要求被告武汉某芽服装公司返还3万元货款，但被告武汉某芽服装公司拒绝退款，要求原告北京某达贸易公司将剩下的1000套童装接收，并支付剩下的2万元货款。

原告北京某达贸易公司认为，1. 2005年3月16日，本公司与被告武汉某芽服装公司签订了儿童服装销售合同，因本公司准备参加2005年5月25日的北京地坛公园举行的儿童服装展销会，故在双方的合同中约定被告方必须于2005年5月25日之前向本公司缴付童装2000套。而在2005年5月25日，被告武汉某芽服装公司只向本公司缴付1000套童装。鉴于此，本公司以书面形式告知被告，要求被告不要将剩下的1000套童装发货给本公司，但被告于2005年5月31日仍向本公司缴付剩下的1000套童装。根据合同的约定，被告方应当于2005年5月25日前缴付2000套童装，现被告违反合同的约定，于2005年5月25日仅仅向本公司缴付1000套童装，其行为已经构成违约，故被告理应承担违约责任。2. 本公司与被告签订合同之目的，仅仅是参加北京地坛公园于2005年5月25日举行的童装展销会，现被告于2005年5月31日缴付剩余1000套童装，已经超过本公司参加童装展销会的参加时间，致使本公司不能实现合同目的，故本公司可以拒绝接收被告于2005年5月31日缴付的货物。而且，本公司在展销会租赁的摊位都是按照2000套童装的规模进行操作，并且进行大规模的宣传。现被告逾期交货1000套，导致本公司预期目的落空，给本公司造成1.8万元的经济损失，被告方理应承担赔偿责任。综上，被告违反合同约定，逾期缴付货物，本公司可以拒绝接收逾期缴付的货物，并有权要求被告返还本公司多交的货款以及要求被告承担本公司的经济损失1.8万元。

据此，原告北京某达贸易公司与被告武汉某芽服装公司经多次协商未果，遂于2005年7月12日依法向湖北省武汉市武昌区人民法院提起诉讼，请求法院判决被告返还多缴付的货款3万元，以及要求被告承担经济损失1.8万元。

被告武汉某芽服装公司认为，本公司逾期缴付货物属实，但本公司缴付剩下1000套童装并没有致使原告方不能实现合同之目的，故本公司缴付剩下的1000套童装原告方应当接收并支付剩余货款2万元。更何况，本公司与原告方之间并没有约定违约责任，也没有给原告方造成任何经济损失，故本公司不应承担违约责任。

综上，原告提起的诉讼请求没有法律依据，请求法院依法驳回原告的诉讼请求。

法院判决：

湖北省武汉市武昌区人民法院在案件审理的过程中查明以下事实：1. 原告北京某达贸易公司与被告武汉某芽服装公司于2005年3月16日签订的购销童装合同，双方意思表示真实，内容合法，因而是有效的。2. 合同约定，被告武汉某芽服装公司必须在5月25日之前将货物缴付给原告北京某达贸易公司，以便原告北京某达贸易公司参加5月26日举行的“六一儿童节”童装展销会。3. 被告武汉某芽服装公司在5月25日向原告北京某达贸易公司只缴付了1000套童装。而且，原告北京某达贸易公司在得知被告武汉某芽服装公司在5月25日之前只生产了1000套童装的情况后，书面告知被告服装公司另外的1000套童装不用再发货。4. 被告武汉某芽服装公司在5月31日又将另外的1000套童装运送到原告北京某达贸易公司，而此时童装展销会已经结束。5. 原告北京某达贸易公司在合同签订后向被告武汉某芽服装公司预付8万元货款。

湖北省武汉市武昌区人民法院经审理认为：原告北京某达贸易公司与被告武汉某芽服装公司订立的童装购销合同是为了特定的目的，即为参加5月26日举行的“六一儿童节”童装展销会。因此合同约定服装公司必须在5月25日之前缴付全部的货物，但在5月25日之前，被告武汉某芽服装公司只能缴付1000套，原告北京某达贸易公司在得知该情况后，是有权利解除合同的。因此，被告武汉某芽服装公司迟延履行缴付另外1000套童装的行为已构成违约，其直到5月31日童装展销会结束后才缴付另外的1000套童装，致使贸易公司接收该1000套童装已没有意义，服装公司的违约行为已经使贸易公司的合同目的落空。因此，贸易公司可以行使合同解除权，解除与服装公司的合同。贸易公司以书面形式解除了其与服装公司另外1000套童装的合同关系，因而符合解除权的行使方式。因此，被告武汉某芽服装公司应当返还多支付的3万元货款，并赔偿原告北京某达贸易公司的经济损失。根据《中华人民共和国合同法》第九十四条、第一〇七条之规定，判决如下：

1. 被告武汉某芽服装公司应当在本判决生效之日起5日内返还原告北京某达贸易公司货款3万元；

2. 被告应当承担原告经济损失1.8万元。

法律问题：

一方当事人迟延履行债务，另一方当事人是否可以解除合同？

本案评析：

在本案中，双方当事人争议的焦点问题是被告武汉春芽服装公司迟延交货，致使原告北京某达贸易公司不能实现合同目的，原告北京某达贸易公司是否可以解除合同。所谓合同解除，是指在合同成立以后，由于出现约定或法定的解除事由，而使当事人一方得以主张解除权，使合同关系归于消灭，合同权利、义务关系终止的行为。合同的解除方式分为法定解除和约定解除。约定解除是指当事人通过行使约定的解除权或者双方经协商决定而使合同的权利义务终止的情形；法定解除是指由于出现了法律直接规定合同解除的条件，使当事人可主张解除权而使合同归于消灭，合同的权利义务关系终止。

依据《合同法》第九十四条规定了四种法定的合同解除情况：

一、因不可抗力致使不能实现合同目的；二、在履行期届满之前，当事人一方明确表示或者以自己的行为表示不履行主要债务；三、当事人一方迟延履行合同主要债务，经催告后在合理期限内仍未履行；四、当事人一方迟延履行债务或者有其他违约行为致使不能实现合同目的。其中第一项和第四项就是关于根本违约的规定。根本违约是违约之一种情形，当然应当符合违约行为的一种构成条件，即债务人实施了违反合同约定义务的行为，但因为现代民法重视违约与合同宗旨的关系，将之与履行行为的实际效果相联系，故在违约行为后果严重，以致无法实现合同目的的情况下，方构成根本违约。认定根本违约，关键在于如何界定违约后果严重。我国《合同法》规定为不能实现合同目的。相对于其他违约，根本违约通常表现为即使经过修改或补正，也无法实现债权人利益的情况，只有当违约后果严重到致使合同目的无法实现即债权人利益无法实现的情况下，才能认定为根本违约，若虽然后果较为严重，但是可通过修补或改正而达到合同目的的，不构成根本违约。

综上所述，在本案中，原告北京某达贸易公司与被告武汉某芽服装公司订立合同的目的是在于参加5月26日举行的“六一儿童节”童装展销会，如果服装公司不能在5月25日之前缴付货物，该合同将对原告北京某达贸易公司没有任何意义。而被告武汉某芽服装公司直到2005年5月31日才将货物运送到原告北京某达贸易公司，此时童装展销会已经结束，致使该批货物显然对原告北京某达贸易公司已经没有任何意义。因此，原告北京某达贸易公司可以基于根本违约的有关法律规定，行使合同解除权，而5月24日，原告北京某达贸易公司通知服装公司其余1000套童装不用发货，就是非常明确的解除合同的行为。根据《合同法》第九十六条规定，该书面解除合同的通知到达服装公司时合同解除，合同解除后，尚未履行的部分，终止履行。对于服装公司收受的贸易公司8万元预付款，服装公司应返还其多收的部分，即3万元。另外，由于服装公司未能全面、完全履行合同约定的义务，构成了违约，应当承担违约责任，赔偿因其违约而给贸易公司造成的损失。

人身意外保险理赔合同纠纷案

案情简介：

2003年11月27日，张某向中国某保险公司北京分公司（以下简称北京分公司）投保了简易人身保险5份，保险期限20年，保险金额每份400元，共计2000元，每月交保险费5元，张某指定她的母亲为受益人。

2005年3月12日，张某所在的麻纺厂发生火灾，张某被严重烧伤，治疗了一段时间后，脸部仍然难以恢复原貌。张某发现自己容貌已毁，便起了轻生的念头，于2005年8月6日乘人不备喝农药自杀身亡。

张某死后，其母亲李某拿着张某的死亡证明、保险证及交费收据到保险公司北京分公司要求保险公司支付保险金。其母亲认为，张某虽然是自杀死亡的，但她生前曾遭受了意外伤害，这是造成张某自杀的原因。因此，保险公司应该按照保险条款的规定给付死亡保险金。

保险公司北京分公司认为，《简易人身保险条款》第七条第二款规定，自杀属于除外责任。张某的死亡是自杀所致，所以保险公司不承担保险责任，故不能支付保险金。

于是李某在2005年9月23日依法向北京市海淀区人民法院提起诉讼，要求保险公司支付死亡保险金。

法院判决：

北京市海淀区人民法院经审理认为，张某和保险公司北京分公司签订的简易人身保险合同属于双方真实的意思表示，保险合同依法成立，应当受到法律的保护。2005年8月6日张某因自己容颜尽毁自杀身亡，其自杀身亡的行为属于《简易人身保险条款》第七条第二款的除外责任。因此，保险公司北京分公司应当不给付张某的受益人李某保险金。受益人李某提出的诉讼请求没有法律的依据，本院不予支持。根据《简易人身保险条款》第七条第二款之规定，判决如下：

驳回原告李某的诉讼请求。

法律问题：

1. 如何认定被保险人自杀的构成要素以及被保险人自杀后的处理？

2. 保险公司和被保险人签订保险合同后，被保险人因意外容颜尽毁而自杀身亡，保险公司是否应当承担保险责任？

本案评析：

被保险人自杀的构成要素以及被保险人自杀后的处理。

《保险法》第六十六条规定："以死亡为给付保险金条件的合同，被保险人自杀的，除本条第二款规定外，保险人不承担给付保险金的责任，但对投保人已支付的保险费，保险人应按照保险单退还其现金价值。以死亡为给付保险金条件的合同，自成立之日起满二年后，如果被保险人自杀的，保险人可以按照合同给付保险金。"从上述规定可以看出，我国《保险法》对于合同成立两年内发生被保险人自杀，保险人不承担给付保险金的责任；对于合同成立两年后发生的被保险人自杀，保险人可以依照合同承担给付保险金的责任。

1. 自杀的认定

被保险人自杀，指被保险人故意结束自己的生命、造成自己死亡的事件。自杀由四个要素构成：（1）被保险人主观上存在结束自己生命的故意；（2）被保险人客观上实施了足以造成自己死亡的行为；（3）造成了被保险人死亡的结果；（4）行为与结果之间存在因果关系。

上述四个要素缺其一则不构成自杀。如果被保险人主观上不存在结束自己生命的故意，只是由于自己的行为造成死亡，如失足从高空坠下致死，游泳时溺水致死，误食有毒物品致死等，不构成自杀。如果被保险人主观上存在结束自己生命的愿望，但并未实施足以造成自己死亡的行为而死亡，那只能是由于疾病或意外事故死亡，不构成自杀。如果被保险人主观上有结束自己生命的愿望，客观上实施了足以造成自己死亡的行为，但由于意外原因并未死亡（如因发现、抢救及时未死亡），那么由于并未发生保险事故，无必要讨论被保险人是否构成自杀。

2. 对自杀的处理

在保险界，关于保险人对被保险人自杀是否应当承担保险责任，曾长期存在争论。一种意见认为，对自杀不应承担保险责任。

其理由是：自杀虽然不违法、不构成犯罪，也不损害他人利益，但如果保险人对于自杀死亡给付保险金，客观上鼓励、诱导以自杀谋取保险金的行为，违反人道主义原则，也会造成社会问题。此外，自杀属于故意制造保险事故，对于故意制造保险事故，原则上应属除外责任。另一种意见认为，对自杀应承担保险责任。其理由是：被保险人本人不可能领取保险金，保险人给付死亡保险金的作用在于向被保险人的遗属提供经济保障。被保险人的遗属是无辜的，应该获得这种经济保障，否则保险就失去了意义。此外，被保险人自杀的目的不一定是谋取保险金，失恋、事业上的失败、疾病的痛苦等都可以导致被保险人的自杀。两种意见争论的结果，达成这样一种共识：如果被保险人自杀的目的是谋取保险金，那么保险人不负保险责任；如果被保险人自杀的目的不是谋取保险金，那么保险人可以负保险责任。但是，被保险人自杀的目的是一种主观状态，本来就难以判断，在被保险人死亡后再追究被保险人自杀时的想法，更加困难。为便于操作和掌握，国际保险市场根据他们的业务经验，形成一种惯例，把被保险人在合同成立两年内自杀与合同成立两年后自杀加以区分。

被保险人在合同成立两年后自杀，推定为并非以谋取保险金为目的。其理由是：第一，如果被保险人有以自杀谋取保险金的动机而与保险人订立保险合同，一般不会在合同订立两年后再实施自杀行为。第二，产生自杀动机一般是被某种情势所迫。即使被保险人在订立合同时有自杀的动机，经过两年之后，形势很可能已发生改变，使被保险人放弃自杀动机。第三，被保险人在订立合同两年后，由于订立合同时产生的动机而实施自杀行为的可能性极小。既然被保险人在合同成立两年后自杀可以推定为不是以谋取保险金为目的，那么保险人可以承担给付保险金的责任。至于究竟是否应当承担给付保险金的责任，必须在合同中作出约定。

被保险人在合同成立两年内自杀，极有可能是为谋取保险金而自杀，为稳妥起见，保险人不负给付保险金的责任。这样，即使真的有被保险人为谋取保险金而与保险人订立人身保险合同，然后自杀，也很难实现其目的。

我国《保险法》采用了上述惯例。将被保险人在合同成立两年内自杀，列为除外责任，保险人不承担给付保险金责任。对被保险人在合同成立两年后自杀，允许保险人承担给付保险金的责任，既不禁止保险人负保险责任，也不强制保险人负保险责任，保险人可以在合同条款中约定对于被保险人在合同成立两年后自杀是否承担给付保险金的责任。

综上所述，当被保险人自杀时，如果属于保险责任，保险人应给付死亡保险金。如果属于除外责任，保险人不给付死亡保险金。但如果保险单已产生现金价值，保险人应退还现金价值。如果保险单尚未产生现金价值，保险人无须退还保险费。

在本案中，依据《简易人身保险条款》之规定。自杀属于除外责任。被保险人自杀身亡后，其受益人不能依法获得保险公司给付的保险金。

在本案中，依照《保险法》上述的规定，张某于 2003 年 11 月 27 日投保，2005 年 8 月 6 日自杀，其自杀时间在保险合同成立后两年之内，保险公司不承担给付保险金的责任。即使其自杀时间在保险合同成立两年之后，保险公司也不承担给付保险金的责任。这是因为，《保险法》第六十六条第二款的规定并非强行规定，允许当事人依特约而排除。而在本案中，案涉《简易人身保险条款》第七条第二款规定，自杀属于除外责任，而不管被保险人自杀是在合同成立两年之内还是两年之外，该条款具有优先于《保险法》而适用的效力。

但是，应当注意的是，本案中虽然保险公司不应给付李某死亡保险金，但应当根据张某的实际情况，向张某的家人支付残废保险金。张某自杀，是因为她由于火灾而毁容，这属于意外伤害造成的伤残，已构成了保险责任。保险公司应该按她的残废程度给付残废保险金。但是张某在治疗结束前已经死亡，已无法确定其残废程度，在这种情况下，可以推定张某的面部烧伤已无法治愈，以此确定其残废程度，给付李某残废保险金。

保险免责条款不明引发理赔纠纷案

案情简介：

2004 年 2 月 14 日，上海市某装潢设计公司（以下简称设计公司）与某财产保险有限公司上海市普陀支公司（以下简称普陀保险公司）签订企业财产保险合同。保险合同约定基本险的标的为存货和固定资产；附加险为水管爆裂意外损失险，保险标的为基本险全部财产，保险费率为0.20%；保险责任期间自2004年2月15日零时至2005年2月14日24时止。2004年11月6日，某财产保险有限公司上海市分公司发文，通知下属各单位，原水管爆裂意外损失险改为水管爆裂险。水管爆裂意外损失险是指水管爆裂及其附属设备发生意外，造成保险财产的水淹损失。水管爆裂险是指因水管爆裂造成的保险财产水淹损失。

2005年1月29日，设计公司又与普陀保险公司续签了企业财产保险合同，企业财产保险综合险标的为存货和固定资产，保险金额为人民币572729元；附加险为水管爆裂险，保险标的为综合险全部财产，保险费率为0.20%，保险金额为人民币572729元；保险费总额为人民币1489.10元；保险责任期间自2005年2月15日零时至2006年2月14日24时止；投保财产位于上海市新会路58号。

合同签订后，设计公司缴纳了保险费人民币1489.10元。普陀保险公司在签发给设计公司的保险单上，未将财产保险附加水管爆裂险条款粘贴在保险单背后，也未作出具体的说明。

2005年6月10日，设计公司搬迁至上海市崂山西路1015号地下室。同年6月15日，设计公司将一份《投保地址更改通知书》送达普陀保险公司，通知其投保财产迁至新址。2005年7月22日晚，上海市崂山西路1015号泵房地下蓄水池因堆积了大量泥沙，蓄水池水管（附件）浮球活塞被卡死，使自动上下水管失灵，自动开启水池打漏管不能自动关闭，导致大量水流进地下室，设计公司租用的办公室和仓库遭水淹，水深约0.5米，投保财产受损。随后设计公司将投保财产受损情况通知了普陀保险公司。2005年7月24日，普陀保险公司派员察看了现场。同年8月1日，设计公司要求普陀保险公司赔偿460202元人民币的经济损失。12月22日，普陀保险公司以该事故不属于水管爆裂险保险责任为由，向设计公司发出拒赔通知书。

事故发生后，普陀保险公司察看现场后未核定投保财产的损失，设计公司对事故现场作了拍照，但未请专门机构对受损财产进行评估。设计公司起诉之前对事故现场作了整理。诉讼中，设计公司于2005年3月15日委托上海青浦审计事务所对受损财产进行了审计，确认受损财产价值人民币374411.23

元。设计公司据此变更诉讼请求，请求法院判令普陀保险公司赔偿人民币374411.23元。

原告设计公司认为，2005年1月29日，我公司与普陀保险公司签订了企业财产保险合同，投保了财产综合险附加水管爆裂险，后投保财产遭水淹，但普陀保险公司以水管爆裂意外损失险废止为由，拒绝理赔。附加险水管爆裂意外损失险变更为水管爆裂险，普陀保险公司并没有对该变更作出说明，其拒赔显属违约。要求法院判令被告普陀保险公司赔偿其经济损失人民币374411.23元。

被告普陀保险公司认为，设计公司所投附加险为水管爆裂险，该险与其2004年2月14日所投的水管爆裂意外损失险相比，保险责任范围不同，设计公司的财产损失不属于水管爆裂险的保险事故，我公司不应当承担保险责任。

法院判决：

上海市普陀区人民法院经审理认为，普陀保险公司签发保险单，设计公司支付保险费，双方保险关系成立。设计公司与普陀保险公司前后签订的两份保险单，从时间、保险标的的一致性，可以证明设计公司希望自己的财产得到连续的、相同范围的保险，并且前后两份保险单中附加险的保险费率是一样的。普陀保险公司明知设计公司投保的附加险保险责任范围已作变更、缩小，却不履行明确说明义务。另外，普陀保险公司于2003年1月29日签发的保险单中的附加险并非新设险种，而是原险种在名称、范围上的部分变更。以上事实足以使设计公司认为，其投保的前后两份附加险的保险责任范围是一致的。普陀保险公司对后一份附加险增加了免责条款，在设计公司投保时未就此免责条款进行说明，违反了《保险法》的有关规定，该免责条款不生效，普陀保险公司应当赔偿设计公司的经济损失。由于设计公司未及时评估其投保财产的经济损失，事后提供的有关数据不能完全反映当时的客观情况，因此，设计公司的经济损失应当根据实际情况由普陀保险公司酌情予以赔偿。

依据上述认定，上海市普陀区人民法院判决：普陀保险公司在判决生效之日起10日内赔偿设计公司经济损失人民币20万元。

法律问题：

1. 如何认定保险合同的免责条款的性质以及保险公司未对免责条款作出明确说明，免责条款是否产生法律效力？

2. 保险公司对免责条款未作出具体、明确的说明，保险公司应当如何承担责任？

本案评析：

1. 保险合同免责条款的认定以及保险公司未对免责条款作出明确的说明。免责条款不能产生法律效力。

保险事故，是指保险人按照保险合同的约定承担保险责任的各种事故或事件。通常情况下，除法律另有规定或当事人另有约定外，保险事故发生，保险人一般应当承担保险责任。

除外责任指保险标的的损失非由保险事故所导致，因而被排除在保险赔付范围之外的责任。除外责任条款又称免责条款，是保险合同的必备条款。除外责任有法定除外责任和约定除外责任两类。

保险合同当事人一般在约定保险责任范围的同时又约定除外责任即保险人免责事项，以便进一步明确双方的权利义务关系，避免或减少纠纷的发生。

具体来看，设定免责条款具有如下作用：（1）避免保险人因保险标的风险涉及面大，补偿代价过高而遭受灭顶之灾；（2）限制对非偶然性事故的赔偿范围；（3）避免因逆向选择或道德风险而无限增大保险赔偿危险。一般情况下，除外责任情形发生，保险人不承担保险责任。

《保险法》第十八条规定："保险合同中规定有关保险人责任免除条款的，保险人在订立保险合同时应向投保人明确说明，未明确说明的，该条款不产生效力。"保险合同依法成立后，应当为最大诚信合同。保险条款一般比较复杂，具有较高的专业性、技术性。保险人因其从事保险业经营而熟悉保险业务，精通保险合同条款，而投保人则常常受到专业知识的限制，对保险业务和保险合同条款不甚熟悉，可能因此得不到预期的保险保障。这就要求保险人从最大诚信原则出发，依照《保险法》的规定尽到相应的说明义务。保险人的说明义务为法定义务，不允许保险人以合同条款的方式予以限制或者免除。保险人向投保人说明保险条款内容，无须投保人询问或者请求，保险人应主动进行。

《民法通则》第五十六条规定："民事法律行为可以采取书面形式、口头形式或者其他形式。法律规定用特定形式的，应当按照法律规定。"但《保险法》未就明确说明的方式作出规定。应当认为，保险人不论采取口头形式、书面形式或者其他形式，只要做到客观、完整、真实地将免责条款的内容及其含义告诉投保人，使之了解，保险人就履行了明确说明的义务。如果保险合同约定的除外责任，同时又是《保险法》规定的法定除外责任，即使保险人未就免责事项明确说明，该免责条款仍是有效条款。由于明确说明是保险人的义务，保险人对明确说明负有举证责任。

应当注意，明确说明是指在订立保险合同之前保险人就拟签订的保险合同条款向投保人所做的说明，签订保险合同后再向投保人说明的不产生明确说明的法律效力。

综上所述，在保险合同中如果存在免责条款，当保险公司未对免责条款进行解释、说明时，该条款对投保人来说，是没有任何法律效力的。但是没有法律效力的仅仅是没有作出明确说明的免责条款部分，对保险合同中其他的内容仍然还是有效的。

2. 在本案中，因免责条款未经保险公司明确说明而不生效。因此保险公司应当负保险赔偿责任。

在本案中，从设计公司和普陀保险公司于2003年1月29日签订的保险合同看，该份保单中附加险是水管爆裂险，该险种仅承保因水管爆裂而造成的财产水淹损失，而设计公司投保财产的损失不是由水管爆裂造成的，因此，普陀保险公司本应有权对设计公司投保财产的损失拒赔，但是，2003年1月29日的保险合同是双方在2002年2月4日保险合同的基础上签订的，两份保险合同在时间上连续，投保的标的物相同，投保险种一致，保险费率也没有差异，后一保险合同应视为前一保险合同的延续。然而，普陀保险公司在后一份保单中将附加的"水管爆裂意外损失险"改成了"水管爆裂险"。这一改变，免除了普陀保险公司因水管附属设备发生意外而造成水淹损失的赔偿责任。对这一重要的免责条款，普陀保险公司没有告诉设计公司，未向其作出明确的说明，使设计公司误认为后一份保险单的内容与前一份保险单的内容完全一致。因此，被告普陀保险公司违反了《保险法》第十八条的规定，该免责条款不生效力，普陀保险公司应当承担相应的保险赔偿责任。因此，上海市普陀区人民法院判决普陀保险公司在判决生效之日起10日内赔偿设计公司经济损失人民币20万元，是有法律依据的。

无效的保险合同之诉

案情简介：

原告徐某、佘某与徐某某是同胞兄弟。2003年9月30日、10月5日，经被告中国某保险公司西单营业部的保险代理人刘某上门动员、推销，两原告分别为胞弟徐某某投保了简易人身保险。

该保险每份年缴保险费100元人民币，保险金额6526元，保险期限30年。其保险责任为：1. 被保险人生存至保险期满，保险人按保险金额给付满期保险金；2. 被保险人在合同生效180天后因疾病而身故，保险人按保险金额给付身故保险金；3. 被保险人因遭意外伤害而身故，按保险金额的两倍给付意外伤害身体保险金；4. 被保险人因遭意外伤害而身体残疾，保险人按保险金额及保险单附表所列残疾比例给付意外伤害残疾保险金。但两份投保单上“被保险人”一栏上是由他人代签，被保险人徐某某未签字。合同签订后，两原告各向被告缴纳了2003年、2004年度的保险费。

2005年5月28日，被保险人徐某某病故，两原告向被告申请赔付保险金，被告以两原告在投保时未向其如实告知徐某某的身体健康状况属误保为理由，应当按解除保险合同处理，并将两原告各已缴纳的保险费200元退还。两原告领取退还的保险费后认为，我们分别在被告处为胞弟徐某某投保了简易人身保险，现被保险人徐某某病故，我们作为受益人向被告要求赔付保险金13052元，是有法律依据的，而被告拒赔，明显无理。于是两原告在2005

年 8 月 28 日向人民法院提起诉讼，要求判令被告给付该笔保险金。

被告中国某保险公司西单营业部认为，被保险人病故后，我们经对其死因和投保前身体状况调查，认为被保险人系带病入保，两原告在投保时未如实告知，属于误保，故向原告退还了保险费，解除了保险合同。另外，我们与两原告签订保险合同时，被保险人徐某某没有书面同意并认可保险金额，此保险合同应当无效。故请求法院依法驳回原告的诉讼请求。

法院判决：

北京市西城区人民法院经审理认为，被告未提供充分证据证明投保时被保险人徐某某患有投保单申明的疾病及与死亡之间的关系，其误保理由不能成立。两原告是在被保险人徐某某死亡之后索赔不能的情况下被迫接受被告的退保，该行为不是两原告的真实意思表示，故对被告提出已与二原告解除保险合同的主张不予支持。原、被告签订的保险合同属于包含以死亡为给付保险金条件的合同，该合同因未取得被保险人徐某某的书面同意并认可保险金额，违反了《中华人民共和国保险法》第五十五条的规定，属无效保险合同。由于被告在签订合同时未切实履行明确说明义务，并要求原告提供被保险人的书面同意书，且在核保时未尽到职责，致使两份保险合同不完善，被告应承担导致合同无效的主要责任，原告承担次要责任。因被保险人死亡，保险事故已发生，原告的损失应包括可得利益即保险金的损失，依照过错分担原则，被告应承担原告可得利益损失的 80%，原告自担 20%。为了保护双方当事人的合法权益，维护保险业健康发展，根据《中华人民共和国民法通则》第一三四条第一款第（七）项、《中华人民共和国保险法》第五十五条之规定，判决如下：

1. 原告徐某、余某与被告中国某保险公司西单营业部签订的两份简易人身保险合同无效。

2. 被告中国某保险公司西单营业部分别赔偿原告徐某、余某损失费各 5220.80 元（扣除已付 200 元，各实付 5020.80 元），在本判决生效后 10 日内付清。

法律问题：

1. 保险合同成立后，保险公司和投保人是否可以随时解除保险合同？
2. 如何认定无效的保险合同以及保险合同无效后如何处理？

本案评析：

1. 在本案中，被告中国某保险公司西单营业部解除合同的法定事由不具备，其作出解除合同，作退保处理的行为，属于解除权的不当滥用。

在本案中，被告中国某保险公司西单营业部以误保为由，对两原告的投保作了退保处理，投保人领回了保费，保险人认为保险合同已经解除，被告的说法是否有法律依据？我们判断合同实际是否解除，不仅要看是否行使了解除权，更重要的是看行使解除权是否合法与正当。解除权包括协商解除与法定解除权，法定解除权是单方行使的解除权。基于保险的特殊性，《中华人民共和国保险法》第十五条、第十六条对保险合同解除作了特殊规定："除本法另有规定或者合同另有约定外，保险合同成立后，投保人可以解除合同。""除本法另有规定或者合同另有约定外，保险合同成立后，保险人不得解除合同。"该法第十七条第二款还规定，投保人故意隐瞒事实，对保险人就有关情况的询问未履行如实告知义务，从而足以影响保险人是否同意承保以及是否提高保险费率时，保险人有权解除合同。

也就是说，《保险法》将保险合同的法定解除权赋予了投保人，只有在出现《保险法》第十七条第二款规定的情形时，保险人才有解除权，而本案被告中国某保险公司西单营业部根据此条行使的是法定解除权。由于其不能证明被保险人入保时患病，更不能证明患有保险单申明疾病以及死亡与入保时所患病的联系，因此就不能得出投保人隐瞒事实，未履行如实告知义务的结论。因此，也就不属于《保险法》第十七条第二款的情形。被告中国人寿保险公司西单营业部解除合同的法定事由不具备，其作出解除合同，作退保处理的行为，属于解除权的不当滥用。

2. 保险合同无效的认定以及保险合同无效后处理的问题。

无效保险合同是指不具备保险合同的有效要件，不能发生保险当事人预期的目的的保险行为。保险合同是否有效，要看保险合同是否具备保险合同的有效要件。如果保险合同缺少有效条件的一个或数个，则该保险合同就是一个无效的保险合同。

在本案中，两原告与被告中国某保险公司西单营业部签订的保险合同，由于没有被保险人的书面同意并认可保险金额，保险人提出保险合同无效，其目的是为了免除按合同支付保险金的责任。

而导致保险合同出现不符合《保险法》的规定，又与保险代理人在与原告签订合同时未作提示、说明和要求，以及保险人在核保时未尽认真审核的职责有直接关系，因过错而使保险合同存在严重瑕疵。而有主要过错方被告中国某保险公司西单营业部以此为由主张保险合同无效，从而免除自己应向对方承担的合同责任，有违诚实信用原则。

《保险法》第五十六条第一款规定："以死亡为给付保险金条件的合同，未经被保险人书面同意并认可保险金额的，合同无效。"该条规定是为了避免和防止人身保险中，投保人或受益人为追求保险金的取得而对被保险人作出不利行为这类道德风险的发生，其目的在于保护被保险人，维护正常的保险秩序，是一条强制性的规定，合同违反法律强制性规定，只能认定无效。简易人身保险的保险责任不仅有被保险人病故给付保险金的内容，还包括被保险人生存至期满，给付期满保险金以及被保险人因意外伤害，保险人给付残疾保险金的内容。因此，法院认定死亡给付部分无效，其余部分有效，是正确的。

《保险法》没有规定保险合同被确认无效后损失的赔偿，从而使无效的处理，尤其是因可归责于保险方的原因而导致无效时的处理受到局限。在此种情况下，尤其是在保险事故已发生的情况下，仅由保险方返还投保方的保费，并不公平。因为投保方在履行相应义务后却因无效而丧失既定权利，而保险方却因此而免除预定的义务，有过错或主要过错一方由于无效不承担责任，这显然有悖情理。所以应寻找相关法律补救。《民法通则》第六十一条规定："民事行为被确认无效或者被撤销后，当事人因该行为取得的财产，应当返还对方，有过错一方应当赔偿对方因此所受的损失，双方都有过错，应当承担相应的责任。"《民法通则》作为民事法律的基本法，对民事特别法中未明确的部分，应该援用。本案可依《民法通则》的该项规定处理，既返还财产，又赔偿损失。

对投保人而言，本案损失如何认定，是否仅是保费及其利息？从实际看，因保险事故已经发生，但由于合同无效，投保人因此失去的是保险利益，即身故保险金的获得。民法理论上对损失的一般理解是："现实财产减少和可得利益的丧失。"因此，本案原告已履行缴纳保费义务且保险事故已经发生，因合同无效而丧失可得保险利益，该保险金额可视为原告的损失。

以死亡为给付条件的保险合同，要经被保险人书面同意并认可保险金额，对此规定，保险公司有向投保方明确说明、具体要求的义务。因该案保险人未作说明，也未提出此要求，核保时也未尽审查这一职责，致保险合同因不合法律要件而无效，保险方应当负主要责任。投保方不得以不知晓法律为由不负相应责任。所以，本案法院判决由保险方承担主要责任，以保险金额80%赔付投保人，是合理合法的。

房地产商违约售房引发合同欺诈案

案情简介：

某房地产发展有限公司（以下简称某公司）开发了一个商品房项目，现准备向外出售。售房前办理了有关土地出让手续，缴纳了土地出让金，取得了土地使用权证。某公司具有开发经营房地产的资格，持有房地产开发资质证书，并办理了商品房预售许可证。

被上诉人许某等16户于1997年8月至1998年11月间，分别与上诉人某房地产发展有限公司签订了《某新都商品房购买合同》，约定各购房户分别购买某新都商场内建筑面积23m^2的独立商铺，某公司于1998年12月31日至1999年8月31日期间缴付房屋，并统一办理产权登记手续。合同还约定"所有商场外墙及公共场所之产权皆属某公司"。合同均办理了公证手续。各购房户依约缴付了定金人民币50000元，阎某、纪某两购房户依合同约定缴付了部分房款，其他购房户均缴付了购房款。

某公司于1998年12月至1999年11月期间分别将房屋交给各购房户使用，但所交房屋面积均不同程度地小于合同约定面积。

某公司在签订合同及缴付房屋时，也未向购房户声明合同约定的面积中包括公共面积。

许某等16户购房户以某公司所交房屋面积不足且未按约定办理房屋产权手续为由，于2000年7月诉至人民法院，要求被告某公司重新安置合同约定的房屋，并赔偿损失及承担违约责任。

法院判决：

人民法院经审理认为，某公司在广告中宣称发售$23m^2$独立商铺产权，在合同中约定商铺建筑面积$23m^2$，并约定“所有商场外墙及公共场所之产权皆属某公司”。某公司在签订合同及缴付房屋时，从未向购房户声明内含公共面积，也未按铺内面积和公共面积的不同价格出售，而是以统一的商铺定价出售，足以认定某公司的真实意思表示是出售独立商铺面积$23m^2$。本案中双方当事人所签订的合同真实、合法、有效，应维持合同中约定的面积不变。某公司应付足购房户建筑面积$23m^2$的房屋，对短缺面积承担违约责任，并应依约为购房户办理产权证和依照有关法律给购房户开具税务发票。某公司提出的“所有商场外墙及公共场所之产权皆属某公司”是笔误，未给购房户造成损害后果，不应负赔偿责任的主张，不能成立，不予支持。许某等16户购房户提出的受某公司广告误导、欺骗及干扰经营造成损失要求赔偿，属其他法律关系，应另行起诉。据此判决如下：

1．某公司对缺少面积的房价款应返还给购房户。数额分别为：

周某12006元，成某15529元，陈某15266元，谢某12847元，康某16829元，许某13402元，王某13597元，刘某14399元，陈某14490元，王某21419元，纪某39565元，阎某39565元，杨某14970元，陈某15599元，籍某12556元，刘某16257元；

2．某公司双倍返还缺少面积的定金给购房户。返还数额分别为：周某

2900元，成某2900元，陈某3000元，谢某2900元，康某3000元，许某3200元，王某3000元，刘某3000元，陈某3000元，王某2900元，纪某5600元，阎某5450元，杨某2900元，陈某2900元，籍某3000元，刘某2800元；

3. 某公司应支付购房户违约金，违约金根据双方约定的不同违约金罚则分别计算：

（1）以购房户缺少面积的付出金额按照银行利率8‰计算，自房屋缴付使用时起至1999年10月31日止，某公司应分别支付下列购房户违约金为：周某2113元，成某2733元，陈某2266元，谢某2261元，康某2961元，许某2358元，王某2393元，刘某1613元，纪某63元，阎某6963元，杨某2635元，籍某1406元，刘某1821元；

（2）以购房户缺少面积的付出金额按每天0.1%计算，自房屋缴付使用时起至1999年10月31日止，某公司应分别支付下列购房户违约金为：陈某9693元，王某9693元，陈某10436元。

4. 某公司对缺少面积给购房户造成的经济损失应付赔偿金：

给付赔偿金数额分别为：周某3040元，成某2349元，陈某2627元，谢某2898元，康某2352元，许某3263元，王某2843元，刘某1768元，纪某3047元，阎某3047元，杨某2524元，籍某1926元，刘某1315元；

5. 以上四项某公司应给付购房户缺少面积的房价款、定金、违约金和赔偿金，于判决生效之日起20日内一次付清；

6. 双方签订的合同继续履行；

7. 驳回许某等16户购房户的其他诉讼请求。

案件受理费18000元，由某公司负担。

某公司不服一审判决，向二审人民法院提起上诉称：根据建设部的有关规定，商品房销售面积应包括套内建筑面积和分摊的公用建筑面积。未办理产权登记是由于购房户的责任造成的。合同中的笔误，未给购房户造成损失。要求撤销原判，认定某公司在本案中没有违约行为。

被上诉人许某等16户购房户辩称：一审判决认定事实清楚，但判决的数额不足以补偿购房户的损失，请求二审法院重新认定。

二审人民法院审理认为，某公司与许某等16户购房户所签订的《某新都商品房购买合同》系双方当事人真实意思表示，内容合法，应认定为有效，继续履行。某公司没有按照合同约定缴付购房户建筑面积23m^{2}的房屋，除应将小于合同约定的面积所收之房款返还给购房户外，还应双倍返还购房户合同未履行部分的定金，并应承担相应的违约责任。某公司应当按合同约定为购房户办理产权证，并开具税务发票。一审判决对于某公司违约责任及承担未履行部分定金返还责任的认定适用法律正确，应予维持，但对购房户损失的认定依据不足。据此，根据《中华人民共和国民事诉讼法》第一五三条第一款第（二）项之规定，判决如下：

1. 维持一审人民法院（2001）晋法民初字第7号民事判决第一项、第二项、第三项、第五项、第六项、第七项；

2. 撤销人民法院（2001）晋法民初字第7号民事判决第四项；

一审案件受理费18000元，由某房地产发展有限公司承担。

二审案件受理费18000元，由某房地产发展有限公司负担12000元，其余6000元由许某等16户购房户平均负担。

法律问题：

1. 房地产公司出售给购房者的房屋面积小于合同约定的面积，购房者能否要求开发商承担违约责任？

2. 在本案中，如何适用定金罚则和关于加处赔偿金的问题？

本案评析：

1. 在本案中，某公司在签订合同时注明销售面积为23m^2，实际向每户购房者缴付房屋的面积平均缺少6—7m^2，其行为应当认定为违约行为，应依法承担相应的违约责任。

《合同法》第一〇七条规定："当事人一方不履行合同义务或者履行合同义务不符合约定的，应当承担继续履行、采取补救措施或者赔偿损失等违约责任。"所谓违约责任，又称违反合同的民事责任，通常是指合同当事人不履行合同义务或者履行合同义务不符合约定所应承担的民事责任。或者更确切一点说，是指合同当事人不按合同的约定或者法律的规定履行义务所应承受的法律后果。

在本案中，某公司和购房者签订合同后，购房户即依约定向某公司缴纳了定金及购房款，从履约情况看，合同买方没有违约之处，而卖方某公司在签订合同时注明销售面积为23m^2，而实际向每户购房者缴付房屋的面积平均缺少6—7m^2，应认定某公司存在有违约行为，故某公司应当依法承担相应的违约责任。

在此，涉及一个公共面积的分摊问题。卖方认为应由买方分摊相应的公共面积，因此，少付的面积即为应分摊的公共面积。但是卖方没有在合同中加以表述，在报纸的广告中也没有明确表示，因此房屋面积应以合同约定的面积为准。

2. 在本案中，某公司存在违约行为，应当双倍返还定金。针对某公司的违约行为，某公司应退还不足面积部分的房款，并承担相应的违约责任，不宜再加处赔偿金。

在本案中，关于定金罚则是否适用的问题，有两种意见。

一种意见认为，定金的作用是保证合同的履行，本案中合同已基本履行完毕，只是由于卖方违约而诉至法院，卖方违约属不适当地履行合同，而非不履行合同，应由卖方承担相应的违约金，而不应再对其适用定金罚则。即使适用定金罚则，也只有在不适当履行合同的一方的行为已构成根本违约，即这种行为的发生已使双方最初的缔约目的无法实现的情况下，才能适用定金罚则，其实质是合同不能继续履行。本案中合同仍可继续履行，因此不适用定金罚则。

另一种意见认为，定金与违约金的性质不同，定金是一种担保方式，违约金是对违约的制裁和补偿手段。因此合同的一方可以在对方违约时既要求对方偿付违约金，又要求按定金罚则处理定金问题，只要法律和法规没有相反规定，就应当予以保护。两者并用的结果以不超过合同标的的价金总额即可。第二种意见是比较合理的。在本案中，某公司存在违约行为，不仅应当承担违约责任，还应当双倍返还定金。

法律规定违约金不足以补偿损失的，要加罚赔偿金。这种损失应限于基于违约而发生的实际损失。本案中一审对买方损失的认定依据不足。《最高人民法院关于审理商品房买卖合同纠纷案件适用法律若干问题的解释》第三条规定："商品房的销售广告和宣传资料为要约邀请，但是出卖人就商品房开发规划范围内的房屋及相关设施所作的说明和允诺具体确定，并对商品房买卖合同的订立以及房屋价格的确定有重大影响的，应当视为要约。该说明和允诺即使未载入商品房买卖合同，亦应当视为合同内容，当事人违反的，应当承担违约责任。"因此，在本案中，卖方在报纸中登出每月最低 800 元获利的广告宣传仅具有招揽性质，不具有承诺的性质，更不是合同的约定，因此对双方当事人不具有约束力，也不应作为处理案件的依据。至于购房户经营状况的优劣，虽与房屋面积有联系，但主要与经营方法、经营策略、市场动态、市场竞争等诸多因素有直接联系。针对卖方的违约行为，违约方应退还不足面积部分的房款，并承担相应的违约责任，这样处理足可以处罚其违约行为，因而不宜再加处赔偿金。

合同的履行标准不明确引发纠纷案

案情简介：

2005 年 12 月 25 日，深圳某报社发布了一则广告，广告内容是某旅行社推出的寒假海南旅游套餐。其中，广告中注明的景点包括万泉河、五指山。广告内容令深圳的李某怦然心动。12 月 28 日，李某来到某旅行社咨询海南旅游的相关事宜。旅行社热情接待了李某，并向她提供了该旅行社编辑印发的海南旅游宣传单和报刊上刊登的广告内容，并推荐她参加深圳至海南双飞五日游。

旅行社一再向李某保证，此次旅游景点以宣传单和广告内容为准。当日，李某决定参加某旅行社组织的海南双飞五日游，并与旅行社签订了旅行社提供的格式旅游合同，合同中注明了旅游景点包括万泉河、五指山，约定 2006 年 1 月 6 日出发。李某支付了约定的全额旅游费用 3200 元，兴致勃勃地登上了旅程。

但实际的旅游经历却让李某大吃一惊，她发现，广告的内容和合同中注明要游览的景点万泉河、五指山，居然是“遥望五指山、远眺万泉河”。返回深圳后，李某对旅行社的行为向某旅行社提出了赔偿请求，但旅行社却辩称，“遥望五指山、远眺万泉河”就是对合同约定的“五指山、万泉河”游览项目的履行，拒绝进行赔偿。双方就此发生争议。李某无奈之下，于 2006 年 1 月 24 日将某旅行社告上法庭。

原告李某认为，被告某旅行社在广告中注明的景点包括万泉河、五指山，而且，某旅行社又向自己保证此次旅游景点以宣传单和广告内容为准。但在游览过程中却变成了“遥望五指山、远眺万泉河”。可见，被告某旅行社在广告宣传中存在欺诈行为，在旅游合同履行过程中，构成违约。因此，被告某旅行社应当向自己承担赔偿责任。

被告某旅行社认为，自己在广告宣传中和与原告在订立旅游合同中都没有规定对五指山、万泉河这两个游览项目的履行方式或履行标准作出明确的约定，因此，旅行社带领原告李某前往旅游景点浏览“遥望五指山、远眺万泉河”，构成了适当、正确的履行，不存在欺诈、违约行为，因此不应当承担赔偿责任。

法院判决：

深圳市宝龙区人民法院经审理认为，被告深圳市某旅行社在广告宣传中描述的内容与实际游览的景观不符，被告某旅行社的行为构成违约。被告某旅行社明知正确的履行行为应当是为原告李某提供“万泉河、五指山”的主要景点或代表性景点的游览，但却故意以“遥望五指山、远眺万泉河”来履行旅游合同。可见，被告某旅行社的行为是出于恶意的欺诈行为。

鉴于此，深圳市宝龙区人民法院根据《合同法》第六十一条、第六十二条、第一〇七条、第一一三条，《消费者权益保护法》第四十九条之规定，于 2006 年 2 月 12 日作出如下判决：

1. 被告深圳市某旅行社赔偿原告李某 6400 元。

2. 本案诉讼费用由被告深圳市某旅行社承担。

法律问题：

1. 在本案中，被告某旅游合同中约定的“五指山、万泉河”游览项目的履行，是否构成违约？

2. 在本案中，被告某旅行社的行为是否构成欺诈？

本案评析：

1. 在本案中，被告某旅行社对旅游合同中约定的“五指山、万泉河”游览项目的履行构成违约。应当承担违约责任。

因合同条款发生的纠纷主要表现在两个方面：一方面，合同通常为双方法律行为，意思表示在传达相对人后，相对人的了解与表意人的预期并不总是完全一致。于是，双方常因合同条款的确切含义发生争议，产生纠纷。另一方面，合同如同法律，难以尽善尽美。

当事人常常可能对某些具体权利义务约定不明，甚至没有约定。这也是纠纷产生的一个方面。本案中的情形属于第二种，即约定不明，以致双方理解有异。具体而言，旅游合同中明确规定了“万泉河、五指山”两个游览项目，但是，对这两个游览项目的履行方式或履行标准却没有明确、细致地加以约定。结果，在履行过程中，旅行社认为，“遥望五指山、远眺万泉河”构成了适当、正确的履行，但李某却不这样认为，她认为要进入五指山中，来到万泉河边，才能算达到了合同目的。因此，这里的关键就是对合同中的约定债务的履行标准条款不明时，应当如何进行解释或确定的问题。《合同法》第六十一条和第六十二条规定了合同履行条款约定不明时的处理规则，即当合同条款对履行的相关细节约定不明时，按下列规则予以确定：

首先，当事人协议补充。即当事人对没有约定或者约定不明确的合同内容，通过平等协商的办法订立补充协议，该协议是对原合同内容的补充，因而是原合同的组成部分，这是合同自由原则的体现。

其次，按照合同有关条款或者交易习惯确定。即在当事人对没有约定或者约定不明的合同内容不能达成补充协议的情况下，对于合同约定不明的条款，可以结合合同其他方面的内容确定，或者按照人们在同样的交易中通常采用的合同内容而确定，这是公平与诚实信用原则的体现。采用此种方法来确定合同中约定不明的条款应具备以下条件：（1）合同已经成立且符合法定的有效条件；（2）合同中约定不明的条款主要是常见的普通条款；（3）当事人对于不明确条款不能达成补充协议。

最后，依照法律的补充性规范确定。在采取上述两种方法仍不能确定时，直接适用法律的补充性（即推定性）规范来弥补合同条款的约定不明。这不仅是公平与诚实原则的体现，更是保护交易安全和鼓励交易的客观要求。根据我国《合同法》第六十二条的规定，法律的补充性规范主要有：（1）质量要求不明确的，按照国家标准、行业标准履行；没有国家标准、行业标准时，按照通常标准或者符合合同目的的特定标准履行。所谓按照国家标准、行业标准履行，是指有国家标准按照国家标准，没有国家标准执行行业标准；所谓通常标准，是指与合同标的规格相同或种类相同的标的在通常情况下采取的标准；所谓符合合同目的的特定标准，是指合同标的所指向的特定用途的质量要求，是一种特殊标准。（2）价款或者报酬不明确的，按照订立合同时履行地的市场价格履行；依法应当执行政府定价或者政府指导价的，按照规定履行。（3）履行地点不明确，给付货币的，在接受货币一方所在地履行；缴付不动产的，在不动产所在地履行；其他标的，在履行义务一方所在地履行。（4）履行期限不明确的，债务人可以随时履行，债权人也可以随时要求履行，但应当给对方必要的准备时间。所谓"必要的准备时间"，是指当事人为了履行合同或者接受履行所应从事的必要准备工作所应花费的合理时间。（5）履行方式不明确的，按照有利于实现合同目的的方法履行。履行方式是指当事人完成合同义务的方法。如标的物的缴付方法、工作成果的完成方法、运输方法、价款或报酬的缴付方法等。履行方式与当事人的权益密切关联，也是实现合同目的的可靠保障，因此履行方式不明确的，应按照有利于实现合同目的的方式履行。所谓"有利于实现合同目的"，是指履行方式的选择要能满足当事人在订立合同时所期望的法律效果的发生。当然，在有些情况下，债权人和债务人的目的是不同的，因此，从不同的当事人的角度考虑，以有利于实现合同目的的标准来确定履行方式比较困难，此时，要根据公平原则来平衡双方当事人的利益。(6) 履行费用的负担不明确的，由履行义务一方负担。履行费用是履行义务的费用，属于履行义务的成本。如果当事人对履行费用没有约定，根据交易的习惯也不能确认时，可以视为由履行义务一方当事人默认承担。

因此，在本案中，要判定某旅行社和李某孰是孰非，首先要判定合同中的相关内容到底是什么。换言之，确定旅行社的行为是否构成违约的前提，就是明确合同约定的具体内容，即该具体内容到底是提供游客“走进五指山、来到万泉河”的旅游服务，还是“遥望五指山、远眺万泉河”的旅游服务。显然，在通常的理解下，某个旅游景点的游览应当是进入景区并游览其主要景点或有代表性的景点，而绝非“远眺或遥望”。否则，日日可见太阳，夜夜可见星月满空，岂不是说天下人人每天都在游览太阳、月球以及其他星球了吗？这无疑是一个荒谬的解释。而且，根据其他旅行社提供的海南旅游，也可以知道旅行社的惯用做法并不是“远眺或遥望”。因此，依照通常理解，本案中李某与某旅行社签订了有效的旅游合同，其中有关“五指山、万泉河”两个旅游项目合同条款的确定内容是应当向原告李某所理解的那样进入五指山、来到万泉河，并游览其主要景点。

2. 在本案中，被告某旅行社明知自己提供的旅游服务中没有“五指山、万泉河”两个游览项目。但却采取虚假广告的方式发出错误信息，诱使原告李某向旅行社作出订立旅游合同的意思表示，旅行社的行为构成欺诈。

欺诈是指当事人一方故意编造虚假或歪曲的事实，或故意隐匿事实真相，使表意人陷入错误而为意思表示的行为。构成欺诈必须具备以下要件：(1) 有欺诈人的欺诈行为。这种欺诈行为既可以是积极作为，如故意编造虚假或歪曲的事实；也可以是消极的不作为，如故意隐匿事实真相。(2) 欺诈人必须有欺诈的故意。即行为人必须有使表意人受欺诈而陷入错误，并因此为意思表示的目的。(3) 须有表意人因相对人的欺诈而陷入错误。(4) 须表意人因陷入错误而为意思表示，即错误与意思表示之间有因果关系。(5) 欺诈行为必须达到有悖于诚实信用的程度。

对本案中的被告某旅行社来说，其在订立合同时存在欺诈行为。因为，旅行社明知自己提供的旅游服务中没有到“五指山、万泉河”实地游览这样两个项目，但却采取虚假广告的方式发出错误信息，诱使李某向旅行社作出订立旅游合同的意思表示，所以构成欺诈。同时，被告某旅行社在订立合同后的履行行为中也构成欺诈。因为，根据合同约定，某旅行社有责任向李某提供“万泉河、五指山”两个游览项目服务的约定，依照行业规矩，某旅行社明知正确的履行行为应当是提供“万泉河、五指山”的主要景点或代表性景点的游览，但却故意以“遥望五指山、远眺万泉河”虚应故事。可见，被告某旅行社的行为是出于恶意的欺诈行为。

合同格式条款引发争议案

案情简介：

2005年9月21日，张某东参加了北京某旅行社（以下简称旅行社）组织的云南七日游活动，在旅行社提供的《旅游协议书》上签了字，并按合同规定缴纳给旅行社5200元。旅游协议规定10月1日组团出发。2005年9月底，国家计委和民航总局联合发文规定各航空公司国内票价不得以任何名义和形式折扣销售，团体优惠价不得低于90%。旅行社原计划预订的折扣票无法购到，鉴于机票涨价的情况，旅行社与张某东协商，提出了两个解决方案，一是取消此次旅游，旅行社退还已收的5200元；二是原定行程不变，补齐票款580元。张某东考虑到国庆将至，再安排其他线路可能来不及，就勉强同意了旅行社的建议，补交了580元。旅行到第四日，在中缅边境办理出境手续时，旅行社让张某东支付“边境通行证费”和“出境地书药费”（缅方入境须知和免疫药品费）共计210元。张建东查看原合同，合同中写明旅游费用包含“云南出境书药费”。

张某东认为，按合同约定，“云南出境书药费”已经包含了“边境通行证费”和“出境地书药费”，自己无须另行支付任何费用。旅行社向张某东解释，合同中标明的“云南出境书药费”只包括“边境通行证费”40元，而不包括“出境地书药费”170元，后者应由旅游者另外支付。张某东虽然内心不满，但为了完成旅游项目，还是支付了全部费用。旅游结束后，张某东以旅行社违反旅游合同，擅自多收费用为由，将旅行社告到法院，要求旅行社退还多交的机票费580元及“出境地书药费”170元。

原告张某东认为，自己已经按照双方签订的合同约定，已足额缴纳给旅行社5200元，故所有的费用都应当包括在内，旅行社不应当再另行收取任何费用。但旅行社违反旅游合同约定的内容，擅自多收费用，对自己多缴的机票费580元以及“出境地书药费”170元，旅行社应当全部退还。

被告旅行社认为，由于政府定价的机票价格发生了调整，使合同存在的基础或环境发生了不以当事人意志为转移的变化。旅行社依据变化的情况履行合同，要求原告张某东按缴付时的价格计价，补足机票差价580元，是合理合法的。“出境地书药费”170元，是由于原告张某东对旅游合同未全面理解所造成的，旅行社不应当退还。

法院判决：

北京市朝阳区人民法院经审理认为，张某东与旅行社9月21日签订合同，旅行社10月1日组团出行。国家禁止机票打折的命令发布于9月底，即旅行社在合同规定的缴付期内履行了合同，旅行社并未履行逾期，不存在任何违约行为。根据《中华人民共和国合同法》第六十三条的规定，“执行政府定价或者指导价的，在合同约定的缴付期限内政府价格调整时，按照缴付时的价格计价。逾期交货的，遇价格上涨时，按照原价格执行；价格下降时，按新价格执行。逾期提取标的物或者逾期付款的，遇价格上涨时，按新价格执行；价格下降时，按原价格执行。”因此，由于政府定价的机票价格发生了调整，使合同存在的基础或环境发生了不以当事人意志为转移的变化。旅行社依据变化的情况履行合同，要求张某东按缴付时的价格计价，补足机票差价580元，是合法、合理的。故原告张某东要求被告旅行社返还机票差价580元的诉讼请求没有法律依据，本院不予支持，予以驳回。

原告张某东与被告旅行社之间签订的《旅游协议书》属于格式合同。《合同法》第三十九条第一款规定：“采用格式条款订立合同的，提供格式条款的一方应当遵循公平原则确定当事人之间的权利和义务，并采取合理的方式提请对方注意免除或者限制其责任的条款，按照对方的要求，对该条款予以说明。”《合同法》第四十一条规定：“对格式条款的理解发生争议的，应当按照通常理解予以解释。对格式条款有两种以上解释的，应当作出不利于提供格式条款一方的解释。格式条款和非格式条款不一致的，应当采用非格式条款。”由于旅游者张某东并不知道“云南出境书药费”包含哪些内容，旅行社事先也未向张某东说清楚具体包括哪些内容以及还应当支付哪些额外费用。因此在双方对“云南出境书药费”的理解发生争议时，就要作出不利于格式条款者即旅行社的解释。应当认定“云南出境书药费”已经包括了“边境通行证费”和“出境地书药费”两项费用。根据《合同法》第三十九条、第四十一条、第六十三条之规定，判决如下：

1. 驳回原告张某东要求被告旅行社返还机票差价 580 元的诉讼请求。

2. 被告旅行社应当对其多收的“出境地书药费”170 元返还给原告张某东。

法律问题：

1. 在本案中，张某东与旅行在旅游费用谈定后，遇到国家政策变化，禁止机票打折，导致旅游费用上涨，旅行社能否以此为由提高旅游费用？

2. 在本案中，旅游格式合同中价格条款约定不明，旅游者张某东与旅行社对旅游费用发生争议应当如何解决？

本案评析：

1. 在本案中，张某东与旅行社在旅游费用谈定后，遇到国家政策变化，禁止机票打折，导致旅游费用上涨，旅行社可以以此为由提高旅游费用。

旅游者从签订合同到合同最终履行，中间有一段时间，其间可能发生某种变化，导致原订合同无法按约履行。这种变化可能是由旅游者引起的，如旅游者没有能请到假。也可能是由于旅行社的原因，如旅行社被撤销。还有一种外来原因，如国家对特定地区实行旅游限制、自然灾难等。本案中出现国家政策的变化也应归属于外来原因。

自从 1999 年以来，随着旅游业的发展，国家对机票控制较严。

飞机票价格依法执行政府定价。《中华人民共和国合同法》第六十三条规定，“执行政府定价或者指导价的，在合同约定的缴付期限内政府价格调整时，按照缴付时的价格计价。逾期交货的，遇价格上涨时，按照原价格执行；价格下降时，按新价格执行。逾期提取标的物或者逾期付款的，遇价格上涨时，按新价格执行；价格下降时，按原价格执行。”此条规定的目的在于促使当事人守约，依约履行合同义务；并体现出惩罚违约方，保护守约方的价值取向。

具体到本案，张某东与旅行社9月21日签订合同，9月28日旅行社组团出行。国家禁止机票打折的命令发布于9月底，即旅行社在合同规定的缴付期内履行了合同，旅行社并未履行逾期，不存在任何违约行为。此时，由于政府定价的机票价格发生了调整，使合同存在的基础或环境发生了不以当事人意志为转移的变化。旅行社依据变化的情况履行合同，要求张某东按缴付时的价格计价，补足机票差价580元，是合理、合法的。

2. 在本案中，旅游格式合同中价格条款约定不明，旅游者张某东与旅行社对旅游费用发生争议时，应当作出不利于提供格式条款的旅行社的解释。

在现实生活中，对于某些经常发生的经济活动，为了节约交易成本，节省谈判时间，合同当事人一方通常拟订了格式合同。格式合同事先载明了合同的全部条款内容，对方只能被动地决定签还是不签，一般情况下无权对合同内容提出修改。如果对格式合同的条款的理解发生争议，应当按照通常理解予以解释。但如果存在两种以上的解释，由于格式条款的拟订者往往制定对自身有利的条款，出于保护合同对方当事人的利益考虑，法理上认为应当作出不利于格式合同提供者一方的解释。根据《合同法》第三十九条的规定：“采用格式条款订立合同的，提供格式条款的一方应当遵循公平原则确定当事人之间的权利和义务，并采取合理的方式提请对方注意免除或者限制其责任的条款，按照对方的要求，对该条款予以说明。”《合同法》第四十一条规定：“对格式条款的理解发生争议的，应当按照通常理解予以解释。对格式条款有两种以上解释的，应当作出不利于提供格式条款一方的解释。格式条款和非格式条款不一致的，应当采用非格式条款。”

综上所述，本案中的旅行社拟订的《旅游协议书》是一种格式合同，对可能引起歧义的部分，旅行社应当提请旅游者注意，并应作出必要说明。“云南出境书药费”包含哪些内容，旅游者并不知道，旅行社应当事先向旅游者说清楚，还应当告诉旅游者需要额外支付哪些费用。在双方对“云南出境书药费”的理解发生争议时，就要作出不利于提供格式条款者即旅行社的解释。因此，法院支持原告的此项诉讼请求是符合法律规定的。

合同违约纠纷之诉

案情简介：

2005 年 4 月 12 日，原告王某报名参加了被告重庆某国际旅行社（以下简称旅行社）组织的“五一黄金周”，由重庆至昆明、大理、丽江、中甸的 7 日双飞旅游团，在签署该社提供的格式合同后依约缴纳了 4500 元的费用。5 月 1 日，王某等 37 名游客兴致勃勃地从重庆出发，开始了此次旅行。然而，扫兴的事情接踵而至。

由于某旅行社安排不当，原定于 5 月 2 日昆明“新华民族村”游览项目被取消。5 月 3 日，旅游团换乘由旅行社安排的利民社——丽江某旅行社临时租用的一辆未达到合同约定标准的空调旅游中巴车前往丽江。根据行程安排，5 月 4 日晚，旅游团应返回昆明住宿。但当晚 21∶30，导游赵小姐通知游客，乘飞机回昆明的计划因没有买到机票而被临时取消。游客们只能在 5 月 5 日早餐后乘车赶往昆明，并被通知乘坐 5 月 6 日 17：20 的飞机返回重庆。因此，原定于 5 月 7 日游览“昆明石林”和“翠湖公园”两个景点的计划也不得不被取消。对此，游客们再次表示异议，向导游赵小姐提出，继续按计划游完全部景点，推迟返回日期的要求。在得到导游赵小姐承诺返回重庆后由旅行社给游客们一个合理的说法和善后处理方案后，游客们服从了导游赵小姐的安排，按计划返回了重庆。

事后，原告王某与被告旅行社协商未果，原告王某于 2005 年 6 月 12 日，依法向重庆市人民法院提起诉讼，要求被告某旅行社继续履行旅游合同或者承担损害赔偿，并向自己赔礼道歉。

原告王某认为，自己与被告旅行社签订旅游合同后，向被告支付了4500元旅游费用，就应享有游览所有景点的权利。被告旅行社也有义务按照旅游合同的约定，为自己提供行、住、游等相关的服务。但在履行旅游合同的过程中，被告旅行社没有按照约定履行合同义务，擅自取消“新华民族村”“昆明石林”和“翠湖公园”三个景点的旅游计划。而且被告旅行社为自己提供的车辆也没有达到合同约定的标准。因此，被告旅行社严重违反合同的约定，其行为已经构成违约，理应承担继续履行旅游合同或者承担损害赔偿，并向自己赔礼道歉。

被告旅行社认为，旅行社并非没有履行旅游合同中约定的义务，而只是与合同中约定的履行方式存在差别。因此，旅行社不构成违约，不应当承担违约责任。

法院判决：

重庆市人民法院经审理认为，被告旅行社并非全部没有履行旅游合同中约定的义务，而只是没有达到保质保量地正确履行合同的要求，即被告旅行社的履行行为是不适当履行。不适当履行是指债务人虽然履行了债务，但其履行有瑕疵或给债权人造成损害的情形，因此，被告旅行社的行为首先应当定性为违约行为。根据《合同法》第一〇七条的规定：“当事人一方不履行合同义务或者履行合同义务不符合约定的，应当承担继续履行、采取补救措施或者赔偿损失等违约责任。”可见，被告旅行社再次为原告王某提供重庆至昆明的双飞交通及住宿等服务，费用显得过高，也不实际，因此原告王某提出要求被告旅行社继续履行旅游合同的诉讼请求，本院不予支持。本案中，原告要求被告旅行社对其赔礼道歉，根据《民法通则》或《合同法》规定的违约责任方式中并没有赔礼道歉这种民事承担方式，因此，对于原告王某要求被告旅行社向其赔礼道歉的诉讼请求没有法律依据，本院不予支持。

综上所述，重庆市人民法院根据《合同法》第五十三条、第一〇七条、第一一〇条、第一一七条，《民法通则》第一三四条之规定，于2005年7月15日作出如下判决：

被告旅行社向原告王某支付违约损害赔偿金2400元。

法律问题：

在本案中，被告旅行社没有按照与原告王某约定的旅游计划游完景点，其行为是否构成违约？

本案评析：

在本案中，被告旅行社没有按照与原告王某约定的旅游计划游完景点，而且约定的“新华民族村”“昆明石林”和“翠湖公园”三个景点的旅游计划被取消，因此被告旅行社构成违约。

违约即违约行为，就是指违反合同债务的行为。违约行为主要具有以下法律特征：1. 违约行为的主体只能是合同关系的当事人。合同法律关系具有相对性特征，无论是合同签订、合同履行还是合同责任的承担，原则上都只针对合同当事人发生法律效力。因此，实施违约行为的主体只能是合同关系的当事人，即债权人或债务人。其中，一般情况下，违反合同债务的是不履行债务的债务人，但是在受领义务未得到履行的情形下，其主体则可能是债权人。2. 违约行为以合法有效的合同存在为前提。只有当合同是合法有效的时候，合同债务才具有法律保障其实施的效力，未履行合同债务的违约行为才可能发生。3. 违约行为的本质是违反了合同债务。因为合同之债是约定之债，故这里所谓的合同债务主要是约定的应该履行的合同义务，当然也包括法律规定的合同当事人必须遵守的义务，以及依照诚实信用原则派生的附随义务。4. 违约行为的后果是导致对合同债权的侵害。5. 违约行为是对违反合同债务的客观事实的描述，不包括当事人及有关第三人的主观过错因素。

根据上述违约行为的特征描述，我们可以发现，在本案中，被告旅行社未按照旅游计划游完“新华民族村”“昆明石林”和“翠湖公园”三项游览项目的行为构成违约行为，其具体理由如下：

首先，在本案中，毫无疑问存在一个合法有效的旅游合同。那就是 4 月 12 日王某与被告之间签订的，由旅行社提供的格式合同，而且其内容均由格式合同条款构成，主要包括 7 日双飞旅游团的各项旅游项目及其他住宿、交通、娱乐、购物安排。这里同时也隐含着一个问题，那就是，该旅游合同并非我国《合同法》规定的典型合同，属于我国《合同法》规定的无名合同，但其无名合同仍然适用我国《合同法》的有关规定。

其次，本案发生的事实是旅行社没有能够完全履行合同约定的义务，即没有能够按照合同约定游览“新华民族村”“昆明石林”和“翠湖公园”三项游览项目。其履行合同的行为已经违反双方合同约定的内容。

进一步讲，本案中的违约行为构成了不适当履行。根据我国《合同法》的规定，我国的违约行为形态是多样的，最常见的包括预期违约、完全不履行（狭义上的不履行）、迟延履行和不适当履行。这里的合同债务首先是作为一个整体而言的，即包括旅游合同所约定的行、住、游、娱、购有关的义务以及根据法律规定或诚实信用原则产生的其他法定义务。换言之，只有在合同债务完全没有得到履行时，才构成不履行的违约行为形态，如果有按期履行，只是履行没有达到法定或约定的标准，则构成不适当履行。显然，本案中的旅行社并非全然没有履行旅游合同中的义务，而只是没有达到保质保量地正确履行的要求，即该旅行社的行为构成的是不适当履行。其中，不适当履行是指债务人虽然履行了债务，但其履行有瑕疵或给债权人造成损害的情形，又可以分为瑕疵给付和加害给付两种情形。本案中旅行社未能提供上述三项游览项目的行为构成了不适当履行中的瑕疵给付，即债务人虽然作出了对债务的履行行为，但该履行有瑕疵，不符合约定或法定的标准，以致减少或丧失了该履行本身的价值或效用，其所侵害的是债权人对正确履行所能取得的利益，即履行利益。

综上所述，经过以上分析，我们对本案中旅行社的行为首先应当定性为违约行为，即不适当履行。

最后，需要注意的是，在本案中，原告王某能否要求被告对其进行赔礼道歉？根据前文所述，《民法通则》或《合同法》规定的违约责任方式中并没有赔礼道歉这种方式，尽管“法无禁止即为允许”，但通常都认为，赔礼道歉是侵权责任方式。根据侵权责任与违约责任竞合的有关原则及规定，两种责任追究只能择一行使，所以，在当事人选择提起违约之诉，要求承担违约责任之后，就意味着放弃了对侵权责任的追究，因此，不能适用赔礼道歉的民事责任方式。可见，被告旅行社承担的违约责任，原则上应当采取违约损害赔偿责任或支付违约金的方式。

房屋预售合同纠纷之诉

案情简介：

2004 年 11 月初，原告张某购买了第二被告北京市某房地产开发公司（以下简称房地产公司）的一套二室一厅商品房。

同年 11 月 24 日，原告张某与第二被告房地产公司正式签订了《认购登记书》，明确约定房价为人民币 45 万元。由于该房是由第二被告房地产公司给第一被告北京市房地产经纪有限责任公司（以下简称房地产经纪公司）包销的，同年 12 月 5 日，第一被告房地产经纪公司又与原告张某签订了一份《预售合同》，该房的总价款亦为人民币 45 万元。之后，原告按合同约定分期支付给第一被告房款。

2004 年 12 月 26 日，原告与第二被告签订《北京市内商品房出售合同》时，由于该房的销售价与包销价不同，出于少缴税费的目的，第二被告在《出售合同》中将该房的房价写为人民币 38 万元。

嗣后，第二被告按期缴付了房屋，原告也按约定向第一被告缴付了 45 万元全部房款，并对该房进行了装修，后又住进了新房。按理银货两讫，三方当事人应相安无事了。但是，过了一段时间，房地产市场行情下跌，买房的优惠条件纷纷登场。原告张某对自己过早购房不由得产生了吃亏的想法，在好朋友的怂恿下，原告萌发了追讨两份合同的房屋差价 7 万元的念头，与第一、第二被告几经交涉，要求讨回 7 万元差价。由于原、被告双方意见不一，未能谈妥。

原告张某认为，其为购房与第一被告房地产经纪公司签订了《预售合同》，分期支付了全部房款 45 万元。之后，其又与第二被告房地产公司就同一房产签订了《出售合同》，约定房价为 38 万元。现经查明，该房产权人为第二被告房地产公司所有，故其与第一被告签订的《预售合同》为无效，应当按照《出售合同》中有关规定的内容履行合同。

于是，原告张某于2005年8月依法向北京市西城区人民法院提起诉讼，要求人民法院判决被告返还房屋总款差价7万元并承担相应的利息。

第一被告房地产经纪公司认为，讼争房屋产权确非乙方所有，但其与第二被告房地产诚信公司之间订有包销协议，其与原告张某签订的《预售合同》符合法律的规定，对双方当事人均产生法律约束力，双方当事人都必须按照合同的内容履行义务，因此不同意返还7万元和赔偿利息。

第二被告房地产公司认为，原告所购房屋的价款为45万元，且已全部付清房款并入住，为少缴税费，双方在《出售合同》上将房价写为38万元。并没有侵犯原告的合法权益，因此原告的诉讼请求是没有法律依据的，不同意承担返还7万元及其利息。

法院判决：

北京市西城区人民法院审理后认为，原告张某与第二被告房地产诚信公司在签订《出售合同》时，故意将双方原议定之房价45万元写为38万元，该偷逃税收之行为损害了国家利益，故该《出售合同》应为无效合同。第二被告房地产公司与第一被告房地产经纪公司系委托代理关系，而第一被告以其名义与原告签订的《预售合同》，该合同亦当属无效。原告与第二被告签订《认购登记书》时议定房价45万元为当事人真实意思表示，原告付清全部房款并实际入住，故对原告要求返还购房款7万元及利息损失之诉求，法院不以支持。第二被告应与原告按房价45万元补办有关手续。遂西城区人民法院作出如下判决：

1. 原告与第一被告签订的《预售合同》无效；
2. 原告与第二被告签订的《出售合同》无效；
3. 原告其余之诉不予支持。

一审判决后，原告向北京市第一中级人民法院提起上诉，坚持一审时的诉讼请求，要求撤销原判，依法改判，两被告则要求维持原判。

北京市第一中级人民法院审理后认为，依法成立的合同受法律保护。原告与第二被告在平等、自愿的基础上签订《认购登记书》，并按约支付了全部房款。而第一被告以自己名义与原告签订预售合同，违反了商品房预售的有关规定，该合同不具有法律效力。从原告购买讼争房屋整个过程来看，原告对房款45万元是认可的，并且已入住至今。

第二被告认可第一被告收进原告房款45万元。第二被告与原告签订的《出售合同》中，故意将房款写成38万元，构成了少缴税费的行为，损害了国家利益，该合同房款部分的内容应属无效。原告应按照45万元房款与第二被告共同更正签订的《出售合同》中的房款数额，并且作为商品交易中的当事人应依法履行纳税的义务。综上所述，原告要求第一被告返还购房款7万元及赔偿利息损失的请求，依据不足，法院不予支持。二审法院依法作出如下判决：

1. 维持一审判决第一项；

2. 撤销一审判决第二、三项；

3. 原告与第二被告签订的《认购登记书》有效；

4. 原告与第二被告签订的《出售合同》中除房价条款无效外其余部分有效；

5. 原告要求第一被告返还房款7万元及赔偿利息损失的诉讼请求不予支持。

法律问题：

1. 在本案中，有关本案房屋买卖的三份协议应当如何认定其效力？

2. 在本案中，如何确定原告、第一被告、第二被告三者之间的法律关系？

3. 在房屋购买过程中，《预售合同》与《出售合同》中的房屋价款不一致时，应以哪份合同为准？

本案评析：

1. 在本案中，第一份《认购登记书》是合法有效的；第二份《预售合同》是无效的；第三份《出售合同》除房款条款无效外其余内容有效。

我国《民法通则》第五十五条规定："民事法律行为应当具备下列条件：（一）行为人具有相应的民事行为能力；（二）意思表示真实；（三）不违反法律或者社会公共利益。"因此，房屋买卖合同是一种双务、有偿、要式的民事法律行为，要具有有效的法律效力，除了必须具备上述三项条件外，还必须符合我国房地产管理的有关规定。

从以上三份协议来看，第一，《认购登记书》是合法有效的。这是双方当事人真实意思的表示，缔约的主体具有相应的民事行为能力。协议的内容符合法律规定。第二，《预售合同》是无效的。这是因为合同的内容虽是双方当事人真实意思的表示，但第一被告作为包销商不具备签订讼争房屋预售合同的主体资格。根据我国法律规定，只有房地产的开发商并取得国家预售许可证才有资格与买房人签订预售合同。第三，《出售合同》除房价条款无效外其余内容有效。这是因为该合同是原告与第二被告签订的，双方当事人意思表示真实，缔约主体合法，但合同中的房价将原来的 45 万元写为 38 万元是规避法律的行为，损害了国家的利益，这一条款理所当然应当属于无效条款。但不影响其他条款的效力。

因此，一审法院判决该合同全部无效属于认定性质不当。同时，一审法院既判决合同无效，又对原告的其余之诉不予支持，对无效的后果不予处理，从法理上亦讲不通。二审法院依法改判，确认《出售合同》除房价条款无效外其余部分有效，责令双方更正房价条款并依法纳税是正确的。

2. 在本案中，第二被告与第一被告之间是包销关系；第二被告与原告之间是房屋买卖关系；第一被告与原告之间因包销协议产生的卖房人之代理人与买房人之间的关系。

在本案中，原告、第一被告、第二被告之间存在三种法律关系：

其一是第二被告与第一被告之间的包销关系。第二被告作为开发商、销售商，将讼争房屋给第一被告包销，对外是一种代理关系；第一被告以第二被告的名义向买房人出售房屋，对内是一种附条件的买卖关系，第一被告包销讼争房屋，按期付包销款，获取销售价与包销价之间的差价。如包销的房屋不能全部出售，则由包销商全部买进。

其二是第二被告与原告之间的房屋买卖关系。由于第二被告与第一被告之间存在包销关系，买卖活动是在第一被告与原告之间具体进行。因此，两者之间是一种名义上的具有法律形式的买卖关系。

其三是第一被告与原告之间因包销协议产生的卖房人之代理人与买房人之间的关系，从本案给付房款的方式来看，两者之间是一种实质意义上的房屋买卖关系。

由于目前我国房地产交易中对包销行为尚无法律调整及禁止性的规定，因此，对包销协议的效力无法否定。第一被告作为本案房屋买卖合同的实际收款人得到了第二被告的认可，基于第二被告与原告之间的房屋买卖合同依法有效，实际上第二被告与第一被告之间的包销关系亦得到了确认，但第一被告以自己的名义与原告签订《预售合同》，根据目前的有关规定是无效的。

3. 本案中，预售合同违反法律规定而无效。出售合同关于房价款损害国家利益而无效。因此应当按照认购登记书中的房款价来执行。

在本案中，原告要求确认《预售合同》无效是正确的。因为在预售合同中，第一被告作为包销商不具备签订讼争房屋预售合同的主体资格，因此导致合同无效。但原告对房价款 45 万元是认可的并已付清，对于《认购登记书》中所写房价 45 万元与《出售合同》中所写房价 38 万元都是明知的。因此，对于《出售合同》所写房价款 38 万元的逃税行为，是一种损害国家利益的行为。原告亦负有一定的责任。

本案中《预售合同》虽被确认为无效，但《认购登记书》被确认为有效，《出售合同》为部分有效。基于讼争房屋总价款已缴付，且房款已付清，因此对《预售合同》被确认无效后的处理已无实际意义，不存在各自返还和承担损失的民事法律责任。但是，原告要求按《出售合同》的房价 38 万元计算，追索 7 万元差价及赔偿利息的诉讼请求缺乏事实根据与法律根据。因为《出售合同》为逃税将合同中的房价款写成 38 万元，属于损害国家的利益的行为，属无效条款。此时，应当根据认购登记书中的约定来处理本案。即按照 45 万元的房价款来执行。因此原告的诉讼请求得不到法院的支持，应当承担败诉的法律责任。但《出售合同》少写房价逃避税收的行为应由双方当事人依法补正。

从本案的审理过程中，已反映出房屋包销中存在不规范和逃避国家税收的问题。据此，二审法院在本案审结后，向市房地局发出了司法建议，建议房地局行政管理部门加强对房屋的包销行为的管理与规范，杜绝逃税现象，保证房地产市场健康、有序地发展。

履行合同违约案

案情简介：

2005年9月19日，李某等26名旅游者报名参加广州某国际旅行（以下简称旅行社）社组织的“广州—云南—中甸—丽江”7日双飞旅游团，双方签订了由旅行社提供的格式条款《旅游合同》，李某等人按照合同约定支付了旅游费用每人5200元。10月1日，旅游团从广州出发。在旅游过程中，因旅行社的原因耽误了旅游行程，原定10月2日一天游览的丽江古城和玉龙雪山只得在当天上午草草完成，其间游客们疲于奔命，走马观花，使得游客们只能以“到此一游”聊以自慰，但实际上期待中的代表性景点都无法一一观赏，更别说留影纪念。当日，李某等游客向导游赵小姐提出抗议。10月3日的香格里拉中甸游更让游客失望，导游赵小姐以国庆人多为由，从中甸匆匆而过。李某等游客再次向导游赵小姐提出异议，要求按照合同的要求继续履行义务，但导游赵小姐认为回程机票已经购好，不能再在丽江和中甸停留。10月3日双方争执不下，迫于无奈，李某等游客向有关部门投诉，要求解除与旅行社之间的旅游合同，并要求旅行社退还全部旅游费用。

原告李某认为，自己此次报名参加被告旅行社组织的“广州—云南—中甸—丽江”7日双飞旅游团，主要目的就在于游览丽江、中甸的美丽风光，而旅行社的行为却让自己目的落空。

对于一个7天的旅行而言，旅行社在头3天就作出了种种违约行为，可以预见，在未来几天的旅游途中，旅行社也将不会正确履行义务。因此，被告旅行社的行为已经构成根本违约，旅行社应当退还自己的全部旅游费用。

被告旅行社认为，旅行社已经按照合同的约定，带领原告李某等游客游览了丽江古城、玉龙雪山等旅游景点，已经履行了合同约定的义务，故不存在违约行为，不应当退还原告李某缴纳的旅游费用。

法院判决：

广东省东莞市龙岗区人民法院经审理认为，被告旅行社与原告李某签订的旅游合同，系双方当事人真实的意思表示，且双方当事人的约定并未违反现行法律法规之规定，故合同依法有效，应受法律保护。被告在履行旅游合同的过程中，存在严重的违约行为，致使原告李某的旅游目的无法实现。根据《合同法》第九十四条的有关规定，当事人一方迟延履行债务或者有其他违约行为致使不能实现合同目的的，当事人可以解除合同。因此，原告李某向本院请求解除与被告之间的旅游合同，符合现行合同的相关规定，本院予以支持。在本案中，被告多次违约，给原告李某造成了经济损失。故被告理应承担原告遭受的经济损失。根据《中华人民共和国合同法》第九十三条、第九十四条、第九十六条、第九十七条之规定，判决如下：

1. 准予原告李某与被告之间解除旅游合同。

2. 被告旅行社应退还原告李某旅游费用3000元。

法律问题：

1. 在本案中，原告李某是否有权解除与被告旅行社之间签订的旅游合同？

2. 在本案中，被告旅行社在严重违约的情况下，原告李某应当如何行使其解除权？

3. 在本案中，被告旅行社是否应当全部退还原告李某旅游费用？

本案评析：

1. 在本案中，被告旅行社在履行合同过程中，多次出现违约行为，使原告李某的旅游目的无法实现，因此，原告李某有权解除旅游合同。

合同解除是指合同有效成立后，没有履行或没有完全履行前，根据当事人一方的意思表示，使合同关系消灭的法律制度。根据解除权产生原因的不同，合同解除包括约定解除和法定解除。约定解除是指因约定事由产生一方当事人的解除权情形下的解除。《合同法》第九十三条规定："当事人协商一致，可以解除合同。当事人可以约定一方解除合同的条件。解除合同的条件成熟时，解除权人可以解除合同。"该条规定表明我国法律承认约定解除。法定解除是指因法定事由而产生一方当事人的解除权情形下的解除。《合同法》在第九十四条规定了法定解除，该条规定："有下列情形之一的，当事人可以解除合同：（一）因不可抗力致使不能实现合同目的；（二）在履行期限届满之前，当事人一方明确表示或者以自己的行为表明不履行主要债务；（三）当事人一方迟延履行主要债务，经催告后在合理期限内仍未履行；（四）当事人一方迟延履行债务或者有其他违约行为致使不能实现合同目的；（五）法律规定的其他情形。"

从本案事实来看，原告李某与被告旅行社并没有约定解除条件，即李某提出解除合同并不是基于他们之间享有约定解除权这个理由。因此，除非原告李某享有法定解除权，否则他是无权解除合同的。

根据《合同法》第九十四条，法定解除权的发生事由主要有以下几种情形：

第一，基于不可抗力的客观履行不能。在发生不可归责于合同任何一方当事人的不可抗力，并导致当事人订立合同时所预期的目的不能实现，即合同根本不能履行时，继续维持合同关系对双方当事人都已经丧失了动力和意义。因此，法律规定当发生不可抗力并导致履行不能时，合同双方任何一方当事人都有权解除合同。

第二，预期根本违约，即在履行期限到来之前，一方当事人明确表示或者以自己的行为表明其将不履行主要债务的情形。它要求同时具备在履行期限到来之前违约的"预期"和将不履行主要债务的"根本"两个要点。此时，非违约的当事人可以解除合同。

第三，拒绝履行，即在履行期限到来之后，期限届满之前，一方当事人明确表示或者以自己的行为表明不履行主要债务的，则另一方当事人有权解除合同。

第四，迟延履行后经催告仍未履行。即在当事人 方迟延履行其主债务后，经过债权人催告，而在后一段合理期限内仍未履行的，非违约方可以解除合同。

第五，其他根本违约的情形，非违约方可以解除合同。

从上面的分析可以看出，法定解除权归纳起来有两种，即当事人无过错情形下基于不可抗力的履行不能，以及当事人有过错情形下的根本违约。

因此，分析本案中原告李某有无法定解除权，首先应当分析是否出现有法定的解除事由。在本案中，游客李某之所以提出解除合同，其根本原因是因为被告旅行社将丽江古城和玉龙雪山的游览时间缩短，以致没能满足游客订立合同时对这两个游览项目的期待。那么，旅行社缩短丽江游览时间，简化中甸游览项目的行为是否构成法定解除事由呢？很显然，旅行社缩短游览时间的行为是因为旅行社本身的过错造成的，而不是因为不可抗力的因素，并且也没有造成客观履行不能的后果。也就是说，旅行社的行为并不构成基于不可抗力下的客观履行不能的情形。因此，旅行社的行为构成根本违约。根本违约意味着对合同主要债务的违反，意味着订立合同的根本目的或主要目的的实现受到妨害，意味着不能满足当事人对合同的主要目的的期待或期望，致使合同履行成为不必要或不可能。本案中，游客李某与旅行社签订的是旅游项目，其主要目的当然在于游览观赏。而且，对游客李某来说，他就是冲着丽江和中甸的著名风光才参加到“广州—云南—中甸—丽江”旅游团中来的；对旅行社来说，它组织本次旅游团的主要卖点不在于坐飞机，而在于丽江、中甸的风景名胜。

可见，本案中的旅游合同的主要目的，或者说游客的主要期待就在于游览丽江、中甸，而旅行社的行为却让游客李某觉得目的落空，期待没有得到实现。同时，对于一个 7 天的旅行而言，旅行社在头 3 天就作出了种种违约行为，可以预料，在未来几天的旅游途中，旅行社也将不会正确履行其约定的义务，最终令游客李某的整个国庆假期付诸东流。从这个意义上，游客李某可以觉得和旅行社继续维持合同关系是不必要的。因此，旅行社的行为构成根本违约，作为非违约的一方当事人李某有权解除合同。

2. 在本案中，被告旅行社在严重违约的情况下，原告李某可以采用通知的形式告知被告旅行社解除合同，解除合同的通知到达旅行社时就产生解除合同的效力。

解除权是一种形成权，只需要向对方作出解除的意思表示，就可以发生效力。《合同法》第九十六条规定："当事人一方依照本法第九十三条第二款、第九十四条的规定主张解除合同的，应当通知对方。合同自通知到达对方时解除。对方有异议的，可以请求人民法院或者仲裁机构确认解除合同的效力。法律、行政法规规定解除合同应当办理批准、登记等手续的，依照其规定。"根据该条规定，法定解除权的行使必须注意以下几点：一是应当采取通知的方式。通知，就是一方当事人向另一方当事人解除合同的意思表示。通知既可以采用书面形式，也可以采用口头形式。二是通知必须到达对方，即通知应当到达对方当事人能够控制的地方（如当事人的信箱）。三是法律、行政法规规定解除合同应当办理批准、登记的，必须办理。否则依法可能产生一定的否定性法律后果。四是发生争议的可以请求人民法院或仲裁机构确认解除合同的效力。

综上，在本案中，原告李某可以采用通知的形式告知被告旅行社解除合同，通知到达旅行社即产生解除的效力。如果被告旅行社有异议的，可以请求法院或仲裁机构进行确认。

3．在本案中。原告李某已经受领了被告旅行社前三天的行、住、食等服务，因此原告李某不应当要求被告旅行社返回其全部旅游费用。

《合同法》第九十七条规定："合同解除后，尚未履行的，终止履行；已经履行的，根据履行情况和合同性质，当事人可以要求恢复原状、采取其他补救措施，并有权要求赔偿损失。"据此规定，法定解除产生的一个主要效力就是恢复原状，即发生溯及既往地使合同关系消灭的效力，当事人未履行的不再履行，已履行的或对已部分履行的则应恢复原状，即互负返还其所受领给付的义务，但当事人另有约定或合同性质决定不能恢复原状的除外。恢复原状的效力也就是解除权行使的溯及效力，是指使解除合同时的当事人地位恢复到合同未履行或未订立时的状态。

因此，如果原告李某向被告旅行社解除合同，则被告旅行社应当将已经受领的游客的给付——游客支付的旅游费用，全部退还给原告李某。但是，旅游合同是一种特殊的服务合同，它涉及住、行、食、游、娱、购等多个方面，对原告李某来说，他已经受领了旅行社提供的部分履行，即解除合同前几天的住、行、食等，对这些服务的返还，一般依照受领时的价额以金钱返还。所以，两相折抵，旅行社应当在扣除原告李某前几日的实际花费后，退还其剩余费用。

当然，根据《合同法》第九十七条规定，我国的合同解除并不排斥损害赔偿请求权的行使。因此，原告李某还可以要求被告旅行社对因解除合同而造成的损失提供赔偿。

旅客意外伤亡赔偿纠纷之诉

案情简介：

2005 年 5 月 1 日，北京市某培训学校学生魏某与同学结伴，从北京出发，乘坐旅游专列到北戴河旅游。途中，魏某突然脸色惨白，全身发冷，扑倒在列车地板上。同学拍打无反应，当即告之列车员。列车员通过广播找来乘坐该次列车的两名医务人员对张魏某进行急救。经医务人员检查，魏某瞳孔固定、反射消失。在旅游列车抵达北戴河后，车站及时通知铁路医院派出救护车抢救。

虽经医务人员的抢救，但魏某仍于三个半小时后死亡。铁路医院诊断确认魏某死亡原因为心脏病突发。尸体由原告及死者亲属火化处理。

魏某的父母认为，其女魏某乘坐火车并购买了火车票，车票价格中已经包含了保险费。在发生保险事故后，铁路公司应当支付保险金。并且铁路公司也有责任保护其旅客的乘车安全。铁路公司应当对其女的死亡承担赔偿责任。

鉴于此，魏某父母和铁路公司就此问题多次协商未果，无奈之下于 2005 年 6 月 18 日依法向北京市丰台区人民法院提起诉讼，要求铁路公司赔偿经济损失和保险金 9 万余元。

被告铁路公司认为，魏某的死亡是由于其自身的原因而引起的，与铁路公司无关。在魏某发病时，列车员及时找医护人员进行救治，在火车到站后，车站及时通知铁路医院派出救护车抢救，铁路公司已经尽了最大的救助义务。对魏某的死亡，铁路公司没有任何责任，不应当赔偿任何损失。

法院判决：

北京市丰台区人民法院经审理认为，旅客魏某心脏病突发时，旅游专列上的乘务员及时通过广播找来医生加以救治。在列车到站后，承运人又通知铁路医院采取有效救治措施。据此，可以认定承运人已经尽了最大的救治义务。根据《合同法》第三〇二条第一款的规定："承运人应当对运输过程中旅客的伤亡承担损害赔偿责任，但伤亡是旅客自身健康原因造成的或者承运人证明伤亡是旅客故意、重大过失造成的除外。"因此，魏某的猝死是由于其自身原因引起的，与铁路公司无关，故被告铁路公司不应承担损害赔偿责任。对于原告提出的诉讼请求，不符合现行法律法规之规定，故本院不予支持。根据《中华人民共和国合同法》第二九〇条、第三〇二条第一款之规定，判决如下：

驳回原告魏某父母的诉讼请求。

宣判后，原告不服一审法院作出的判决，依法向北京市第一中级人民法院提起上诉，请求二审法院撤销一审法院作出的判决，并判令被上诉人铁路公司承担上诉人的经济损失和保险金9万元。

北京市第一中级人民法院在审理期间，在双方当事人自愿调解的情况下主持调解，最后当事人达成一致意见，由被上诉人铁路公司自愿补偿原告2万元，一、二审的诉讼费用由上诉人承担2000元，被上诉人承担4000元。

法律问题：

1. 在本案中，旅客魏某因自身原因引起死亡，承运人铁路公司对其死亡是否应当赔偿？

2. 在本案中，旅客魏某在乘车过程中猝死，其损失可以通过哪些途径进行补偿？

本案评析：

1. 在本案中，旅客魏某在乘坐列车期间，因自身原因引起死亡，承运人铁路公司对乘客魏某的死亡不应当赔偿。

在本案中，旅客魏某购买火车票后，与被告铁路公司之间是否成立旅客运输合同关系？本案中，魏某与同学结伴前往北戴河旅游，一旦选择乘坐旅游专列的方式，魏某就与铁路公司之间成立旅客运输合同关系，而且列车车票可以成为合同凭证。根据《中华人民共和国合同法》第二九〇条的规定："承运人应当在约定期间或者合理期间内将旅客、货物安全运输到约定地点。"因此，在客运合同中，承运人的主要义务是安全及时地将旅客运送到约定地点，而旅客的主要义务是支付票款。

在本案中，因旅客自身原因造成死亡，承运人是否应当承担赔偿责任？根据《中华人民共和国合同法》第三〇一条的规定："承运人在运输过程中，应当尽力救助患有急病、分娩、遇险的旅客。"当旅客患有疾病时，承运人应当尽力救助，此为承运人的约定义务。

如因承运人不履行义务造成旅客伤亡的，承运人应当承担赔偿责任。在本案中，旅客魏某心脏病突发时，旅游专列上的乘务员及时通过广播找来医生加以救治。在列车到站后，承运人又通知铁路医院采取有效救治措施。应该说，承运人已经尽了最大的救治义务。魏某的猝死是由于其自身原因引起的，与铁路公司无关。根据《合同法》第三〇二条第一款的规定："承运人应当对运输过程中旅客的伤亡承担损害赔偿责任，但伤亡是旅客自身健康原因造成的或者承运人证明伤亡是旅客故意、重大过失造成的除外。"因此，在本案中，对魏某因自身原因造成的死亡，承运人不负赔偿责任。

2. 在本案中，旅客魏某在乘车过程中猝死，其损失可以通过强制保险方式加以弥补。

在本案中，魏某的突然死亡，给其父母带来极大伤害，而被告铁路公司已经尽了救治义务，要求被告方承担赔偿责任于法无据。

但原告方的损失可以通过强制保险得到补偿。

保险是一种"我为人人，人人为我"的风险分担机制。在各种灾害面前，仅靠个人力量独自进行承担是不可能的，这就需要聚集社会力量，共同抵抗风险。对于某些高发性风险，由于其涉及面广，影响大，国家规定实行强制保险制度，铁路运输即是其中之一。铁路旅客运输合同同时实行旅客意外伤害强制保险，并实行定额保险，旅客购买的车票价格中同时包含了保险费。在保险事故发生后，保险金的给付是由承运人来承担的。实际上，旅客购票后不仅仅与承运人成立了客运合同关系，而且与保险人成立了保险合同关系。该强制保险的保险金给付义务主体由有关法律、法规确定为铁路公司即承运人。在发生了旅客伤亡事故后，承运人实际上承担了双重责任，即客运合同关系中的承运人损害赔偿责任和保险合同关系中的保险责任，两种责任同时并存，不存在竞合问题。最高人民法院发布的《关于审理铁路运输损害赔偿案件若干问题的解释》第十三条规定："在铁路旅客运送责任期间发生旅客伤亡，属于《铁路旅客意外伤害强制保险条例》规定的保险责任范围的，铁路运输企业支付保险金后，对旅客伤亡不属于铁路运输企业免责范围的，铁路运输企业还应当支付赔偿金。"该条清楚地说明客运合同关系中的承运人损害赔偿责任和保险合同关系中的保险责任可以同时并存。如果原告未获得承运人支付的旅客意外伤害强制保险的保险金，而在其诉讼请求中包含了追究承运人责任和保险责任的内容，虽然依事实承运人可免除客运合同关系上的承运人责任，但承运人仍应承担给付保险金的义务。

因此，在本案中，原告提出的诉讼请求是两个，虽然被告不应承担损害赔偿责任，但其应当承担给付保险金的责任。从这个意义上讲，一审法院没有支持原告要求被告给付保险金的诉讼请求是错误的。二审法院在双方当事人自愿调解的情况下主持调解，最后双方达成一致意见，法院采用调解方式结案，被告自愿补偿原告 2 万元，这 2 万元可以理解为保险金的给付。

附　录

《中华人民共和国合同法》

总　则

第一章　一般规定

第一条　为了保护合同当事人的合法权益，维护社会经济秩序，促进社会主义现代化建设，制定本法。

第二条　本法所称合同是平等主体的自然人、法人、其他组织之间设立、变更、终止民事权利义务关系的协议。

婚姻、收养、监护等有关身份关系的协议，适用其他法律的规定。

第三条　合同当事人的法律地位平等，一方不得将自己的意志强加给另一方。

第四条　当事人依法享有自愿订立合同的权利，任何单位和个人不得非法干预。

第五条　当事人应当遵循公平原则确定各方的权利和义务。

第六条　当事人行使权利、履行义务应当遵循诚实信用原则。

第七条　当事人订立、履行合同，应当遵守法律、行政法规，尊重社会公德，不得扰乱社会经济秩序，损害社会公共利益。

第八条　依法成立的合同，对当事人具有法律约束力。当事人应当按照约定履行自己的义务，不得擅自变更或者解除合同。

依法成立的合同，受法律保护。

第二章 合同的订立

第九条 当事人订立合同，应当具有相应的民事权利能力和民事行为能力。

当事人依法可以委托代理人订立合同。

第十条 当事人订立合同，有书面形式、口头形式和其他形式。

法律、行政法规规定采用书面形式的，应当采用书面形式。当事人约定采用书面形式的，应当采用书面形式。

第十一条 书面形式是指合同书、信件和数据电文（包括电报、电传、传真、电子数据交换和电子邮件）等可以有形地表现所载内容的形式。

第十二条 合同的内容由当事人约定，一般包括以下条款：

（一）当事人的名称或者姓名和住所；

（二）标的；

（三）数量；

（四）质量；

（五）价款或者报酬；

（六）履行期限、地点和方式；

（七）违约责任；

（八）解决争议的方法。

当事人可以参照各类合同的示范文本订立合同。

第十三条 当事人订立合同，采取要约、承诺方式。

第十四条 要约是希望和他人订立合同的意思表示，该意思表示应当符合下列规定：

（一）内容具体确定；

（二）表明经受要约人承诺，要约人即受该意思表示约束。

第十五条 要约邀请是希望他人向自己发出要约的意思表示。

寄送的价目表、拍卖公告、招标公告、招股说明书、商业广告等为要约邀请。

商业广告的内容符合要约规定的，视为要约。

第十六条 要约到达受要约人时生效。

采用数据电文形式订立合同，收件人指定特定系统接收数据电文的，该数据电文进入该特定系统的时间，视为到达时间；未指定特定系统的，该数据电文进入收件人的任何系统的首次时间，视为到达时间。

第十七条 要约可以撤回。撤回要约的通知应当在要约到达受要约人之前或者与要约同时到达受要约人。

第十八条 要约可以撤销。撤销要约的通知应当在受要约人发出承诺通知之前到达受要约人。

第十九条 有下列情形之一的，要约不得撤销：

（一）要约人确定了承诺期限或者以其他形式明示要约不可撤销；

（二）受要约人有理由认为要约是不可撤销的，并已经为履行合同作了准备工作。

第二十条 有下列情形之一的，要约失效：

（一）拒绝要约的通知到达要约人；

（二）要约人依法撤销要约；

（三）承诺期限届满，受要约人未作出承诺；

（四）受要约人对要约的内容作出实质性变更。

第二十一条 承诺是受要约人同意要约的意思表示。

第二十二条 承诺应当以通知的方式作出，但根据交易习惯或者要约表明可以通过行为作出承诺的除外。

第二十三条 承诺应当在要约确定的期限内到达要约人。

要约没有确定承诺期限的，承诺应当依照下列规定到达：

（一）要约以对话方式作出的，应当即时作出承诺，但当事人另有约定的除外；

（二）要约以非对话方式作出的，承诺应当在合理期限内到达。

第二十四条 要约以信件或者电报作出的，承诺期限自信件载明的日期或者电报交发之日开始计算。信件未载明日期的，自投寄该信件的邮戳日期开始计算。要约以电话、传真等快速通讯方式作出的，承诺期限自要约到达受要约人时开始计算。

第二十五条　承诺生效时合同成立。

第二十六条　承诺通知到达要约人时生效。承诺不需要通知的，根据交易习惯或者要约的要求作出承诺的行为时生效。

采用数据电文形式订立合同的，承诺到达的时间适用本法第十六条第二款的规定。

第二十七条　承诺可以撤回。撤回承诺的通知应当在承诺通知到达要约人之前或者与承诺通知同时到达要约人。

第二十八条　受要约人超过承诺期限发出承诺的，除要约人及时通知受要约人该承诺有效的以外，为新要约。

第二十九条　受要约人在承诺期限内发出承诺，按照通常情形能够及时到达要约人，但因其他原因承诺到达要约人时超过承诺期限的，除要约人及时通知受要约人因承诺超过期限不接受该承诺的以外，该承诺有效。

第三十条　承诺的内容应当与要约的内容一致。受要约人对要约的内容作出实质性变更的，为新要约。有关合同标的、数量、质量、价款或者报酬、履行期限、履行地点和方式、违约责任和解决争议方法等的变更，是对要约内容的实质性变更。

第三十一条　承诺对要约的内容作出非实质性变更的，除要约人及时表示反对或者要约表明承诺不得对要约的内容作出任何变更的以外，该承诺有效，合同的内容以承诺的内容为准。

第三十二条　当事人采用合同书形式订立合同的，自双方当事人签字或者盖章时合同成立。

第三十三条　当事人采用信件、数据电文等形式订立合同的，可以在合同成立之前要求签订确认书。签订确认书时合同成立。

第三十四条　承诺生效的地点为合同成立的地点。

采用数据电文形式订立合同的，收件人的主营业地为合同成立的地点；没有主营业地的，其经常居住地为合同成立的地点。当事人另有约定的，按照其约定。

第三十五条　当事人采用合同书形式订立合同的，双方当事人签字或者盖章的地点为合同成立的地点。

第三十六条 法律、行政法规规定或者当事人约定采用书面形式订立合同，当事人未采用书面形式但一方已经履行主要义务，对方接受的，该合同成立。

第三十七条 采用合同书形式订立合同，在签字或者盖章之前，当事人一方已经履行主要义务，对方接受的，该合同成立。

第三十八条 国家根据需要下达指令性任务或者国家订货任务的，有关法人、其他组织之间应当依照有关法律、行政法规规定的权利和义务订立合同。

第三十九条 采用格式条款订立合同的，提供格式条款的一方应当遵循公平原则确定当事人之间的权利和义务，并采取合理的方式提请对方注意免除或者限制其责任的条款，按照对方的要求，对该条款予以说明。

格式条款是当事人为了重复使用而预先拟定，并在订立合同时未与对方协商的条款。

第四十条 格式条款具有本法第五十二条和第五十三条规定情形的，或者提供格式条款一方免除其责任、加重对方责任、排除对方主要权利的，该条款无效。

第四十一条 对格式条款的理解发生争议的，应当按照通常理解予以解释。对格式条款有两种以上解释的，应当作出不利于提供格式条款一方的解释。格式条款和非格式条款不一致的，应当采用非格式条款。

第四十二条 当事人在订立合同过程中有下列情形之一，给对方造成损失的，应当承担损害赔偿责任：

（一）假借订立合同，恶意进行磋商；

（二）故意隐瞒与订立合同有关的重要事实或者提供虚假情况；

（三）有其他违背诚实信用原则的行为。

第四十三条 当事人在订立合同过程中知悉的商业秘密，无论合同是否成立，不得泄露或者不正当地使用。泄露或者不正当地使用该商业秘密给对方造成损失的，应当承担损害赔偿责任。

第三章 合同的效力

第四十四条 依法成立的合同，自成立时生效。

法律、行政法规规定应当办理批准、登记等手续生效的，依照其规定。

第四十五条　当事人对合同的效力可以约定附条件。附生效条件的合同，自条件成就时生效。附解除条件的合同，自条件成就时失效。

当事人为自己的利益不正当地阻止条件成就的，视为条件已成就；不正当地促成条件成就的，视为条件不成就。

第四十六条　当事人对合同的效力可以约定附期限。附生效期限的合同，自期限届至时生效。附终止期限的合同，自期限届满时失效。

第四十七条　限制民事行为能力人订立的合同，经法定代理人追认后，该合同有效，但纯获利益的合同或者与其年龄、智力、精神健康状况相适应而订立的合同，不必经法定代理人追认。

相对人可以催告法定代理人在一个月内予以追认。法定代理人未作表示的，视为拒绝追认。合同被追认之前，善意相对人有撤销的权利。撤销应当以通知的方式作出。

第四十八条　行为人没有代理权、超越代理权或者代理权终止后以被代理人名义订立的合同，未经被代理人追认，对被代理人不发生效力，由行为人承担责任。

相对人可以催告被代理人在一个月内予以追认。被代理人未作表示的，视为拒绝追认。合同被追认之前，善意相对人有撤销的权利。撤销应当以通知的方式作出。

第四十九条　行为人没有代理权、超越代理权或者代理权终止后以被代理人名义订立合同，相对人有理由相信行为人有代理权的，该代理行为有效。

第五十条　法人或者其他组织的法定代表人、负责人超越权限订立的合同，除相对人知道或者应当知道其超越权限的以外，该代表行为有效。

第五十一条　无处分权的人处分他人财产，经权利人追认或者无处分权的人订立合同后取得处分权的，该合同有效。

第五十二条　有下列情形之一的，合同无效：

（一）一方以欺诈、胁迫的手段订立合同，损害国家利益；

（二）恶意串通，损害国家、集体或者第三人利益；

（三）以合法形式掩盖非法目的；

（四）损害社会公共利益；

（五）违反法律、行政法规的强制性规定。

第五十三条 合同中的下列免责条款无效：

（一）造成对方人身伤害的；

（二）因故意或者重大过失造成对方财产损失的。

第五十四条 下列合同，当事人一方有权请求人民法院或者仲裁机构变更或者撤销：

（一）因重大误解订立的；

（二）在订立合同时显失公平的。

一方以欺诈、胁迫的手段或者乘人之危，使对方在违背真实意思的情况下订立的合同，受损害方有权请求人民法院或者仲裁机构变更或者撤销。

当事人请求变更的，人民法院或者仲裁机构不得撤销。

第五十五条 有下列情形之一的，撤销权消灭：

（一）具有撤销权的当事人自知道或者应当知道撤销事由之日起一年内没有行使撤销权；

（二）具有撤销权的当事人知道撤销事由后明确表示或者以自己的行为放弃撤销权。

第五十六条 无效的合同或者被撤销的合同自始没有法律约束力。合同部分无效，不影响其他部分效力的，其他部分仍然有效。

第五十七条 合同无效、被撤销或者终止的，不影响合同中独立存在的有关解决争议方法的条款的效力。

第五十八条 合同无效或者被撤销后，因该合同取得的财产，应当予以返还；不能返还或者没有必要返还的，应当折价补偿。有过错的一方应当赔偿对方因此所受到的损失，双方都有过错的，应当各自承担相应的责任。

第五十九条 当事人恶意串通，损害国家、集体或者第三人利益的，因此取得的财产收归国家所有或者返还集体、第三人。

第四章 合同的履行

第六十条 当事人应当按照约定全面履行自己的义务。

当事人应当遵循诚实信用原则，根据合同的性质、目的和交易习惯履行通知、协助、保密等义务。

第六十一条 合同生效后，当事人就质量、价款或者报酬、履行地点等内容没有约定或者约定不明确的，可以协议补充；不能达成补充协议的，按照合同有关条款或者交易习惯确定。

第六十二条 当事人就有关合同内容约定不明确，依照本法第六十一条的规定仍不能确定的，适用下列规定：

（一）质量要求不明确的，按照国家标准、行业标准履行；没有国家标准、行业标准的，按照通常标准或者符合合同目的的特定标准履行。

（二）价款或者报酬不明确的，按照订立合同时履行地的市场价格履行；依法应当执行政府定价或者政府指导价的，按照规定履行。

（三）履行地点不明确，给付货币的，在接受货币一方所在地履行；缴付不动产的，在不动产所在地履行；其他标的，在履行义务一方所在地履行。

（四）履行期限不明确的，债务人可以随时履行，债权人也可以随时要求履行，但应当给对方必要的准备时间。

（五）履行方式不明确的，按照有利于实现合同目的的方式履行。

（六）履行费用的负担不明确的，由履行义务一方负担。

第六十三条 执行政府定价或者政府指导价的，在合同约定的缴付期限内政府价格调整时，按照缴付时的价格计价。逾期缴付标的物的，遇价格上涨时，按照原价格执行；价格下降时，按照新价格执行。逾期提取标的物或者逾期付款的，遇价格上涨时，按照新价格执行；价格下降时，按照原价格执行。

第六十四条 当事人约定由债务人向第三人履行债务的，债务人未向第三人履行债务或者履行债务不符合约定，应当向债权人承担违约责任。

第六十五条 当事人约定由第三人向债权人履行债务的，第三人不履行债务或者履行债务不符合约定，债务人应当向债权人承担违约责任。

第六十六条 当事人互负债务，没有先后履行顺序的，应当同时履行。一方在对方履行之前有权拒绝其履行要求。一方在对方履行债务不符合约定时，有权拒绝其相应的履行要求。

第六十七条 当事人互负债务，有先后履行顺序，先履行一方未履行的，后履行一方有权拒绝其履行要求。先履行一方履行债务不符合约定的，后履行一方有权拒绝其相应的履行要求。

第六十八条 应当先履行债务的当事人，有确切证据证明对方有下列情形之一的，可以中止履行：

（一）经营状况严重恶化；

（二）转移财产、抽逃资金，以逃避债务；

（三）丧失商业信誉；

（四）有丧失或者可能丧失履行债务能力的其他情形。

当事人没有确切证据中止履行的，应当承担违约责任。

第六十九条 当事人依照本法第六十八条的规定中止履行的，应当及时通知对方。对方提供适当担保时，应当恢复履行。中止履行后，对方在合理期限内未恢复履行能力并且未提供适当担保的，中止履行的一方可以解除合同。

第七十条 债权人分立、合并或者变更住所没有通知债务人，致使履行债务发生困难的，债务人可以中止履行或者将标的物提存。

第七十一条 债权人可以拒绝债务人提前履行债务，但提前履行不损害债权人利益的除外。

债务人提前履行债务给债权人增加的费用，由债务人负担。

第七十二条 债权人可以拒绝债务人部分履行债务，但部分履行不损害债权人利益的除外。

债务人部分履行债务给债权人增加的费用，由债务人负担。

第七十三条 因债务人怠于行使其到期债权，对债权人造成损害的，债权人可以向人民法院请求以自己的名义代位行使债务人的债权，但该债权专属于债务人自身的除外。

代位权的行使范围以债权人的债权为限。债权人行使代位权的必要费用，由债务人负担。

第七十四条 因债务人放弃其到期债权或者无偿转让财产，对债权人造成损害的，债权人可以请求人民法院撤销债务人的行为。

债务人以明显不合理的低价转让财产，对债权人造成损害，并且受让人知道该情形的，债权人也可以请求人民法院撤销债务人的行为。

撤销权的行使范围以债权人的债权为限。债权人行使撤销权的必要费用，由债务人负担。

第七十五条 撤销权自债权人知道或者应当知道撤销事由之日起一年内行使。自债务人的行为发生之日起五年内没有行使撤销权的，该撤销权消灭。

第七十六条 合同生效后，当事人不得因姓名、名称的变更或者法定代表人、负责人、承办人的变动而不履行合同义务。

第五章 合同的变更和转让

第七十七条 当事人协商一致，可以变更合同。

法律、行政法规规定变更合同应当办理批准、登记等手续的，依照其规定。

第七十八条 当事人对合同变更的内容约定不明确的，推定为未变更。

第七十九条 债权人可以将合同的权利全部或者部分转让给第三人，但有下列情形之一的除外：

（一）根据合同性质不得转让；

（二）按照当事人约定不得转让；

（三）依照法律规定不得转让。

第八十条 债权人转让权利的，应当通知债务人。未经通知，该转让对债务人不发生效力。

债权人转让权利的通知不得撤销，但经受让人同意的除外。

第八十一条 债权人转让权利的，受让人取得与债权有关的从权利，但该从权利专属于债权人自身的除外。

第八十二条 债务人接到债权转让通知后，债务人对让与人的抗辩，可以向受让人主张。

第八十三条 债务人接到债权转让通知时，债务人对让与人享有债权，并且债务人的债权先于转让的债权到期或者同时到期的，债务人可以向受让人主张抵销。

第八十四条 债务人将合同的义务全部或者部分转移给第三人的，应当经债权人同意。

第八十五条 债务人转移义务的，新债务人可以主张原债务人对债权人的抗辩。

第八十六条 债务人转移义务的，新债务人应当承担与主债务有关的从债务，但该从债务专属于原债务人自身的除外。

第八十七条 法律、行政法规规定转让权利或者转移义务应当办理批准、登记等手续的，依照其规定。

第八十八条 当事人一方经对方同意，可以将自己在合同中的权利和义务一并转让给第三人。

第八十九条 权利和义务一并转让的，适用本法第七十九条、第八十一条至第八十三条、第八十五条至第八十七条的规定。

第九十条 当事人订立合同后合并的，由合并后的法人或者其他组织行使合同权利，履行合同义务。当事人订立合同后分立的，除债权人和债务人另有约定的以外，由分立的法人或者其他组织对合同的权利和义务享有连带债权，承担连带债务。

第六章 合同的权利义务终止

第九十一条 有下列情形之一的，合同的权利义务终止：

（一）债务已经按照约定履行；

（二）合同解除；

（三）债务相互抵销；

（四）债务人依法将标的物提存；

（五）债权人免除债务；

（六）债权债务同归于一人；

（七）法律规定或者当事人约定终止的其他情形。

第九十二条 合同的权利义务终止后，当事人应当遵循诚实信用原则，根据交易习惯履行通知、协助、保密等义务。

第九十三条 当事人协商一致，可以解除合同。

当事人可以约定一方解除合同的条件。解除合同的条件成就时，解除权人可以解除合同。

第九十四条 有下列情形之一的，当事人可以解除合同：

（一）因不可抗力致使不能实现合同目的；

（二）在履行期限届满之前，当事人一方明确表示或者以自己的行为表明不履行主要债务；

（三）当事人一方迟延履行主要债务，经催告后在合理期限内仍未履行；

（四）当事人一方迟延履行债务或者有其他违约行为致使不能实现合同目的；

（五）法律规定的其他情形。

第九十五条 法律规定或者当事人约定解除权行使期限，期限届满当事人不行使的，该权利消灭。

法律没有规定或者当事人没有约定解除权行使期限，经对方催告后在合理期限内不行使的，该权利消灭。

第九十六条 当事人一方依照本法第九十三条第二款、第九十四条的规定主张解除合同的，应当通知对方。合同自通知到达对方时解除。对方有异议的，可以请求人民法院或者仲裁机构确认解除合同的效力。

法律、行政法规规定解除合同应当办理批准、登记等手续的，依照其规定。

第九十七条 合同解除后，尚未履行的，终止履行；已经履行的，根据履行情况和合同性质，当事人可以要求恢复原状、采取其他补救措施，并有权要求赔偿损失。

第九十八条 合同的权利义务终止，不影响合同中结算和清理条款的效力。

第九十九条 当事人互负到期债务，该债务的标的物种类、品质相同的，任何一方可以将自己的债务与对方的债务抵销，但依照法律规定或者按照合同性质不得抵销的除外。

当事人主张抵销的，应当通知对方。通知自到达对方时生效。

抵销不得附条件或者附期限。

第一〇〇条 当事人互负债务，标的物种类、品质不相同的，经双方协商一致，也可以抵销。

第一〇一条 有下列情形之一，难以履行债务的，债务人可以将标的物提存：

（一）债权人无正当理由拒绝受领；

（二）债权人下落不明；

（三）债权人死亡未确定继承人或者丧失民事行为能力未确定监护人；

（四）法律规定的其他情形。

标的物不适于提存或者提存费用过高的，债务人依法可以拍卖或者变卖标的物，提存所得的价款。

第一〇二条 标的物提存后，除债权人下落不明的以外，债务人应当及时通知债权人或者债权人的继承人、监护人。

第一〇三条 标的物提存后，毁损、灭失的风险由债权人承担。提存期间，标的物的孳息归债权人所有。提存费用由债权人负担。

第一〇四条 债权人可以随时领取提存物，但债权人对债务人负有到期债务的，在债权人未履行债务或者提供担保之前，提存部门根据债务人的要求应当拒绝其领取提存物。

债权人领取提存物的权利，自提存之日起五年内不行使而消灭，提存物扣除提存费用后归国家所有。

第一〇五条 债权人免除债务人部分或者全部债务的，合同的权利义务部分或者全部终止。

第一〇六条 债权和债务同归于一人的，合同的权利义务终止，但涉及第三人利益的除外。

第七章　违约责任

第一〇七条 当事人一方不履行合同义务或者履行合同义务不符合约定的，应当承担继续履行、采取补救措施或者赔偿损失等违约责任。

第一〇八条 当事人一方明确表示或者以自己的行为表明不履行合同义务的，对方可以在履行期限届满之前要求其承担违约责任。

第一〇九条 当事人一方未支付价款或者报酬的，对方可以要求其支付价款或者报酬。

第一一〇条 当事人一方不履行非金钱债务或者履行非金钱债务不符合约定的，对方可以要求履行，但有下列情形之一的除外：

（一）法律上或者事实上不能履行；

（二）债务的标的不适于强制履行或者履行费用过高；

（三）债权人在合理期限内未要求履行。

第一一一条 质量不符合约定的，应当按照当事人的约定承担违约责任。对违约责任没有约定或者约定不明确，依照本法第六十一条的规定仍不能确定的，受损害方根据标的的性质以及损失的大小，可以合理选择要求对方承担修理、更换、重作、退货、减少价款或者报酬等违约责任。

第一一二条 当事人一方不履行合同义务或者履行合同义务不符合约定的，在履行义务或者采取补救措施后，对方还有其他损失的，应当赔偿损失。

第一一三条 当事人一方不履行合同义务或者履行合同义务不符合约定，给对方造成损失的，损失赔偿额应当相当于因违约所造成的损失，包括合同履行后可以获得的利益，但不得超过违反合同一方订立合同时预见到或者应当预见到的因违反合同可能造成的损失。

经营者对消费者提供商品或者服务有欺诈行为的，依照《中华人民共和国消费者权益保护法》的规定承担损害赔偿责任。

第一一四条 当事人可以约定一方违约时应当根据违约情况向对方支付一定数额的违约金，也可以约定因违约产生的损失赔偿额的计算方法。

约定的违约金低于造成的损失的，当事人可以请求人民法院或者仲裁机构予以增加；约定的违约金过分高于造成的损失的，当事人可以请求人民法院或者仲裁机构予以适当减少。

当事人就迟延履行约定违约金的，违约方支付违约金后，还应当履行债务。

第一一五条 当事人可以依照《中华人民共和国担保法》约定一方向对方给付定金作为债权的担保。债务人履行债务后，定金应当抵作价款或者收回。给付定金的一方不履行约定的债务的，无权要求返还定金；收受定金的一方不履行约定的债务的，应当双倍返还定金。

第一一六条 当事人既约定违约金，又约定定金的，一方违约时，对方可以选择适用违约金或者定金条款。

第一一七条 因不可抗力不能履行合同的，根据不可抗力的影响，部分或者全部免除责任，但法律另有规定的除外。当事人迟延履行后发生不可抗力的，不能免除责任。

本法所称不可抗力，是指不能预见、不能避免并不能克服的客观情况。

第一一八条 当事人一方因不可抗力不能履行合同的，应当及时通知对方，以减轻可能给对方造成的损失，并应当在合理期限内提供证明。

第一一九条 当事人一方违约后，对方应当采取适当措施防止损失的扩大；没有采取适当措施致使损失扩大的，不得就扩大的损失要求赔偿。

当事人因防止损失扩大而支出的合理费用，由违约方承担。

第一二〇条 当事人双方都违反合同的，应当各自承担相应的责任。

第一二一条 当事人一方因第三人的原因造成违约的，应当向对方承担违约责任。当事人一方和第三人之间的纠纷，依照法律规定或者按照约定解决。

第一二二条 因当事人一方的违约行为，侵害对方人身、财产权益的，受损害方有权选择依照本法要求其承担违约责任或者依照其他法律要求其承担侵权责任。

第八章　其他规定

第一二三条 其他法律对合同另有规定的，依照其规定。

第一二四条 本法分则或者其他法律没有明文规定的合同，适用本法总则的规定，并可以参照本法分则或者其他法律最相类似的规定。

第一二五条 当事人对合同条款的理解有争议的，应当按照合同所使用的词句、合同的有关条款、合同的目的、交易习惯以及诚实信用原则，确定该条款的真实意思。

合同文本采用两种以上文字订立并约定具有同等效力的，对各文本使用的词句推定具有相同含义。各文本使用的词句不一致的，应当根据合同的目的予以解释。

第一二六条 涉外合同的当事人可以选择处理合同争议所适用的法律，但法律另有规定的除外。涉外合同的当事人没有选择的，适用与合同有最密切联系的国家的法律。

在中华人民共和国境内履行的中外合资经营企业合同、中外合作经营企业合同、中外合作勘探开发自然资源合同，适用中华人民共和国法律。

第一二七条 工商行政管理部门和其他有关行政主管部门在各自的职权范围内，依照法律、行政法规的规定，对利用合同危害国家利益、社会公共利益的违法行为，负责监督处理；构成犯罪的，依法追究刑事责任。

第一二八条 当事人可以通过和解或者调解解决合同争议。

当事人不愿和解、调解或者和解、调解不成的，可以根据仲裁协议向仲裁机构申请仲裁。涉外合同的当事人可以根据仲裁协议向中国仲裁机构或者其他仲裁机构申请仲裁。当事人没有订立仲裁协议或者仲裁协议无效的，可以向人民法院起诉。当事人应当履行发生法律效力的判决、仲裁裁决、调解书；拒不履行的，对方可以请求人民法院执行。

第一二九条 因国际货物买卖合同和技术进出口合同争议提起诉讼或者申请仲裁的期限为四年，自当事人知道或者应当知道其权利受到侵害之日起计算。因其他合同争议提起诉讼或者申请仲裁的期限，依照有关法律的规定。

分 则

第九章 买卖合同

第一三〇条 买卖合同是出卖人转移标的物的所有权于买受人，买受人支付价款的合同。

第一三一条 买卖合同的内容除依照本法第十二条的规定以外，还可以包括包装方式、检验标准和方法、结算方式、合同使用的文字及其效力等条款。

第一三二条 出卖的标的物，应当属于出卖人所有或者出卖人有权处分。

法律、行政法规禁止或者限制转让的标的物，依照其规定。

第一三三条 标的物的所有权自标的物缴付时起转移，但法律另有规定或者当事人另有约定的除外。

第一三四条 当事人可以在买卖合同中约定买受人未履行支付价款或者其他义务的，标的物的所有权属于出卖人。

第一三五条 出卖人应当履行向买受人缴付标的物或者缴付提取标的物的单证，并转移标的物所有权的义务。

第一三六条 出卖人应当按照约定或者交易习惯向买受人缴付提取标的物单证以外的有关单证和资料。

第一三七条 出卖具有知识产权的计算机软件等标的物的，除法律另有规定或者当事人另有约定的以外，该标的物的知识产权不属于买受人。

第一三八条 出卖人应当按照约定的期限缴付标的物。

约定缴付期间的，出卖人可以在该缴付期间内的任何时间缴付。

第一三九条 当事人没有约定标的物的缴付期限或者约定不明确的，适用本法第六十一条、第六十二条第四项的规定。

第一四〇条 标的物在订立合同之前已为买受人占有的，合同生效的时间为缴付时间。

第一四一条 出卖人应当按照约定的地点缴付标的物。

当事人没有约定缴付地点或者约定不明确，依照本法第六十一条的规定仍不能确定的，适用下列规定：

（一）标的物需要运输的，出卖人应当将标的物缴付给第一承运人以运交给买受人；

（二）标的物不需要运输，出卖人和买受人订立合同时知道标的物在某一地点的，出卖人应当在该地点缴付标的物；不知道标的物在某一地点的，应当在出卖人订立合同时的营业地缴付标的物。

第一四二条 标的物毁损、灭失的风险，在标的物缴付之前由出卖人承担，缴付之后由买受人承担，但法律另有规定或者当事人另有约定的除外。

第一四三条 因买受人的原因致使标的物不能按照约定的期限缴付的，买受人应当自违反约定之日起承担标的物毁损、灭失的风险。

第一四四条 出卖人出卖交由承运人运输的在途标的物，除当事人另有约定的以外，毁损、灭失的风险自合同成立时起由买受人承担。

第一四五条 当事人没有约定缴付地点或者约定不明确，依照本法第一百四十一条第二款第一项的规定标的物需要运输的，出卖人将标的物缴付给第一承运人后，标的物毁损、灭失的风险由买受人承担。

第一四六条 出卖人按照约定或者依照本法第一四一条第二款第二项的规定将标的物置于缴付地点，买受人违反约定没有收取的，标的物毁损、灭失的风险自违反约定之日起由买受人承担。

第一四七条 出卖人按照约定未缴付有关标的物的单证和资料的，不影响标的物毁损、灭失风险的转移。

第一四八条 因标的物质量不符合质量要求，致使不能实现合同目的的，买受人可以拒绝接受标的物或者解除合同。买受人拒绝接受标的物或者解除合同的，标的物毁损、灭失的风险由出卖人承担。

第一四九条 标的物毁损、灭失的风险由买受人承担的，不影响因出卖人履行债务不符合约定，买受人要求其承担违约责任的权利。

第一五〇条 出卖人就缴付的标的物，负有保证第三人不得向买受人主张任何权利的义务，但法律另有规定的除外。

第一五一条 买受人订立合同时知道或者应当知道第三人对买卖的标的物享有权利的，出卖人不承担本法第一五〇条规定的义务。

第一五二条 买受人有确切证据证明第三人可能就标的物主张权利的，可以中止支付相应的价款，但出卖人提供适当担保的除外。

第一五三条 出卖人应当按照约定的质量要求缴付标的物。出卖人提供有关标的物质量说明的，缴付的标的物应当符合该说明的质量要求。

第一五四条 当事人对标的物的质量要求没有约定或者约定不明确，依照本法第六十一条的规定仍不能确定的，适用本法第六十二条第一项的规定。

第一五五条 出卖人缴付的标的物不符合质量要求的，买受人可以依照本法第一一一条的规定要求承担违约责任。

第一五六条 出卖人应当按照约定的包装方式缴付标的物。对包装方式没有约定或者约定不明确，依照本法第六十一条的规定仍不能确定的，应当按照通用的方式包装，没有通用方式的，应当采取足以保护标的物的包装方式。

第一五七条 买受人收到标的物时应当在约定的检验期间内检验。没有约定检验期间的，应当及时检验。

第一五八条 当事人约定检验期间的，买受人应当在检验期间内将标的物的数量或者质量不符合约定的情形通知出卖人。

买受人怠于通知的，视为标的物的数量或者质量符合约定。

当事人没有约定检验期间的，买受人应当在发现或者应当发现标的物的数量或者质量不符合约定的合理期间内通知出卖人。买受人在合理期间内未通知或者自标的物收到之日起两年内未通知出卖人的，视为标的物的数量或者质量符合约定，但对标的物有质量保证期的，适用质量保证期，不适用该两年的规定。

出卖人知道或者应当知道提供的标的物不符合约定的，买受人不受前两款规定的通知时间的限制。

第一五九条 买受人应当按照约定的数额支付价款。对价款没有约定或者约定不明确的，适用本法第六十一条、第六十二条第二项的规定。

第一六〇条 买受人应当按照约定的地点支付价款。对支付地点没有约定或者约定不明确，依照本法第六十一条的规定仍不能确定的，买受人应当在出卖人的营业地支付，但约定支付价款以缴付标的物或者缴付提取标的物单证为条件的，在缴付标的物或者缴付提取标的物单证的所在地支付。

第一六一条 买受人应当按照约定的时间支付价款。对支付时间没有约定或者约定不明确，依照本法第六十一条的规定仍不能确定的，买受人应当在收到标的物或者提取标的物单证的同时支付。

第一六二条 出卖人多交标的物的，买受人可以接收或者拒绝接收多交的部分。买受人接收多交部分的，按照合同的价格支付价款；买受人拒绝接收多交部分的，应当及时通知出卖人。

第一六三条 标的物在缴付之前产生的孳息，归出卖人所有，缴付之后产生的孳息，归买受人所有。

第一六四条 因标的物的主物不符合约定而解除合同的，解除合同的效力及于从物。因标的物的从物不符合约定被解除的，解除的效力不及于主物。

第一六五条 标的物为数物，其中一物不符合约定的，买受人可以就该物解除，但该物与他物分离使标的物的价值显受损害的，当事人可以就数物解除合同。

第一六六条 出卖人分批缴付标的物的，出卖人对其中一批标的物不缴付或者缴付不符合约定，致使该批标的物不能实现合同目的的，买受人可以就该批标的物解除。

出卖人不缴付其中一批标的物或者缴付不符合约定，致使今后其他各批标的物的缴付不能实现合同目的的，买受人可以就该批以及今后其他各批标的物解除。

买受人如果就其中一批标的物解除，该批标的物与其他各批标的物相互依存的，可以就已经缴付和未缴付的各批标的物解除。

第一六七条 分期付款的买受人未支付到期价款的金额达到全部价款的五分之一的，出卖人可以要求买受人支付全部价款或者解除合同。

出卖人解除合同的，可以向买受人要求支付该标的物的使用费。

第一六八条 凭样品买卖的当事人应当封存样品，并可以对样品质量予以说明。出卖人缴付的标的物应当与样品及其说明的质量相同。

第一六九条 凭样品买卖的买受人不知道样品有隐蔽瑕疵的，即使缴付的标的物与样品相同，出卖人缴付的标的物的质量仍然应当符合同种物的通常标准。

第一七〇条 试用买卖的当事人可以约定标的物的试用期间。对试用期间没有约定或者约定不明确，依照本法第六十一条的规定仍不能确定的，由出卖人确定。

第一七一条 试用买卖的买受人在试用期内可以购买标的物，也可以拒绝购买。试用期间届满，买受人对是否购买标的物未作表示的，视为购买。

第一七二条 招标投标买卖的当事人的权利和义务以及招标投标程序等，依照有关法律、行政法规的规定。

第一七三条 拍卖的当事人的权利和义务以及拍卖程序等，依照有关法律、行政法规的规定。

第一七四条 法律对其他有偿合同有规定的，依照其规定；没有规定的，参照买卖合同的有关规定。

第一七五条 当事人约定易货交易，转移标的物的所有权的，参照买卖合同的有关规定。

第十章 供用电、水、气、热力合同

第一七六条 供用电合同是供电人向用电人供电，用电人支付电费的合同。

第一七七条 供用电合同的内容包括供电的方式、质量、时间，用电容量、地址、性质，计量方式，电价、电费的结算方式，供用电设施的维护责任等条款。

第一七八条 供用电合同的履行地点，按照当事人约定；当事人没有约定或者约定不明确的，供电设施的产权分界处为履行地点。

第一七九条 供电人应当按照国家规定的供电质量标准和约定安全供电。供电人未按照国家规定的供电质量标准和约定安全供电，造成用电人损失的，应当承担损害赔偿责任。

第一八〇条 供电人因供电设施计划检修、临时检修、依法限电或者用电人违法用电等原因，需要中断供电时，应当按照国家有关规定事先通知用电人。未事先通知用电人中断供电，造成用电人损失的，应当承担损害赔偿责任。

第一八一条 因自然灾害等原因断电，供电人应当按照国家有关规定及时抢修。未及时抢修，造成用电人损失的，应当承担损害赔偿责任。

第一八二条 用电人应当按照国家有关规定和当事人的约定及时缴付电费。用电人逾期不缴付电费的，应当按照约定支付违约金。经催告用电人在合理期限内仍不缴付电费和违约金的，供电人可以按照国家规定的程序中止供电。

第一八三条 用电人应当按照国家有关规定和当事人的约定安全用电。用电人未按照国家有关规定和当事人的约定安全用电，造成供电人损失的，应当承担损害赔偿责任。

第一八四条 供用水、供用气、供用热力合同，参照供用电合同的有关规定。

第十一章 赠予合同

第一八五条 赠予合同是赠予人将自己的财产无偿给予受赠人，受赠人表示接受赠予的合同。

第一八六条 赠予人在赠予财产的权利转移之前可以撤销赠予。

具有救灾、扶贫等社会公益、道德义务性质的赠予合同或者经过公证的赠予合同，不适用前款规定。

第一八七条 赠予的财产依法需要办理登记等手续的，应当办理有关手续。

第一八八条 具有救灾、扶贫等社会公益、道德义务性质的赠予合同或者经过公证的赠予合同，赠予人不缴付赠予的财产的，受赠人可以要求缴付。

第一八九条 因赠予人故意或者重大过失致使赠予的财产毁损、灭失的，赠予人应当承担损害赔偿责任。

第一九〇条 赠予可以附义务。

赠予附义务的，受赠人应当按照约定履行义务。

第一九一条 赠予的财产有瑕疵的，赠予人不承担责任。

附义务的赠予，赠予的财产有瑕疵的，赠予人在附义务的限度内承担与出卖人相同的责任。

赠予人故意不告知瑕疵或者保证无瑕疵，造成受赠人损失的，应当承担损害赔偿责任。

第一九二条 受赠人有下列情形之一的，赠予人可以撤销赠予：

（一）严重侵害赠予人或者赠予人的近亲属；

（二）对赠予人有抚养义务而不履行；

（三）不履行赠予合同约定的义务。

赠予人的撤销权，自知道或者应当知道撤销原因之日起一年内行使。

第一九三条 因受赠人的违法行为致使赠予人死亡或者丧失民事行为能力的，赠予人的继承人或者法定代理人可以撤销赠予。

赠予人的继承人或者法定代理人的撤销权，自知道或者应当知道撤销原因之日起六个月内行使。

第一九四条 撤销权人撤销赠予的，可以向受赠人要求返还赠予的财产。

第一九五条 赠予人的经济状况显著恶化，严重影响其生产经营或者家庭生活的，可以不再履行赠予义务。

第十二章 借款合同

第一九六条 借款合同是借款人向贷款人借款，到期返还借款并支付利息的合同。

第一九七条 借款合同采用书面形式，但自然人之间借款另有约定的除外。

借款合同的内容包括借款种类、币种、用途、数额、利率、期限和还款方式等条款。

第一九八条 订立借款合同，贷款人可以要求借款人提供担保。担保依照《中华人民共和国担保法》的规定。

第一九九条 订立借款合同，借款人应当按照贷款人的要求提供与借款有关的业务活动和财务状况的真实情况。

第二○○条 借款的利息不得预先在本金中扣除。利息预先在本金中扣除的，应当按照实际借款数额返还借款并计算利息。

第二○一条 贷款人未按照约定的日期、数额提供借款，造成借款人损失的，应当赔偿损失。

借款人未按照约定的日期、数额收取借款的，应当按照约定的日期、数额支付利息。

第二○二条 贷款人按照约定可以检查、监督借款的使用情况。借款人应当按照约定向贷款人定期提供有关财务会计报表等资料。

第二○三条 借款人未按照约定的借款用途使用借款的，贷款人可以停止发放借款、提前收回借款或者解除合同。

第二○四条 办理贷款业务的金融机构贷款的利率，应当按照中国人民银行规定的贷款利率的上下限确定。

第二〇五条 借款人应当按照约定的期限支付利息。对支付利息的期限没有约定或者约定不明确，依照本法第六十一条的规定仍不能确定，借款期间不满一年的，应当在返还借款时一并支付；借款期间一年以上的，应当在每届满一年时支付，剩余期间不满一年的，应当在返还借款时一并支付。

第二〇六条 借款人应当按照约定的期限返还借款。对借款期限没有约定或者约定不明确，依照本法第六十一条的规定仍不能确定的，借款人可以随时返还；贷款人可以催告借款人在合理期限内返还。

第二〇七条 借款人未按照约定的期限返还借款的，应当按照约定或者国家有关规定支付逾期利息。

第二〇八条 借款人提前偿还借款的，除当事人另有约定的以外，应当按照实际借款的期间计算利息。

第二〇九条 借款人可以在还款期限届满之前向贷款人申请展期。贷款人同意的，可以展期。

第二一〇条 自然人之间的借款合同，自贷款人提供借款时生效。

第二一一条 自然人之间的借款合同对支付利息没有约定或者约定不明确的，视为不支付利息。

自然人之间的借款合同约定支付利息的，借款的利率不得违反国家有关限制借款利率的规定。

第十三章 租赁合同

第二一二条 租赁合同是出租人将租赁物缴付承租人使用、收益，承租人支付租金的合同。

第二一三条 租赁合同的内容包括租赁物的名称、数量、用途、租赁期限、租金及其支付期限和方式、租赁物维修等条款。

第二一四条 租赁期限不得超过二十年。超过二十年的，超过部分无效。

租赁期间届满，当事人可以续订租赁合同，但约定的租赁期限自续订之日起不得超过二十年。

第二一五条 租赁期限六个月以上的，应当采用书面形式。当事人未采用书面形式的，视为不定期租赁。

第二一六条 出租人应当按照约定将租赁物缴付承租人，并在租赁期间保持租赁物符合约定的用途。

第二一七条 承租人应当按照约定的方法使用租赁物。

对租赁物的使用方法没有约定或者约定不明确，依照本法第六十一条的规定仍不能确定的，应当按照租赁物的性质使用。

第二一八条 承租人按照约定的方法或者租赁物的性质使用租赁物，致使租赁物受到损耗的，不承担损害赔偿责任。

第二一九条 承租人未按照约定的方法或者租赁物的性质使用租赁物，致使租赁物受到损失的，出租人可以解除合同并要求赔偿损失。

第二二〇条 出租人应当履行租赁物的维修义务，但当事人另有约定的除外。

第二二一条 承租人在租赁物需要维修时可以要求出租人在合理期限内维修。出租人未履行维修义务的，承租人可以自行维修，维修费用由出租人负担。因维修租赁物影响承租人使用的，应当相应减少租金或者延长租期。

第二二二条 承租人应当妥善保管租赁物，因保管不善造成租赁物毁损、灭失的，应当承担损害赔偿责任。

第二二三条 承租人经出租人同意，可以对租赁物进行改善或者增设他物。

承租人未经出租人同意，对租赁物进行改善或者增设他物的，出租人可以要求承租人恢复原状或者赔偿损失。

第二二四条 承租人经出租人同意，可以将租赁物转租给第三人。承租人转租的，承租人与出租人之间的租赁合同继续有效，第三人对租赁物造成损失的，承租人应当赔偿损失。

承租人未经出租人同意转租的，出租人可以解除合同。

第二二五条 在租赁期间因占有、使用租赁物获得的收益，归承租人所有，但当事人另有约定的除外。

第二二六条 承租人应当按照约定的期限支付租金。对支付期限没有约定或者约定不明确，依照本法第六十一条的规定仍不能确定，租赁期间不满一年的，应当在租赁期间届满时支付；租赁期间一年以上的，应当在每届满一年时支付，剩余期间不满一年的，应当在租赁期间届满时支付。

第二二七条 承租人无正当理由未支付或者迟延支付租金的，出租人可以要求承租人在合理期限内支付。承租人逾期不支付的，出租人可以解除合同。

第二二八条 因第三人主张权利，致使承租人不能对租赁物使用、收益的，承租人可以要求减少租金或者不支付租金。

第三人主张权利的，承租人应当及时通知出租人。

第二二九条 租赁物在租赁期间发生所有权变动的，不影响租赁合同的效力。

第二三〇条 出租人出卖租赁房屋的，应当在出卖之前的合理期限内通知承租人，承租人享有以同等条件优先购买的权利。

第二三一条 因不可归责于承租人的事由，致使租赁物部分或者全部毁损、灭失的，承租人可以要求减少租金或者不支付租金；因租赁物部分或者全部毁损、灭失，致使不能实现合同目的的，承租人可以解除合同。

第二三二条 当事人对租赁期限没有约定或者约定不明确，依照本法第六十一条的规定仍不能确定的，视为不定期租赁。

当事人可以随时解除合同，但出租人解除合同应当在合理期限之前通知承租人。

第二三三条 租赁物危及承租人的安全或者健康的，即使承租人订立合同时明知该租赁物质量不合格，承租人仍然可以随时解除合同。

第二三四条 承租人在房屋租赁期间死亡的，与其生前共同居住的人可以按照原租赁合同租赁该房屋。

第二三五条 租赁期间届满，承租人应当返还租赁物。返还的租赁物应当符合按照约定或者租赁物的性质使用后的状态。

第二三六条 租赁期间届满，承租人继续使用租赁物，出租人没有提出异议的，原租赁合同继续有效，但租赁期限为不定期。

第十四章 融资租赁合同

第二三七条 融资租赁合同是出租人根据承租人对出卖人、租赁物的选择，向出卖人购买租赁物，提供给承租人使用，承租人支付租金的合同。

第二三八条 融资租赁合同的内容包括租赁物名称、数量、规格、技术性能、检验方法、租赁期限、租金构成及其支付期限和方式、币种、租赁期间届满租赁物的归属等条款。

融资租赁合同应当采用书面形式。

第二三九条 出租人根据承租人对出卖人、租赁物的选择订立的买卖合同，出卖人应当按照约定向承租人缴付标的物，承租人享有与受领标的物有关的买受人的权利。

第二四〇条 出租人、出卖人、承租人可以约定，出卖人不履行买卖合同义务的，由承租人行使索赔的权利。承租人行使索赔权利的，出租人应当协助。

第二四一条 出租人根据承租人对出卖人、租赁物的选择订立的买卖合同，未经承租人同意，出租人不得变更与承租人有关的合同内容。

第二四二条 出租人享有租赁物的所有权。承租人破产的，租赁物不属于破产财产。

第二四三条 融资租赁合同的租金，除当事人另有约定的以外，应当根据购买租赁物的大部分或者全部成本以及出租人的合理利润确定。

第二四四条 租赁物不符合约定或者不符合使用目的的，出租人不承担责任，但承租人依赖出租人的技能确定租赁物或者出租人干预选择租赁物的除外。

第二四五条 出租人应当保证承租人对租赁物的占有和使用。

第二四六条 承租人占有租赁物期间，租赁物造成第三人的人身伤害或者财产损害的，出租人不承担责任。

第二四七条 承租人应当妥善保管、使用租赁物。

承租人应当履行占有租赁物期间的维修义务。

第二四八条 承租人应当按照约定支付租金。承租人经催告后在合理期限内仍不支付租金的，出租人可以要求支付全部租金；也可以解除合同，收回租赁物。

第二四九条 当事人约定租赁期间届满租赁物归承租人所有，承租人已经支付大部分租金，但无力支付剩余租金，出租人因此解除合同收回租赁物的，收回的租赁物的价值超过承租人欠付的租金以及其他费用的，承租人可以要求部分返还。

第二五〇条　出租人和承租人可以约定租赁期间届满租赁物的归属。对租赁物的归属没有约定或者约定不明确，依照本法第六十一条的规定仍不能确定的，租赁物的所有权归出租人。

第十五章　承揽合同

第二五一条　承揽合同是承揽人按照定作人的要求完成工作，缴付工作成果，定作人给付报酬的合同。

承揽包括加工、定作、修理、复制、测试、检验等工作。

第二五二条　承揽合同的内容包括承揽的标的、数量、质量、报酬、承揽方式、材料的提供、履行期限、验收标准和方法等条款。

第二五三条　承揽人应当以自己的设备、技术和劳力，完成主要工作，但当事人另有约定的除外。

承揽人将其承揽的主要工作交由第三人完成的，应当就该第三人完成的工作成果向定作人负责；未经定作人同意的，定作人也可以解除合同。

第二五四条　承揽人可以将其承揽的辅助工作交由第三人完成。承揽人将其承揽的辅助工作交由第三人完成的，应当就该第三人完成的工作成果向定作人负责。

第二五五条　承揽人提供材料的，承揽人应当按照约定选用材料，并接受定作人检验。

第二五六条　定作人提供材料的，定作人应当按照约定提供材料。承揽人对定作人提供的材料，应当及时检验，发现不符合约定时，应当及时通知定作人更换、补齐或者采取其他补救措施。

承揽人不得擅自更换定作人提供的材料，不得更换不需要修理的零部件。

第二五七条　承揽人发现定作人提供的图纸或者技术要求不合理的，应当及时通知定作人。因定作人怠于答复等原因造成承揽人损失的，应当赔偿损失。

第二五八条 定作人中途变更承揽工作的要求，造成承揽人损失的，应当赔偿损失。

第二五九条 承揽工作需要定作人协助的，定作人有协助的义务。

定作人不履行协助义务致使承揽工作不能完成的，承揽人可以催告定作人在合理期限内履行义务，并可以顺延履行期限；定作人逾期不履行的，承揽人可以解除合同。

第二六〇条 承揽人在工作期间，应当接受定作人必要的监督检验。定作人不得因监督检验妨碍承揽人的正常工作。

第二六一条 承揽人完成工作的，应当向定作人缴付工作成果，并提交必要的技术资料和有关质量证明。定作人应当验收该工作成果。

第二六二条 承揽人缴付的工作成果不符合质量要求的，定作人可以要求承揽人承担修理、重作、减少报酬、赔偿损失等违约责任。

第二六三条 定作人应当按照约定的期限支付报酬。对支付报酬的期限没有约定或者约定不明确，依照本法第六十一条的规定仍不能确定的，定作人应当在承揽人缴付工作成果时支付；工作成果部分缴付的，定作人应当相应支付。

第二六四条 定作人未向承揽人支付报酬或者材料费等价款的，承揽人对完成的工作成果享有留置权，但当事人另有约定的除外。

第二六五条 承揽人应当妥善保管定作人提供的材料以及完成的工作成果，因保管不善造成毁损、灭失的，应当承担损害赔偿责任。

第二六六条 承揽人应当按照定作人的要求保守秘密，未经定作人许可，不得留存复制品或者技术资料。

第二六七条 共同承揽人对定作人承担连带责任，但当事人另有约定的除外。

第二六八条 定作人可以随时解除承揽合同，造成承揽人损失的，应当赔偿损失。

第十六章　建设工程合同

第二六九条 建设工程合同是承包人进行工程建设，发包人支付价款的合同。

建设工程合同包括工程勘察、设计、施工合同。

第二七〇条　建设工程合同应当采用书面形式。

第二七一条　建设工程的招标投标活动，应当依照有关法律的规定公开、公平、公正进行。

第二七二条　发包人可以与总承包人订立建设工程合同，也可以分别与勘察人、设计人、施工人订立勘察、设计、施工承包合同。发包人不得将应当由一个承包人完成的建设工程肢解成若干部分发包给几个承包人。

总承包人或者勘察、设计、施工承包人经发包人同意，可以将自己承包的部分工作交由第三人完成。第三人就其完成的工作成果与总承包人或者勘察、设计、施工承包人向发包人承担连带责任。

承包人不得将其承包的全部建设工程转包给第三人或者将其承包的全部建设工程肢解以后以分包的名义分别转包给第三人。

禁止承包人将工程分包给不具备相应资质条件的单位。禁止分包单位将其承包的工程再分包。建设工程主体结构的施工必须由承包人自行完成。

第二七三条　国家重大建设工程合同，应当按照国家规定的程序和国家批准的投资计划、可行性研究报告等文件订立。

第二七四条　勘察、设计合同的内容包括提交有关基础资料和文件（包括概预算）的期限、质量要求、费用以及其他协作条件等条款。

第二七五条　施工合同的内容包括工程范围、建设工期、中间交工工程的开工和竣工时间、工程质量、工程造价、技术资料缴付时间、材料和设备供应责任、拨款和结算、竣工验收、质量保修范围和质量保证期、双方相互协作等条款。

第二七六条　建设工程实行监理的，发包人应当与监理人采用书面形式订立委托监理合同。发包人与监理人的权利和义务以及法律责任，应当依照本法委托合同以及其他有关法律、行政法规的规定。

第二七七条　发包人在不妨碍承包人正常作业的情况下，可以随时对作业进度、质量进行检查。

第二七八条　隐蔽工程在隐蔽以前，承包人应当通知发包人检查。发包人没有及时检查的，承包人可以顺延工程日期，并有权要求赔偿停工、窝工等损失。

第二七九条 建设工程竣工后，发包人应当根据施工图纸及说明书、国家颁发的施工验收规范和质量检验标准及时进行验收。验收合格的，发包人应当按照约定支付价款，并接收该建设工程。

建设工程竣工经验收合格后，方可缴付使用；未经验收或者验收不合格的，不得缴付使用。

第二八〇条 勘察、设计的质量不符合要求或者未按照期限提交勘察、设计文件拖延工期，造成发包人损失的，勘察人、设计人应当继续完善勘察、设计，减收或者免收勘察、设计费并赔偿损失。

第二八一条 因施工人的原因致使建设工程质量不符合约定的，发包人有权要求施工人在合理期限内无偿修理或者返工、改建。经过修理或者返工、改建后，造成逾期缴付的，施工人应当承担违约责任。

第二八二条 因承包人的原因致使建设工程在合理使用期限内造成人身和财产损害的，承包人应当承担损害赔偿责任。

第二八三条 发包人未按照约定的时间和要求提供原材料、设备、场地、资金、技术资料的，承包人可以顺延工程日期，并有权要求赔偿停工、窝工等损失。

第二八四条 因发包人的原因致使工程中途停建、缓建的，发包人应当采取措施弥补或者减少损失，赔偿承包人因此造成的停工、窝工、倒运、机械设备调迁、材料和构件积压等损失和实际费用。

第二八五条 因发包人变更计划，提供的资料不准确，或者未按照期限提供必需的勘察、设计工作条件而造成勘察、设计的返工、停工或者修改设计，发包人应当按照勘察人、设计人实际消耗的工作量增付费用。

第二八六条 发包人未按照约定支付价款的，承包人可以催告发包人在合理期限内支付价款。发包人逾期不支付的，除按照建设工程的性质不宜折价、拍卖的以外，承包人可以与发包人协议将该工程折价，也可以申请人民法院将该工程依法拍卖。建设工程的价款就该工程折价或者拍卖的价款优先受偿。

第二八七条 本章没有规定的，适用承揽合同的有关规定。

第十七章 运输合同

第一节 一般规定

第二八八条 运输合同是承运人将旅客或者货物从起运地点运输到约定地点，旅客、托运人或者收货人支付票款或者运输费用的合同。

第二八九条 从事公共运输的承运人不得拒绝旅客、托运人通常、合理的运输要求。

第二九〇条 承运人应当在约定期间或者合理期间内将旅客、货物安全运输到约定地点。

第二九一条 承运人应当按照约定的或者通常的运输路线将旅客、货物运输到约定地点。

第二九二条 旅客、托运人或者收货人应当支付票款或者运输费用。承运人未按照约定路线或者通常路线运输增加票款或者运输费用的，旅客、托运人或者收货人可以拒绝支付增加部分的票款或者运输费用。

第二节 客运合同

第二九三条 客运合同自承运人向旅客缴付客票时成立，但当事人另有约定或者另有交易习惯的除外。

第二九四条 旅客应当持有效客票乘运。旅客无票乘运、超程乘运、越级乘运或者持失效客票乘运的，应当补交票款，承运人可以按照规定加收票款。旅客不缴付票款的，承运人可以拒绝运输。

第二九五条 旅客因自己的原因不能按照客票记载的时间乘坐的，应当在约定的时间内办理退票或者变更手续。逾期办理的，承运人可以不退票款，并不再承担运输义务。

第二九六条 旅客在运输中应当按照约定的限量携带行李。超过限量携带行李的，应当办理托运手续。

第二九七条 旅客不得随身携带或者在行李中夹带易燃、易爆、有毒、有腐蚀性、有放射性以及有可能危及运输工具上人身和财产安全的危险物品或者其他违禁物品。

旅客违反前款规定的，承运人可以将违禁物品卸下、销毁或者送交有关部门。旅客坚持携带或者夹带违禁物品的，承运人应当拒绝运输。

第二九八条 承运人应当向旅客及时告知有关不能正常运输的重要事由和安全运输应当注意的事项。

第二九九条 承运人应当按照客票载明的时间和班次运输旅客。承运人迟延运输的，应当根据旅客的要求安排改乘其他班次或者退票。

第三〇〇条 承运人擅自变更运输工具而降低服务标准的，应当根据旅客的要求退票或者减收票款；提高服务标准的，不应当加收票款。

第三〇一条 承运人在运输过程中，应当尽力救助患有急病、分娩、遇险的旅客。

第三〇二条 承运人应当对运输过程中旅客的伤亡承担损害赔偿责任，但伤亡是旅客自身健康原因造成的或者承运人证明伤亡是旅客故意、重大过失造成的除外。

前款规定适用于按照规定免票、持优待票或者经承运人许可搭乘的无票旅客。

第三〇三条 在运输过程中旅客自带物品毁损、灭失，承运人有过错的，应当承担损害赔偿责任。

旅客托运的行李毁损、灭失的，适用货物运输的有关规定。

第三节　货运合同

第三〇四条 托运人办理货物运输，应当向承运人准确表明收货人的名称或者姓名或者凭指示的收货人，货物的名称、性质、重量、数量，收货地点等有关货物运输的必要情况。

因托运人申报不实或者遗漏重要情况，造成承运人损失的，托运人应当承担损害赔偿责任。

第三〇五条 货物运输需要办理审批、检验等手续的，托运人应当将办理完有关手续的文件提交承运人。

第三〇六条 托运人应当按照约定的方式包装货物。对包装方式没有约定或者约定不明确的，适用本法第一五六条的规定。

托运人违反前款规定的，承运人可以拒绝运输。

第三〇七条 托运人托运易燃、易爆、有毒、有腐蚀性、有放射性等危险物品的，应当按照国家有关危险物品运输的规定对危险物品妥善包装，作出危险物标志和标签，并将有关危险物品的名称、性质和防范措施的书面材料提交承运人。

托运人违反前款规定的，承运人可以拒绝运输，也可以采取相应措施以避免损失的发生，因此产生的费用由托运人承担。

第三〇八条 在承运人将货物缴付收货人之前，托运人可以要求承运人中止运输、返还货物、变更到达地或者将货物交给其他收货人，但应当赔偿承运人因此受到的损失。

第三〇九条 货物运输到达后，承运人知道收货人的，应当及时通知收货人，收货人应当及时提货。收货人逾期提货的，应当向承运人支付保管费等费用。

第三一〇条 收货人提货时应当按照约定的期限检验货物。

对检验货物的期限没有约定或者约定不明依照本法第一条的规定仍不能确定的，应当在合理期限内检验货物。收货人在约定的期限或者合理期限内对货物的数量、毁损等未提出异议的，视为承运人已经按照运输单证的记载缴付的初步证据。

第三一一条 承运人对运输过程中货物的毁损、灭失承担损害赔偿责任，但承运人证明货物的毁损、灭失是因不可抗力、货物本身的自然性质或者合理损耗以及托运人、收货人的过错造成的，不承担损害赔偿责任。

第三一二条 货物的毁损、灭失的赔偿额，当事人有约定的，按照其约定；没有约定或者约定不明确，依照本法第六十一条的规定仍不能确定的，按照缴付或者应当缴付时货物到达地的市场价格计算。法律、行政法规对赔偿额的计算方法和赔偿限额另有规定的，依照其规定。

第三一三条 两个以上承运人以同一运输方式联运的，与托运人订立合同的承运人应当对全程运输承担责任。损失发生在某一运输区段的，与托运人订立合同的承运人和该区段的承运人承担连带责任。

第三一四条 货物在运输过程中因不可抗力灭失，未收取运费的，承运人不得要求支付运费；已收取运费的，托运人可以要求返还。

第三一五条 托运人或者收货人不支付运费、保管费以及其他运输费用的，承运人对相应的运输货物享有留置权，但当事人另有约定的除外。

第三一六条 收货人不明或者收货人无正当理由拒绝受领货物的，依照本法第一〇一条的规定，承运人可以提存货物。

第四节 多式联运合同

第三一七条 多式联运经营人负责履行或者组织履行多式联运合同，对全程运输享有承运人的权利，承担承运人的义务。

第三一八条 多式联运经营人可以与参加多式联运的各区段承运人就多式联运合同的各区段运输约定相互之间的责任，但该约定不影响多式联运经营人对全程运输承担的义务。

第三一九条 多式联运经营人收到托运人缴付的货物时，应当签发多式联运单据。按照托运人的要求，多式联运单据可以是可转让单据，也可以是不可转让单据。

第三二〇条 因托运人托运货物时的过错造成多式联运经营人损失的，即使托运人已经转让多式联运单据，托运人仍然应当承担损害赔偿责任。

第三二一条 货物的毁损、灭失发生于多式联运的某一运输区段的，多式联运经营人的赔偿责任和责任限额，适用调整该区段运输方式的有关法律规定。货物毁损、灭失发生的运输区段不能确定的，依照本章规定承担损害赔偿责任。

第十八章 技术合同

第一节 一般规定

第三二二条 技术合同是当事人就技术开发、转让、咨询或者服务订立的确立相互之间权利和义务的合同。

第三二三条 订立技术合同，应当有利于科学技术的进步，加速科学技术成果的转化、应用和推广。

第三二四条 技术合同的内容由当事人约定，一般包括以下条款：

（一）项目名称；

（二）标的的内容、范围和要求；

（三）履行的计划、进度、期限、地点、地域和方式；

（四）技术情报和资料的保密；

（五）风险责任的承担；

（六）技术成果的归属和收益的分成办法；

（七）验收标准和方法；

（八）价款、报酬或者使用费及其支付方式；

（九）违约金或者损失赔偿的计算方法；

（十）解决争议的方法；

（十一）名词和术语的解释。

与履行合同有关的技术背景资料、可行性论证和技术评价报告、项目任务书和计划书、技术标准、技术规范、原始设计和工艺文件，以及其他技术文档，按照当事人的约定可以作为合同的组成部分。

技术合同涉及专利的，应当注明发明创造的名称、专利申请人和专利权人、申请日期、申请号、专利号以及专利权的有效期限。

第三二五条 技术合同价款、报酬或者使用费的支付方式由当事人约定，可以采取一次总算、一次总付或者一次总算、分期支付，也可以采取提成支付或者提成支付附加预付入门费的方式。

约定提成支付的，可以按照产品价格、实施专利和使用技术秘密后新增的产值、利润或者产品销售额的一定比例提成，也可以按照约定的其他方式计算。提成支付的比例可以采取固定比例、逐年递增比例或者逐年递减比例。

约定提成支付的，当事人应当在合同中约定查阅有关会计账目的办法。

第三二六条 职务技术成果的使用权、转让权属于法人或者其他组织的，法人或者其他组织可以就该项职务技术成果订立技术合同。法人或者其他组织应当从使用和转让该项职务技术成果所取得的收益中提取一定比例，对完成该项职务技术成果的个人给予奖励或者报酬。法人或者其他组织订立技术合同转让职务技术成果时，职务技术成果的完成人享有以同等条件优先受让的权利。

职务技术成果是执行法人或者其他组织的工作任务，或者主要是利用法人或者其他组织的物质技术条件所完成的技术成果。

第三二七条 非职务技术成果的使用权、转让权属于完成技术成果的个人，完成技术成果的个人可以就该项非职务技术成果订立技术合同。

第三二八条 完成技术成果的个人有在有关技术成果文件上写明自己是技术成果完成者的权利和取得荣誉证书、奖励的权利。

第三二九条 非法垄断技术、妨碍技术进步或者侵害他人技术成果的技术合同无效。

第二节 技术开发合同

第三三〇条 技术开发合同是指当事人之间就新技术、新产品、新工艺或者新材料及其系统的研究开发所订立的合同。

技术开发合同包括委托开发合同和合作开发合同。

技术开发合同应当采用书面形式。

当事人之间就具有产业应用价值的科技成果实施转化订立的合同，参照技术开发合同的规定。

第三三一条 委托开发合同的委托人应当按照约定支付研究开发经费和报酬；提供技术资料、原始数据；完成协作事项；接受研究开发成果。

第三三二条 委托开发合同的研究开发人应当按照约定制定和实施研究开发计划，合理使用研究开发经费，按期完成研究开发工作，缴付研究开发成果，提供有关的技术资料和必要的技术指导，帮助委托人掌握研究开发成果。

第三三三条 委托人违反约定造成研究开发工作停滞、延误或者失败的，应当承担违约责任。

第三三四条 研究开发人违反约定造成研究开发工作停滞、延误或者失败的，应当承担违约责任。

第三三五条 合作开发合同的当事人应当按照约定进行投资，包括以技术进行投资；分工参与研究开发工作；协作配合研究开发工作。

第三三六条 合作开发合同的当事人违反约定造成研究开发工作停滞、延误或者失败的，应当承担违约责任。

第三三七条 因作为技术开发合同标的的技术已经由他人公开，致使技术开发合同的履行没有意义的，当事人可以解除合同。

第三三八条　在技术开发合同履行过程中，因出现无法克服的技术困难，致使研究开发失败或者部分失败的，该风险责任由当事人约定。没有约定或者约定不明依照本法第一条的规定仍不能确定的，风险责任由当事人合理分担。

当事人一方发现前款规定的可能致使研究开发失败或者部分失败的情形时，应当及时通知另一方并采取适当措施减少损失。没有及时通知并采取适当措施，致使损失扩大的，应当就扩大的损失承担责任。

第三三九条　委托开发完成的发明创造，除当事人另有约定的以外，申请专利的权利属于研究开发人。研究开发人取得专利权的，委托人可以免费实施该专利。

研究开发人转让专利申请权的，委托人享有以同等条件优先受让的权利。

第三四〇条　合作开发完成的发明创造，除当事人另有约定的以外，申请专利的权利属于合作开发的当事人共有。当事人一方转让其共有的专利申请权的，其他各方享有以同等条件优先受让的权利。

合作开发的当事人一方声明放弃其共有的专利申请权的，可以由另一方单独申请或者由其他各方共同申请。申请人取得专利权的，放弃专利申请权的一方可以免费实施该专利。

合作开发的当事人一方不同意申请专利的，另一方或者其他各方不得申请专利。

第三四一条　委托开发或者合作开发完成的技术秘密成果的使用权、转让权以及利益的分配办法，由当事人约定。没有约定或者约定不明确，依照本法第六十一条的规定仍不能确定的，当事人均有使用和转让的权利，但委托开发的研究开发人不得在向委托人缴付研究开发成果之前，将研究开发成果转让给第三人。

第三节　技术转让合同

第三四二条　技术转让合同包括专利权转让、专利申请权转让、技术秘密转让、专利实施许可合同。

技术转让合同应当采用书面形式。

第三四三条　技术转让合同可以约定让与人和受让人实施专利或者使用

技术秘密的范围，但不得限制技术竞争和技术发展。

第三四四条 专利实施许可合同只在该专利权的存续期间内有效。专利权有效期限届满或者专利权被宣布无效的，专利权人不得就该专利与他人订立专利实施许可合同。

第三四五条 专利实施许可合同的让与人应当按照约定许可受让人实施专利，缴付实施专利有关的技术资料，提供必要的技术指导。

第三四六条 专利实施许可合同的受让人应当按照约定实施专利，不得许可约定以外的第三人实施该专利；并按照约定支付使用费。

第三四七条 技术秘密转让合同的让与人应当按照约定提供技术资料，进行技术指导，保证技术的实用性、可靠性，承担保密义务。

第三四八条 技术秘密转让合同的受让人应当按照约定使用技术，支付使用费，承担保密义务。

第三四九条 技术转让合同的让与人应当保证自己是所提供的技术的合法拥有者，并保证所提供的技术完整、无误、有效，能够达到约定的目标。

第三五〇条 技术转让合同的受让人应当按照约定的范围和期限，对让与人提供的技术中尚未公开的秘密部分，承担保密义务。

第三五一条 让与人未按照约定转让技术的，应当返还部分或者全部使用费，并应当承担违约责任；实施专利或者使用技术秘密超越约定的范围的，违反约定擅自许可第三人实施该项专利或者使用该项技术秘密的，应当停止违约行为，承担违约责任；违反约定的保密义务的，应当承担违约责任。

第三五二条 受让人未按照约定支付使用费的，应当补缴使用费并按照约定支付违约金；不补缴使用费或者支付违约金的，应当停止实施专利或者使用技术秘密，交还技术资料，承担违约责任；实施专利或者使用技术秘密超越约定的范围的，未经让与人同意擅自许可第三人实施该专利或者使用该技术秘密的，应当停止违约行为，承担违约责任；违反约定的保密义务的，应当承担违约责任。

第三五三条 受让人按照约定实施专利、使用技术秘密侵害他人合法权益的，由让与人承担责任，但当事人另有约定的除外。

第三五四条 当事人可以按照互利的原则，在技术转让合同中约定实施专利、使用技术秘密后续改进的技术成果的分享办法。没有约定或者约定不明确，依照本法第六十一条的规定仍不能确定的，一方后续改进的技术成果，其他各方无权分享。

第三五五条 法律、行政法规对技术进出口合同或者专利、专利申请合同另有规定的，依照其规定。

第四节 技术咨询合同和技术服务合同

第三五六条 技术咨询合同包括就特定技术项目提供可行性论证、技术预测、专题技术调查、分析评价报告等合同。

技术服务合同是指当事人一方以技术知识为另一方解决特定技术问题所订立的合同，不包括建设工程合同和承揽合同。

第三五七条 技术咨询合同的委托人应当按照约定阐明咨询的问题，提供技术背景材料及有关技术资料、数据；接受受托人的工作成果，支付报酬。

第三五八条 技术咨询合同的受托人应当按照约定的期限完成咨询报告或者解答问题；提出的咨询报告应当达到约定的要求。

第三五九条 技术咨询合同的委托人未按照约定提供必要的资料和数据，影响工作进度和质量，不接受或者逾期接受工作成果的，支付的报酬不得追回，未支付的报酬应当支付。

技术咨询合同的受托人未按期提出咨询报告或者提出的咨询报告不符合约定的，应当承担减收或者免收报酬等违约责任。

技术咨询合同的委托人按照受托人符合约定要求的咨询报告和意见作出决策所造成的损失，由委托人承担，但当事人另有约定的除外。

第三六〇条 技术服务合同的委托人应当按照约定提供工作条件，完成配合事项；接受工作成果并支付报酬。

第三六一条 技术服务合同的受托人应当按照约定完成服务项目，解决技术问题，保证工作质量，并传授解决技术问题的知识。

第三六二条 技术服务合同的委托人不履行合同义务或者履行合同义务不符合约定，影响工作进度和质量，不接受或者逾期接受工作成果的，支付的报酬不得追回，未支付的报酬应当支付。

技术服务合同的受托人未按照合同约定完成服务工作的，应当承担免收报酬等违约责任。

第三六三条 在技术咨询合同、技术服务合同履行过程中，受托人利用委托人提供的技术资料和工作条件完成的新的技术成果，属于受托人。委托人利用受托人的工作成果完成的新的技术成果，属于委托人。当事人另有约定的，按照其约定。

第三六四条 法律、行政法规对技术中介合同、技术培训合同另有规定的，依照其规定。

第十九章 保管合同

第三六五条 保管合同是保管人保管寄存人缴付的保管物，并返还该物的合同。

第三六六条 寄存人应当按照约定向保管人支付保管费。

当事人对保管费没有约定或者约定不明确，依照本法第六十一条的规定仍不能确定的，保管是无偿的。

第三六七条 保管合同自保管物缴付时成立，但当事人另有约定的除外。

第三六八条 寄存人向保管人缴付保管物的，保管人应当给付保管凭证，但另有交易习惯的除外。

第三六九条 保管人应当妥善保管保管物。

当事人可以约定保管场所或者方法。除紧急情况或者为了维护寄存人利益的以外，不得擅自改变保管场所或者方法。

第三七〇条 寄存人缴付的保管物有瑕疵或者按照保管物的性质需要采取特殊保管措施的，寄存人应当将有关情况告知保管人。寄存人未告知，致使保管物受损失的，保管人不承担损害赔偿责任；保管人因此受损失的，除保管人知道或者应当知道并且未采取补救措施的以外，寄存人应当承担损害赔偿责任。

第三七一条 保管人不得将保管物转交第三人保管，但当事人另有约定的除外。

保管人违反前款规定，将保管物转交第三人保管，对保管物造成损失的，应当承担损害赔偿责任。

第三七二条 保管人不得使用或者许可第三人使用保管物，但当事人另有约定的除外。

第三七三条 第三人对保管物主张权利的，除依法对保管物采取保全或者执行的以外，保管人应当履行向寄存人返还保管物的义务。

第三人对保管人提起诉讼或者对保管物申请扣押的，保管人应当及时通知寄存人。

第三七四条 保管期间，因保管人保管不善造成保管物毁损、灭失的，保管人应当承担损害赔偿责任，但保管是无偿的，保管人证明自己没有重大过失的，不承担损害赔偿责任。

第三七五条 寄存人寄存货币、有价证券或者其他贵重物品的，应当向保管人声明，由保管人验收或者封存。寄存人未声明的，该物品毁损、灭失后，保管人可以按照一般物品予以赔偿。

第三七六条 寄存人可以随时领取保管物。

当事人对保管期间没有约定或者约定不明确的，保管人可以随时要求寄存人领取保管物；约定保管期间的，保管人无特别事由，不得要求寄存人提前领取保管物。

第三七七条 保管期间届满或者寄存人提前领取保管物的，保管人应当将原物及其孳息归还寄存人。

第三七八条 保管人保管货币的，可以返还相同种类、数量的货币。保管其他可替代物的，可以按照约定返还相同种类、品质、数量的物品。

第三七九条 有偿的保管合同，寄存人应当按照约定的期限向保管人支付保管费。

当事人对支付期限没有约定或者约定不明依照本法第一条的规定仍不能确定的，应当在领取保管物的同时支付。

第三八〇条 寄存人未按照约定支付保管费以及其他费用的，保管人对保管物享有留置权，但当事人另有约定的除外。

第二十章 仓储合同

第三八一条 仓储合同是保管人储存存货人缴付的仓储物，存货人支付仓储费的合同。

第三八二条 仓储合同自成立时生效。

第三八三条 储存易燃、易爆、有毒、有腐蚀性、有放射性等危险物品或者易变质物品，存货人应当说明该物品的性质，提供有关资料。

存货人违反前款规定的，保管人可以拒收仓储物，也可以采取相应措施以避免损失的发生，因此产生的费用由存货人承担。

保管人储存易燃、易爆、有毒、有腐蚀性、有放射性等危险物品的，应当具备相应的保管条件。

第三八四条 保管人应当按照约定对入库仓储物进行验收。保管人验收时发现入库仓储物与约定不符合的，应当及时通知存货人。保管人验收后，发生仓储物的品种、数量、质量不符合约定的，保管人应当承担损害赔偿责任。

第三八五条 存货人缴付仓储物的，保管人应当给付仓单。

第三八六条 保管人应当在仓单上签字或者盖章。仓单包括下列事项：

（一）存货人的名称或者姓名和住所；

（二）仓储物的品种、数量、质量、包装、件数和标记；

（三）仓储物的损耗标准；

（四）储存场所；

（五）储存期间；

（六）仓储费；

（七）仓储物已经办理保险的，其保险金额、期间以及保险人的名称；

（八）填发人、填发地和填发日期。

第三八七条 仓单是提取仓储物的凭证。存货人或者仓单持有人在仓单上背书并经保管人签字或者盖章的，可以转让提取仓储物的权利。

第三八八条 保管人根据存货人或者仓单持有人的要求，应当同意其检查仓储物或者提取样品。

第三八九条 保管人对入库仓储物发现有变质或者其他损坏的，应当及时通知存货人或者仓单持有人。

第三九〇条 保管人对入库仓储物发现有变质或者其他损坏，危及其他仓储物的安全和正常保管的，应当催告存货人或者仓单持有人作出必要的处置。因情况紧急，保管人可以作出必要的处置，但事后应当将该情况及时通知存货人或者仓单持有人。

第三九一条 当事人对储存期间没有约定或者约定不明确的，存货人或者仓单持有人可以随时提取仓储物，保管人也可以随时要求存货人或者仓单持有人提取仓储物，但应当给予必要的准备时间。

第三九二条 储存期间届满，存货人或者仓单持有人应当凭仓单提取仓储物。存货人或者仓单持有人逾期提取的，应当加收仓储费；提前提取的，不减收仓储费。

第三九三条 储存期间届满，存货人或者仓单持有人不提取仓储物的，保管人可以催告其在合理期限内提取，逾期不提取的，保管人可以提存仓储物。

第三九四条 储存期间，因保管人保管不善造成仓储物毁损、灭失的，保管人应当承担损害赔偿责任。

因仓储物的性质、包装不符合约定或者超过有效储存期造成仓储物变质、损坏的，保管人不承担损害赔偿责任。

第三九五条 本章没有规定的，适用保管合同的有关规定。

第二十一章 委托合同

第三九六条 委托合同是委托人和受托人约定，由受托人处理委托人事务的合同。

第三九七条 委托人可以特别委托受托人处理一项或者数项事务，也可以概括委托受托人处理一切事务。

第三九八条 委托人应当预付处理委托事务的费用。受托人为处理委托事务垫付的必要费用，委托人应当偿还该费用及其利息。

第三九九条 受托人应当按照委托人的指示处理委托事务。需要变更委托人指示的，应当经委托人同意；因情况紧急，难以和委托人取得联系的，受托人应当妥善处理委托事务，但事后应当将该情况及时报告委托人。

第四〇〇条 受托人应当亲自处理委托事务。经委托人同意，受托人可以转委托。转委托经同意的，委托人可以就委托事务直接指示转委托的第三人，受托人仅就第三人的选任及其对第三人的指示承担责任。转委托未经同意的，受托人应当对转委托的第三人的行为承担责任，但在紧急情况下受托人为维护委托人的利益需要转委托的除外。

第四〇一条 受托人应当按照委托人的要求，报告委托事务的处理情况。委托合同终止时，受托人应当报告委托事务的结果。

第四〇二条 受托人以自己的名义，在委托人的授权范围内与第三人订立的合同，第三人在订立合同时知道受托人与委托人之间的代理关系的，该合同直接约束委托人和第三人，但有确切证据证明该合同只约束受托人和第三人的除外。

第四〇三条 受托人以自己的名义与第三人订立合同时，第三人不知道受托人与委托人之间的代理关系的，受托人因第三人的原因对委托人不履行义务，受托人应当向委托人披露第三人，委托人因此可以行使受托人对第三人的权利，但第三人与受托人订立合同时如果知道该委托人就不会订立合同的除外。

受托人因委托人的原因对第三人不履行义务，受托人应当向第三人披露委托人，第三人因此可以选择受托人或者委托人作为相对人主张其权利，但第三人不得变更选定的相对人。

委托人行使受托人对第三人的权利的，第三人可以向委托人主张其对受托人的抗辩。

第三人选定委托人作为其相对人的，委托人可以向第三人主张其对受托人的抗辩以及受托人对第三人的抗辩。

第四〇四条 受托人处理委托事务取得的财产，应当转交给委托人。

第四〇五条 受托人完成委托事务的，委托人应当向其支付报酬。因不可归责于受托人的事由，委托合同解除或者委托事务不能完成的，委托人应当向受托人支付相应的报酬。当事人另有约定的，按照其约定。

第四〇六条 有偿的委托合同，因受托人的过错给委托人造成损失的，委托人可以要求赔偿损失。无偿的委托合同，因受托人的故意或者重大过失给委托人造成损失的，委托人可以要求赔偿损失。

受托人超越权限给委托人造成损失的，应当赔偿损失。

第四〇七条 受托人处理委托事务时，因不可归责于自己的事由受到损失的，可以向委托人要求赔偿损失。

第四〇八条 委托人经受托人同意，可以在受托人之外委托第三人处理委托事务。因此给受托人造成损失的，受托人可以向委托人要求赔偿损失。

第四〇九条 两个以上的受托人共同处理委托事务的，对委托人承担连带责任。

第四一〇条 委托人或者受托人可以随时解除委托合同。

因解除合同给对方造成损失的，除不可归责于该当事人的事由以外，应当赔偿损失。

第四一一条 委托人或者受托人死亡、丧失民事行为能力或者破产的，委托合同终止，但当事人另有约定或者根据委托事务的性质不宜终止的除外。

第四一二条 因委托人死亡、丧失民事行为能力或者破产，致使委托合同终止将损害委托人利益的，在委托人的继承人、法定代理人或者清算组织承受委托事务之前，受托人应当继续处理委托事务。

第四一三条 因受托人死亡、丧失民事行为能力或者破产，致使委托合同终止的，受托人的继承人、法定代理人或者清算组织应当及时通知委托人。因委托合同终止将损害委托人利益的，在委托人作出善后处理之前，受托人的继承人、法定代理人或者清算组织应当采取必要措施。

第二十二章 行纪合同

第四一四条 行纪合同是行纪人以自己的名义为委托人从事贸易活动，委托人支付报酬的合同。

第四一五条 行纪人处理委托事务支出的费用，由行纪人负担，但当事人另有约定的除外。

第四一六条 行纪人占有委托物的，应当妥善保管委托物。

第四一七条 委托物缴付给行纪人时有瑕疵或者容易腐烂、变质的，经委托人同意，行纪人可以处分该物；和委托人不能及时取得联系的，行纪人可以合理处分。

第四一八条 行纪人低于委托人指定的价格卖出或者高于委托人指定的价格买入的，应当经委托人同意。未经委托人同意，行纪人补偿其差额的，该买卖对委托人发生效力。

行纪人高于委托人指定的价格卖出或者低于委托人指定的价格买入的，可以按照约定增加报酬。没有约定或者约定不明确，依照本法第六十一条的规定仍不能确定的，该利益属于委托人。

委托人对价格有特别指示的，行纪人不得违背该指示卖出或者买入。

第四一九条 行纪人卖出或者买入具有市场定价的商品，除委托人有相反的意思表示的以外，行纪人自己可以作为买受人或者出卖人。

行纪人有前款规定情形的，仍然可以要求委托人支付报酬。

第四二〇条 行纪人按照约定买入委托物，委托人应当及时受领。经行纪人催告，委托人无正当理由拒绝受领的，行纪人依照本法第一〇一条的规定可以提存委托物。

委托物不能卖出或者委托人撤回出卖，经行纪人催告，委托人不取回或者不处分该物的，行本法第〇一条的规定可以提存委托物。

第四二一条 行纪人与第三人订立合同的，行纪人对该合同直接享有权利、承担义务。

第三人不履行义务致使委托人受到损害的，行纪人应当承担损害赔偿责任，但行纪人与委托人另有约定的除外。

第四二二条 行纪人完成或者部分完成委托事务的，委托人应当向其支付相应的报酬。委托人逾期不支付报酬的，行纪人对委托物享有留置权，但当事人另有约定的除外。

第四二三条 本章没有规定的，适用委托合同的有关规定。

第二十三章 居间合同

第四二四条 居间合同是居间人向委托人报告订立合同的机会或者提供订立合同的媒介服务，委托人支付报酬的合同。

第四二五条 居间人应当就有关订立合同的事项向委托人如实报告。

居间人故意隐瞒与订立合同有关的重要事实或者提供虚假情况，损害委托人利益的，不得要求支付报酬并应当承担损害赔偿责任。

第四二六条　居间人促成合同成立的，委托人应当按照约定支付报酬。对居间人的报酬没有约定或者约定不明确，依照本法第六十一条的规定仍不能确定的，根据居间人的劳务合理确定。因居间人提供订立合同的媒介服务而促成合同成立的，由该合同的当事人平均负担居间人的报酬。

居间人促成合同成立的，居间活动的费用，由居间人负担。

第四二七条　居间人未促成合同成立的，不得要求支付报酬，但可以要求委托人支付从事居间活动支出的必要费用。

附　则

第四二八条　本法自 1999 年 10 月 1 日起施行，《中华人民共和国经济合同法》《中华人民共和国涉外经济合同法》《中华人民共和国技术合同法》同时废止。

最高人民法院《关于适用〈中华人民共和国合同法〉若干问题的解释(一)》

为了正确审理合同纠纷案件,根据《中华人民共和国合同法》(以下简称《合同法》)的规定,对人民法院适用《合同法》的有关问题作出如下解释:

一　法律适用范围

第一条　《合同法》实施以后成立的合同发生纠纷起诉到人民法院的,适用《合同法》的规定;《合同法》实施以前成立的合同发生纠纷起诉到人民法院的,除本解释另有规定的以外,适用当时的法律规定,当时没有法律规定的,可以适用《合同法》的有关规定。

第二条　合同成立于《合同法》实施之前,但合同约定的履行期限跨越《合同法》实施之日或者履行期限在《合同法》实施之后,因履行合同发生的纠纷,适用《合同法》第四章的有关规定。

第三条　人民法院确认合同效力时,对《合同法》实施以前成立的合同,适用当时的法律合同无效而适用《合同法》合同有效的,则适用《合同法》。

第四条　《合同法》实施以后,人民法院确认合同无效,应当以全国人大及其常委会制定的法律和国务院制定的行政法规为依据,不得以地方性法规、行政规章为依据。

第五条　人民法院对《合同法》实施以前已经作出终审裁决的案件进行再审,不适用《合同法》。

二　诉讼时效

第六条　技术合同争议当事人的权利受到侵害的事实发生在《合同法》实

施之前，自当事人知道或者应当知道其权利受到侵害之日起至《合同法》实施之日超过一年的，人民法院不予保护；尚未超过一年的，其提起诉讼的时效期间为二年。

第七条　技术进出口合同争议当事人的权利受到侵害的事实发生在《合同法》实施之前，自当事人知道或者应当知道其权利受到侵害之日起至《合同法》施行之日超过二年的，人民法院不予保护；尚未超过二年的，其提起诉讼的时效期间为四年。

第八条　《合同法》第五十五条规定的“一年”、第七十五条和第一〇四条第二款规定的“五年”为不变期间，不适用诉讼时效中止、中断或者延长的规定。

三　合同效力

第九条　依照《合同法》第四十四条第二款的规定，法律、行政法规规定合同应当办理批准手续，或者办理批准、登记等手续才生效，在一审法庭辩论终结前当事人仍未办理批准手续的，或者仍未办理批准、登记等手续的，人民法院应当认定该合同未生效；法律、行政法规规定合同应当办理登记手续，但未规定登记后生效的，当事人未办理登记手续不影响合同的效力，合同标的物所有权及其他物权不能转移。

《合同法》第七十七条第二款、第八十七条、第九十六条第二款所列合同变更、转让、解除等情形，依照前款规定处理。

第十条　当事人超越经营范围订立合同，人民法院不因此认定合同无效。但违反国家限制经营、特许经营以及法律、行政法规禁止经营规定的除外。

四　代位权

第十一条　债权人依照《合同法》第七十三条的规定提起代位权诉讼，应当符合下列条件：

（一）债权人对债务人的债权合法；

（二）债务人怠于行使其到期债权，对债权人造成损害；

（三）债务人的债权已到期；

（四）债务人的债权不是专属于债务人自身的债权。

第十二条 《合同法》第七十三条第一款规定的专属于债务人自身的债权，是指基于抚养关系、扶养关系、赡养关系、继承关系产生的给付请求权和劳动报酬、退休金、养老金、抚恤金、安置费、人寿保险、人身伤害赔偿请求权等权利。

第十三条 《合同法》第七十三条规定的“债务人怠于行使其到期债权，对债权人造成损害的”，是指债务人不履行其对债权人的到期债务，又不以诉讼方式或者仲裁方式向其债务人主张其享有的具有金钱给付内容的到期债权，致使债权人的到期债权未能实现。

次债务人（即债务人的债务人）不认为债务人有怠于行使其到期债权情况的，应当承担举证责任。

第十四条 债权人依照《合同法》第七十三条的规定提起代位权诉讼的，由被告住所地人民法院管辖。

第十五条 债权人向人民法院起诉债务人以后，又向同一人民法院对次债务人提起代位权诉讼，符合本解释第十三条的规定和《中华人民共和国民事诉讼法》第一〇八条规定的起诉条件的，应当立案受理；不符合本解释第十三条规定的，告知债权人向次债务人住所地人民法院另行起诉。

受理代位权诉讼的人民法院在债权人起诉债务人的诉讼裁决发生法律效力以前，应当依照《中华人民共和国民事诉讼法》第一三六条第（五）项的规定中止代位权诉讼。

第十六条 债权人以次债务人为被告向人民法院提起代位权诉讼，未将债务人列为第三人的，人民法院可以追加债务人为第三人。

两个或者两个以上债权人以同一次债务人为被告提起代位权诉讼的，人民法院可以合并审理。

第十七条 在代位权诉讼中，债权人请求人民法院对次债务人的财产采取保全措施的，应当提供相应的财产担保。

第十八条 在代位权诉讼中，次债务人对债务人的抗辩，可以向债权人主张。

债务人在代位权诉讼中对债权人的债权提出异议，经审查异议成立的，人民法院应当裁定驳回债权人的起诉。

第十九条 在代位权诉讼中,债权人胜诉的,诉讼费由次债务人负担,从实现的债权中优先支付。

第二十条 债权人向次债务人提起的代位权诉讼经人民法院审理后认定代位权成立的,由次债务人向债权人履行清偿义务,债权人与债务人、债务人与次债务人之间相应的债权债务关系即予消灭。

第二十一条 在代位权诉讼中,债权人行使代位权的请求数额超过债务人所负债务额或者超过次债务人对债务人所负债务额的,对超出部分人民法院不予支持。

第二十二条 债务人在代位权诉讼中,对超过债权人代位请求数额的债权部分起诉次债务人的,人民法院应当告知其向有管辖权的人民法院另行起诉。

债务人的起诉符合法定条件的,人民法院应当受理;受理债务人起诉的人民法院在代位权诉讼裁决发生法律效力以前,应当依法中止。

五 撤销权

第二十三条 债权人依照《合同法》第七十四条的规定提起撤销权诉讼的,由被告住所地人民法院管辖。

第二十四条 债权人依照《合同法》第七十四条的规定提起撤销权诉讼时只以债务人为被告,未将受益人或者受让人列为第三人的,人民法院可以追加该受益人或者受让人为第三人。

第二十五条 债权人依照《合同法》第七十四条的规定提起撤销权诉讼,请求人民法院撤销债务人放弃债权或转让财产的行为,人民法院应当就债权人主张的部分进行审理,依法撤销的,该行为自始无效。

两个或者两个以上债权人以同一债务人为被告,就同一标的提起撤销权诉讼的,人民法院可以合并审理。

第二十六条 债权人行使撤销权所支付的律师代理费、差旅费等必要费用,由债务人负担;第三人有过错的,应当适当分担。

六 合同转让中的第三人

第二十七条 债权人转让合同权利后,债务人与受让人之间因履行合同发生纠纷诉至人民法院,债务人对债权人的权利提出抗辩的,可以将债权人列为第三人。

第二十八条 经债权人同意,债务人转移合同义务后,受让人与债权人之间因履行合同发生纠纷诉至人民法院,受让人就债务人对债权人的权利提出抗辩的,可以将债务人列为第三人。

第二十九条 合同当事人一方经对方同意将其在合同中的权利义务一并转让给受让人,对方与受让人因履行合同发生纠纷诉至人民法院,对方就合同权利义务提出抗辩的,可以将出让方列为第三人。

七 请求权竞合

第三十条 债权人依照《合同法》第一二二条的规定向人民法院起诉时作出选择后,在一审开庭以前又变更诉讼请求的,人民法院应当准许。对方当事人提出管辖权异议,经审查异议成立的,人民法院应当驳回起诉。

《中华人民共和国担保法》

第一章 总则

第一条 为促进资金融通和商品流通,保障债权的实现,发展社会主义市场经济,制定本法。

第二条 在借贷、买卖、货物运输、加工承揽等经济活动中,债权人需要以担保方式保障其债权实现的,可以依照本法规定设定担保。

本法规定的担保方式为保证、抵押、质押、留置和定金。

第三条 担保活动应当遵循平等、自愿、公平、诚实信用的原则。

第四条 第三人为债务人向债权人提供担保时,可以要求债务人提供反担保。

反担保适用本法担保的规定。

第五条 担保合同是主合同的从合同,主合同无效,担保合同无效。担保合同另有约定的,按照约定。

担保合同被确认无效后,债务人、担保人、债权人有过错的,应当根据其过错各自承担相应的民事责任。

第二章 保证

第一节 保证和保证人

第六条 本法所称保证,是指保证人和债权人约定,当债务人不履行债务时,保证人按照约定履行债务或者承担责任的行为。

第七条 具有代为清偿债务能力的法人、其他组织或者公民,可以作保证人。

第八条 国家机关不得为保证人,但经国务院批准为使用外国政府或者国际经济组织贷款进行转贷的除外。

第九条 学校、幼儿园、医院等以公益为目的的事业单位、社会团体不得为保证人。

第十条 企业法人的分支机构、职能部门不得为保证人。

企业法人的分支机构有法人书面授权的，可以在授权范围内提供保证。

第十一条 任何单位和个人不得强令银行等金融机构或者企业为他人提供保证；银行等金融机构或者企业对强令其为他人提供保证的行为，有权拒绝。

第十二条 同一债务有两个以上保证人的，保证人应当按照保证合同约定的保证份额，承担保证责任。没有约定保证份额的，保证人承担连带责任，债权人可以要求任何一个保证人承担全部保证责任，保证人都负有担保全部债权实现的义务。已经承担保证责任的保证人，有权向债务人追偿，或者要求承担连带责任的其他保证人清偿其应当承担的份额。

第二节 保证合同和保证方式

第十三条 保证人与债权人应当以书面形式订立保证合同。

第十四条 保证人与债权人可以就单个主合同分别订立保证合同，也可以协议在最高债权额限度内就一定期间连续发生的借款合同或者某项商品交易合同订立一个保证合同。

第十五条 保证合同应当包括以下内容：

（一）被保证的主债权种类、数额；

（二）债务人履行债务的期限；

（三）保证的方式；

（四）保证担保的范围；

（五）保证的期间；

（六）双方认为需要约定的其他事项。

保证合同不完全具备前款规定内容的，可以补正。

第十六条 保证的方式有：

（一）一般保证；

（二）连带责任保证。

第十七条 当事人在保证合同中约定，债务人不能履行债务时，由保证人承担保证责任的，为一般保证。

一般保证的保证人在主合同纠纷未经审判或者仲裁，并就债务人财产依法强制执行仍不能履行债务前,对债权人可以拒绝承担保证责任。

有下列情形之一的,保证人不得行使前款规定的权利:

(一)债务人住所变更,致使债权人要求其履行债务发生重大困难的;

(二)人民法院受理债务人破产案件,中止执行程序的;

(三)保证人以书面形式放弃前款规定的权利的。

第十八条 当事人在保证合同中约定保证人与债务人对债务承担连带责任的,为连带责任保证。

连带责任保证的债务人在主合同规定的债务履行期届满没有履行债务的,债权人可以要求债务人履行债务,也可以要求保证人在其保证范围内承担保证责任。

第十九条 当事人对保证方式没有约定或者约定不明确的,按照连带责任保证承担保证责任。

第二十条 一般保证和连带责任保证的保证人享有债务人的抗辩权。债务人放弃对债务的抗辩权的,保证人仍有权抗辩。

抗辩权是指债权人行使债权时,债务人根据法定事由,对抗债权人行使请求权的权利。

第三节 保证责任

第二十一条 保证担保的范围包括主债权及利息、违约金、损害赔偿金和实现债权的费用。保证合同另有约定的,按照约定。

当事人对保证担保的范围没有约定或者约定不明确的,保证人应当对全部债务承担责任。

第二十二条 保证期间,债权人依法将主债权转让给第三人的,保证人在原保证担保的范围内继续承担保证责任。保证合同另有约定的,按照约定。

第二十三条 保证期间,债权人许可债务人转让债务的,应当取得保证人书面同意,保证人对未经其同意转让的债务,不再承担保证责任。

第二十四条 债权人与债务人协议变更主合同的,应当取得保证人书面同意,未经保证人书面同意的,保证人不再承担保证责任。

保证合同另有约定的,按照约定。

第二十五条 一般保证的保证人与债权人未约定保证期间的,保证期间为主债务履行期届满之日起六个月。

在合同约定的保证期间和前款规定的保证期间,债权人未对债务人提起诉讼或者申请仲裁的,保证人免除保证责任;债权人已提起诉讼或者申请仲裁的,保证期间适用诉讼时效中断的规定。

第二十六条 连带责任保证的保证人与债权人未约定保证期间的,债权人有权自主债务履行期届满之日起六个月内要求保证人承担保证责任。

在合同约定的保证期间和前款规定的保证期间,债权人未要求保证人承担保证责任的,保证人免除保证责任。

第二十七条 保证人依照本法第十四条规定就连续发生的债权作保证,未约定保证期间的,保证人可以随时书面通知债权人终止保证合同,但保证人对于通知到债权人前所发生的债权,承担保证责任。

第二十八条 同一债权既有保证又有物的担保的,保证人对物的担保以外的债权承担保证责任。

债权人放弃物的担保的,保证人在债权人放弃权利的范围内免除保证责任。

第二十九条 企业法人的分支机构未经法人书面授权或者超出授权范围与债权人订立保证合同的,该合同无效或者超出授权范围的部分无效,债权人和企业法人有过错的,应当根据其过错各自承担相应的民事责任;债权人无过错的,由企业法人承担民事责任。

第三十条 有下列情形之一的,保证人不承担民事责任:

(一)主合同当事人双方串通,骗取保证人提供保证的;

(二)主合同债权人采取欺诈、胁迫等手段,使保证人在违背真实意思的情况下提供保证的。

第三十一条 保证人承担保证责任后,有权向债务人追偿。

第三十二条 人民法院受理债务人破产案件后,债权人未申报债权的,保证人可以参加破产财产分配,预先行使追偿权。

第三章 抵押

第一节 抵押和抵押物

第三十三条 本法所称抵押，是指债务人或者第三人不转移对本法第三十四条所列财产的占有，将该财产作为债权的担保。债务人不履行债务时，债权人有权依照本法规定以该财产折价或者以拍卖、变卖该财产的价款优先受偿。

前款规定的债务人或者第三人为抵押人，债权人为抵押权人，提供担保的财产为抵押物。

第三十四条 下列财产可以抵押：

（一）抵押人所有的房屋和其他地上定着物；

（二）抵押人所有的机器、交通运输工具和其他财产；

（三）抵押人依法有权处分的国有的土地使用权、房屋和其他地上定着物；

（四）抵押人依法有权处分的国有的机器、交通运输工具和其他财产；

（五）抵押人依法承包并经发包方同意抵押的荒山、荒沟、荒丘、荒滩等荒地的土地使用权；

（六）依法可以抵押的其他财产。

抵押人可以将前款所列财产一并抵押。

第三十五条 抵押人所担保的债权不得超出其抵押物的价值。

财产抵押后，该财产的价值大于所担保债权的余额部分，可以再次抵押，但不得超出其余额部分。

第三十六条 以依法取得的国有土地上的房屋抵押的，该房屋占用范围内的国有土地使用权同时抵押。

以出让方式取得的国有土地使用权抵押的，应当将抵押时该国有土地上的房屋同时抵押。

乡（镇）、村企业的土地使用权不得单独抵押。以乡（镇）、村企业的厂房等建筑物抵押的，其占用范围内的土地使用权同时抵押。

第三十七条 下列财产不得抵押：

（一）土地所有权；

（二）耕地、宅基地、自留地、自留山等集体所有的土地使用权，但本法第三

十四条第(五)项、第三十六条第三款规定的除外;

(三)学校、幼儿园、医院等以公益为目的的事业单位、社会团体的教育设施、医疗卫生设施和其他社会公益设施;

(四)所有权、使用权不明或者有争议的财产;

(五)依法被查封、扣押、监管的财产;

(六)依法不得抵押的其他财产。

第二节 抵押合同和抵押物登记

第三十八条 抵押人和抵押权人应当以书面形式订立抵押合同。

第三十九条 抵押合同应当包括以下内容:

(一)被担保的主债权种类、数额;

(二)债务人履行债务的期限;

(三)抵押物的名称、数量、质量、状况、所在地、所有权权属或者使用权权属;

(四)抵押担保的范围;

(五)当事人认为需要约定的其他事项。

抵押合同不完全具备前款规定内容的,可以补正。

第四十条 订立抵押合同时,抵押权人和抵押人在合同中不得约定在债务履行期届满抵押权人未受清偿时,抵押物的所有权转移为债权人所有。

第四十一条 当事人以本法第四十二条规定的财产抵押的,应当办理抵押物登记,抵押合同自登记之日起生效。

第四十二条 办理抵押物登记的部门如下:

(一)以无地上定着物的土地使用权抵押的,为核发土地使用权证书的土地管理部门;

(二)以城市房地产或者乡(镇)、村企业的厂房等建筑物抵押的,为县级以上地方人民政府规定的部门;

(三)以林木抵押的,为县级以上林木主管部门;

(四)以航空器、船舶、车辆抵押的,为运输工具的登记部门;

(五)以企业的设备和其他动产抵押的,为财产所在地的工商行政管理部门。

第四十三条 当事人以其他财产抵押的,可以自愿办理抵押物登记,抵押合同自签订之日起生效。

当事人未办理抵押物登记的,不得对抗第三人。当事人办理抵押物登记的,登记部门为抵押人所在地的公证部门。

第四十四条 办理抵押物登记,应当向登记部门提供下列文件或者其复印件:

(一)主合同和抵押合同;

(二)抵押物的所有权或者使用权证书。

第四十五条 登记部门登记的资料,应当允许查阅、抄录或者复印。

第三节 抵押的效力

第四十六条 抵押担保的范围包括主债权及利息、违约金、损害赔偿金和实现抵押权的费用。抵押合同另有约定的,按照约定。

第四十七条 债务履行期届满,债务人不履行债务致使抵押物被人民法院依法扣押的,自扣押之日起抵押权人有权收取由抵押物分离的天然孳息以及抵押人就抵押物可以收取的法定孳息。抵押权人未将扣押抵押物的事实通知应当清偿法定孳息的义务人的,抵押权的效力不及于该孳息。

前款孳息应当先充抵收取孳息的费用。

第四十八条 抵押人将已出租的财产抵押的,应当书面告知承租人,原租赁合同继续有效。

第四十九条 抵押期间,抵押人转让已办理登记的抵押物的,应当通知抵押权人并告知受让人转让物已经抵押的情况;抵押人未通知抵押权人或者未告知受让人的,转让行为无效。

转让抵押物的价款明显低于其价值的,抵押权人可以要求抵押人提供相应的担保;抵押人不提供的,不得转让抵押物。

抵押人转让抵押物所得的价款,应当向抵押权人提前清偿所担保的债权或者向与抵押权人约定的第三人提存。超过债权数额的部分,归抵押人所有,不足部分由债务人清偿。

第五十条 抵押权不得与债权分离而单独转让或者作为其他债权的担保。

第五十一条 抵押人的行为足以使抵押物价值减少的,抵押权人有权要求抵押人停止其行为。抵押物价值减少时，抵押权人有权要求抵押人恢复抵押物的价值，或者提供与减少的价值相当的担保。

抵押人对抵押物价值减少无过错的，抵押权人只能在抵押人因损害而得到的赔偿范围内要求提供担保。抵押物价值未减少的部分，仍作为债权的担保。

第五十二条 抵押权与其担保的债权同时存在，债权消灭的，抵押权也消灭。

第四节 抵押权的实现

第五十三条 债务履行期届满抵押权人未受清偿的，可以与抵押人协议以抵押物折价或者以拍卖、变卖该抵押物所得的价款受偿；协议不成的，抵押权人可以向人民法院提起诉讼。

抵押物折价或者拍卖、变卖后，其价款超过债权数额的部分归抵押人所有，不足部分由债务人清偿。

第五十四条 同一财产向两个以上债权人抵押的，拍卖、变卖抵押物所得的价款按照以下规定清偿：

（一）抵押合同已登记生效的，按照抵押物登记的先后顺序清偿；顺序相同的，按照债权比例清偿；

（二）抵押合同自签订之日起生效的，该抵押物已登记的，按照本条第（一）项规定清偿；未登记的，按照合同生效时间的先后顺序清偿，顺序相同的，按照债权比例清偿。抵押物已登记的先于未登记的受偿。

第五十五条 城市房地产抵押合同签订后，土地上新增的房屋不属于抵押物。需要拍卖该抵押的房地产时，可以依法将该土地上新增的房屋与抵押物一同拍卖，但对拍卖新增房屋所得，抵押权人无权优先受偿。

依照本法规定以承包的荒地的土地使用权抵押的，或者以乡（镇）、村企业的厂房等建筑物占用范围内的土地使用权抵押的，在实现抵押权后，未经法定程序不得改变土地集体所有和土地用途。

第五十六条 拍卖划拨的国有土地使用权所得的价款，在依法缴纳相当于应缴纳的土地使用权出让金的款额后，抵押权人有优先受偿权。

第五十七条 为债务人抵押担保的第三人，在抵押权人实现抵押权后，有权向债务人追偿。

第五十八条 抵押权因抵押物灭失而消灭。因灭失所得的赔偿金,应当作为抵押财产。

第五节 最高额抵押

第五十九条 本法所称最高额抵押,是指抵押人与抵押权人协议,在最高债权额限度内,以抵押物对一定期间内连续发生的债权作担保。

第六十条 借款合同可以附最高额抵押合同。

债权人与债务人就某项商品在一定期间内连续发生交易而签订的合同,可以附最高额抵押合同。

第六十一条 最高额抵押的主合同债权不得转让。

第六十二条 最高额抵押除适用本节规定外,适用本章其他规定。

第四章 质押

第一节 动产质押

第六十三条 本法所称动产质押,是指债务人或者第三人将其动产移交债权人占有,将该动产作为债权的担保。债务人不履行债务时,债权人有权依照本法规定以该动产折价或者以拍卖、变卖该动产的价款优先受偿。

前款规定的债务人或者第三人为出质人,债权人为质权人,移交的动产为质物。

第六十四条 出质人和质权人应当以书面形式订立质押合同。

质押合同自质物移交于质权人占有时生效。

第六十五条 质押合同应当包括以下内容:

(一)被担保的主债权种类、数额;

(二)债务人履行债务的期限;

(三)质物的名称、数量、质量、状况;

(四)质押担保的范围;

(五)质物移交的时间;

(六)当事人认为需要约定的其他事项。

质押合同不完全具备前款规定内容的,可以补正。

第六十六条 出质人和质权人在合同中不得约定在债务履行期届满质权

人未受清偿时，质物的所有权转移为质权人所有。

第六十七条 质押担保的范围包括主债权及利息、违约金、损害赔偿金、质物保管费用和实现质权的费用。质押合同另有约定的，按照约定。

第六十八条 质权人有权收取质物所生的孳息。质押合同另有约定的，按照约定。

前款孳息应当先充抵收取孳息的费用。

第六十九条 质权人负有妥善保管质物的义务。因保管不善致使质物灭失或者毁损的，质权人应当承担民事责任。

质权人不能妥善保管质物可能致使其灭失或者毁损的，出质人可以要求质权人将质物提存，或者要求提前清偿债权而返还质物。

第七十条 质物有损坏或者价值明显减少的可能，足以危害质权人权利的，质权人可以要求出质人提供相应的担保。出质人不提供的，质权人可以拍卖或者变卖质物，并与出质人协议将拍卖或者变卖所得的价款用于提前清偿所担保的债权或者向与出质人约定的第三人提存。

第七十一条 债务履行期届满债务人履行债务的，或者出质人提前清偿所担保的债权的，质权人应当返还质物。

债务履行期届满质权人未受清偿的，可以与出质人协议以质物折价，也可以依法拍卖、变卖质物。

质物折价或者拍卖、变卖后，其价款超过债权数额的部分归出质人所有，不足部分由债务人清偿。

第七十二条 为债务人质押担保的第三人，在质权人实现质权后，有权向债务人追偿。

第七十三条 质权因质物灭失而消灭。因灭失所得的赔偿金，应当作为出质财产。

第七十四条 质权与其担保的债权同时存在，债权消灭的，质权也消灭。

第二节 权利质押

第七十五条 下列权利可以质押：

（一）汇票、支票、本票、债券、存款单、仓单、提单；

（二）依法可以转让的股份、股票；

（三）依法可以转让的商标专用权，专利权、著作权中的财产权；

（四）依法可以质押的其他权利。

第七十六条 以汇票、支票、本票、债券、存款单、仓单、提单出质的，应当在合同约定的期限内将权利凭证缴付质权人。质押合同自权利凭证缴付之日起生效。

第七十七条 以载明兑现或者提货日期的汇票、支票、本票、债券、存款单、仓单、提单出质的，汇票、支票、本票、债券、存款单、仓单、提单兑现或者提货日期先于债务履行期的，质权人可以在债务履行期届满前兑现或者提货，并与出质人协议将兑现的价款或者提取的货物用于提前清偿所担保的债权或者向与出质人约定的第三人提存。

第七十八条 以依法可以转让的股票出质的，出质人与质权人应当订立书面合同，并向证券登记机构办理出质登记。质押合同自登记之日起生效。

股票出质后，不得转让，但经出质人与质权人协商同意的可以转让。出质人转让股票所得的价款应当向质权人提前清偿所担保的债权或者向与质权人约定的第三人提存。

以有限责任公司的股份出质的，适用《公司法》股份转让的有关规定。质押合同自股份出质记载于股东名册之日起生效。

第七十九条 以依法可以转让的商标专用权，专利权、著作权中的财产权出质的，出质人与质权人应当订立书面合同，并向其管理部门办理出质登记。质押合同自登记之日起生效。

第八十条 本法第七十九条规定的权利出质后，出质人不得转让或者许可他人使用，但经出质人与质权人协商同意的可以转让或者许可他人使用。出质人所得的转让费、许可费应当向质权人提前清偿所担保的债权或者向与质权人约定的第三人提存。

第八十一条 权利质押除适用本节规定外，适用本章第一节的规定。

第五章 留置

第八十二条 本法所称留置，是指依照本法第八十四条的规定，债权人按照合同约定占有债务人的动产，债务人不按照合同约定的期限履行债务的，债权人有权依照本法规定留置该财产,以该财产折价或者以拍卖、变卖该财产的价款优先受偿。

第八十三条 留置担保的范围包括主债权及利息、违约金、损害赔偿金、留置物保管费用和实现留置权的费用。

第八十四条 因保管合同、运输合同、加工承揽合同发生的债权,债务人不履行债务的,债权人有留置权。

法律规定可以留置的其他合同,适用前款规定。

当事人可以在合同中约定不得留置的物。

第八十五条 留置的财产为可分物的,留置物的价值应当相当于债务的金额。

第八十六条 留置权人负有妥善保管留置物的义务。因保管不善致使留置物灭失或者毁损的,留置权人应当承担民事责任。

第八十七条 债权人与债务人应当在合同中约定,债权人留置财产后,债务人应当在不少于两个月的期限内履行债务。债权人与债务人在合同中未约定的,债权人留置债务人财产后,应当确定两个月以上的期限,通知债务人在该期限内履行债务。

债务人逾期仍不履行的,债权人可以与债务人协议以留置物折价,也可以依法拍卖、变卖留置物。

留置物折价或者拍卖、变卖后,其价款超过债权数额的部分归债务人所有,不足部分由债务人清偿。

第八十八条 留置权因下列原因消灭:

(一)债权消灭的;

(二)债务人另行提供担保并被债权人接受的。

第六章　定金

第八十九条 当事人可以约定一方向对方给付定金作为债权的担保。债务人履行债务后,定金应当抵作价款或者收回。给付定金的一方不履行约定的债务的,无权要求返还定金;收受定金的一方不履行约定的债务的,应当双倍返还定金。

第九十条 定金应当以书面形式约定。当事人在定金合同中应当约定缴付定金的期限。定金合同从实际缴付定金之日起生效。

第九十一条 定金的数额由当事人约定,但不得超过主合同标的额的百分之二十。

第七章 附则

第九十二条 本法所称不动产是指土地以及房屋、林木等地上定着物。

本法所称动产是指不动产以外的物。

第九十三条 本法所称保证合同、抵押合同、质押合同、定金合同可以是单独订立的书面合同,包括当事人之间的具有担保性质的信函、传真等,也可以是主合同中的担保条款。

第九十四条 抵押物、质物、留置物折价或者变卖,应当参照市场价格。

第九十五条 《海商法》等法律对担保有特别规定的,依照其规定。

第九十六条 本法自 1995 年 10 月 1 日起施行。

最高人民法院《关于适用〈中华人民共和国担保法〉若干问题的解释》

为了正确适用《中华人民共和国担保法》(以下简称《担保法》),结合审判实践经验,对人民法院审理担保纠纷案件适用法律问题作出如下解释。

一 关于总则部分的解释

第一条 当事人对由民事关系产生的债权,在不违反法律、法规强制性规定的情况下,以《担保法》规定的方式设定担保的,可以认定为有效。

第二条 反担保人可以是债务人,也可以是债务人之外的其他人。

反担保方式可以是债务人提供的抵押或者质押,也可以是其他人提供的保证、抵押或者质押。

第三条 国家机关和以公益为目的的事业单位、社会团体违反法律规定提供担保的,担保合同无效。因此给债权人造成损失的,应当根据《担保法》第五条第二款的规定处理。

第四条 董事、经理违反《中华人民共和国公司法》第六十条的规定,以公司资产为本公司的股东或者其他个人债务提供担保的,担保合同无效。除债权人知道或者应当知道的外,债务人、担保人应当对债权人的损失承担连带赔偿责任。

第五条 以法律、法规禁止流通的财产或者不可转让的财产设定担保的,担保合同无效。

以法律、法规限制流通的财产设定担保的,在实现债权时,人民法院应当按照有关法律、法规的规定对该财产进行处理。

第六条 有下列情形之一的,对外担保合同无效:

(一)未经国家有关主管部门批准或者登记对外担保的;

(二)未经国家有关主管部门批准或者登记,为境外机构向境内债权人提供担保的;

（三）为外商投资企业注册资本、外商投资企业中的外方投资部分的对外债务提供担保的；

（四）无权经营外汇担保业务的金融机构、无外汇收入的非金融性质的企业法人提供外汇担保的；

（五）主合同变更或者债权人将对外担保合同项下的权利转让，未经担保人同意和国家有关主管部门批准的，担保人不再承担担保责任。但法律、法规另有规定的除外。

第七条 主合同有效而担保合同无效，债权人无过错的，担保人与债务人对主合同债权人的经济损失，承担连带赔偿责任；债权人、担保人有过错的，担保人承担民事责任的部分，不应超过债务人不能清偿部分的二分之一。

第八条 主合同无效而导致担保合同无效，担保人无过错的，担保人不承担民事责任；担保人有过错的，担保人承担民事责任的部分，不应超过债务人不能清偿部分的三分之一。

第九条 担保人因无效担保合同向债权人承担赔偿责任后，可以向债务人追偿，或者在承担赔偿责任的范围内，要求有过错的反担保人承担赔偿责任。

担保人可以根据承担赔偿责任的事实对债务人或者反担保人另行提起诉讼。

第十条 主合同解除后，担保人对债务人应当承担的民事责任仍应承担担保责任。但是，担保合同另有约定的除外。

第十一条 法人或者其他组织的法定代表人、负责人超越权限订立的担保合同，除相对人知道或者应当知道其超越权限的以外，该代表行为有效。

第十二条 当事人约定的或者登记部门要求登记的担保期间，对担保物权的存续不具有法律约束力。

担保物权所担保的债权的诉讼时效结束后，担保权人在诉讼时效结束后的二年内行使担保物权的，人民法院应当予以支持。

二 关于保证部分的解释

第十三条 保证合同中约定保证人代为履行非金钱债务的，如果保证人不能实际代为履行，对债权人因此造成的损失，保证人应当承担赔偿责任。

第十四条 不具有完全代偿能力的法人、其他组织或者自然人，以保证人身份订立保证合同后，又以自己没有代偿能力要求免除保证责任的，人民法院不予支持。

第十五条 《担保法》第七条规定的其他组织主要包括：

（一）依法登记领取营业执照的独资企业、合伙企业；

（二）依法登记领取营业执照的联营企业；

（三）依法登记领取营业执照的中外合作经营企业；

（四）经民政部门核准登记的社会团体；

（五）经核准登记领取营业执照的乡镇、街道、村办企业。

第十六条 从事经营活动的事业单位、社会团体为保证人的，如无其他导致保证合同无效的情况，其所签订的保证合同应当认定为有效。

第十七条 企业法人的分支机构未经法人书面授权提供保证的，保证合同无效。因此给债权人造成损失的，应当根据《担保法》第五条第二款的规定处理。

企业法人的分支机构经法人书面授权提供保证的，如果法人的书面授权范围不明，法人的分支机构应当对保证合同约定的全部债务承担保证责任。

企业法人的分支机构经营管理的财产不足以承担保证责任的，由企业法人承担民事责任。

企业法人的分支机构提供的保证无效后应当承担赔偿责任的，由分支机构经营管理的财产承担。企业法人有过错的，按照《担保法》第二十九条的规定处理。

第十八条 企业法人的职能部门提供保证的，保证合同无效。

债权人知道或者应当知道保证人为企业法人的职能部门的，因此造成的损失由债权人自行承担。

债权人不知保证人为企业法人的职能部门，因此造成的损失，可以参照《担保法》第五条第二款的规定和第二十九条的规定处理。

第十九条 两个以上保证人对同一债务同时或者分别提供保证时，各保证人与债权人没有约定保证份额的，应当认定为连带共同保证。

连带共同保证的保证人以其相互之间约定各自承担的份额对抗债权人的，

人民法院不予支持。

第二十条 连带共同保证的债务人在主合同规定的债务履行期届满没有履行债务的，债权人可以要求债务人履行债务，也可以要求任何一个保证人承担全部保证责任。

连带共同保证的保证人承担保证责任后，向债务人不能追偿的部分，由各连带保证人按其内部约定的比例分担。没有约定的，平均分担。

第二十一条 按份共同保证的保证人按照保证合同约定的保证份额承担保证责任后，在其履行保证责任的范围内对债务人行使追偿权。

第二十二条 第三人单方以书面形式向债权人出具担保书，债权人接受且未提出异议的，保证合同成立。

主合同中虽然没有保证条款，但是，保证人在主合同上以保证人的身份签字或者盖章的，保证合同成立。

第二十三条 最高额保证合同的不特定债权确定后，保证人应当对在最高债权额限度内就一定期间连续发生的债权余额承担保证责任。

第二十四条 一般保证的保证人在主债权履行期间届满后，向债权人提供了债务人可供执行财产的真实情况的，债权人放弃或者怠于行使权利致使该财产不能被执行，保证人可以请求人民法院在其提供可供执行财产的实际价值范围内免除保证责任。

第二十五条 《担保法》第十七条第三款第(一)项规定的债权人要求债务人履行债务发生的重大困难情形，包括债务人下落不明、移居境外，且无财产可供执行。

第二十六条 第三人向债权人保证监督支付专款专用的，在履行了监督支付专款专用的义务后，不再承担责任。未尽监督义务造成资金流失的，应当对流失的资金承担补充赔偿责任。

第二十七条 保证人对债务人的注册资金提供保证的，债务人的实际投资与注册资金不符，或者抽逃转移注册资金的，保证人在注册资金不足或者抽逃转移注册资金的范围内承担连带保证责任。

第二十八条 保证期间，债权人依法将主债权转让给第三人的，保证债权同时转让，保证人在原保证担保的范围内对受让人承担保证责任。但是保证人与债权人事先约定仅对特定的债权人承担保证责任或者禁止债权转让的，保证人不再承担保证责任。

第二十九条 保证期间，债权人许可债务人转让部分债务未经保证人书面同意的，保证人对未经其同意转让部分的债务，不再承担保证责任。但是，保证人仍应当对未转让部分的债务承担保证责任。

第三十条 保证期间，债权人与债务人对主合同数量、价款、币种、利率等内容作了变动，未经保证人同意的，如果减轻债务人的债务的，保证人仍应当对变更后的合同承担保证责任；如果加重债务人的债务的，保证人对加重的部分不承担保证责任。

债权人与债务人对主合同履行期限作了变动，未经保证人书面同意的，保证期间为原合同约定的或者法律规定的期间。

债权人与债务人协议变动主合同内容，但并未实际履行的，保证人仍应当承担保证责任。

第三十一条 保证期间不因任何事由发生中断、中止、延长的法律后果。

第三十二条 保证合同约定的保证期间早于或者等于主债务履行期限的，视为没有约定，保证期间为主债务履行期届满之日起六个月。

保证合同约定保证人承担保证责任直至主债务本息还清时为止等类似内容的，视为约定不明，保证期间为主债务履行期届满之日起二年。

第三十三条 主合同对主债务履行期限没有约定或者约定不明的，保证期间自债权人要求债务人履行义务的宽限期届满之日起计算。

第三十四条 一般保证的债权人在保证期间届满前对债务人提起诉讼或者申请仲裁的，从判决或者仲裁裁决生效之日起，开始计算保证合同的诉讼时效。

连带责任保证的债权人在保证期间届满前要求保证人承担保证责任的，从债权人要求保证人承担保证责任之日起，开始计算保证合同的诉讼时效。

第三十五条 保证人对已经超过诉讼时效期间的债务承担保证责任或者提供保证的，又以超过诉讼时效为由抗辩的，人民法院不予支持。

第三十六条 一般保证中，主债务诉讼时效中断，保证债务诉讼时效中断；连带责任保证中，主债务诉讼时效中断，保证债务诉讼时效不中断。

一般保证和连带责任保证中，主债务诉讼时效中止的，保证债务的诉讼时效同时中止。

第三十七条 最高额保证合同对保证期间没有约定或者约定不明的，如最高额保证合同约定有保证人清偿债务期限的，保证期间为清偿期限届满之日起六个月。没有约定债务清偿期限的，保证期间自最高额保证终止之日或自债权人收到保证人终止保证合同的书面通知到达之日起六个月。

第三十八条 同一债权既有保证又有第三人提供物的担保的，债权人可以请求保证人或者物的担保人承担担保责任。当事人对保证担保的范围或者物的担保的范围没有约定或者约定不明的，承担了担保责任的担保人，可以向债务人追偿，也可以要求其他担保人清偿其应当分担的份额。

同一债权既有保证又有物的担保的，物的担保合同被确认无效或者被撤销，或者担保物因不可抗力的原因灭失而没有代位物的，保证人仍应当按合同的约定或者法律的规定承担保证责任。

债权人在主合同履行期届满后怠于行使担保物权，致使担保物的价值减少或者毁损、灭失的，视为债权人放弃部分或者全部物的担保。保证人在债权人放弃权利的范围内减轻或者免除保证责任。

第三十九条 主合同当事人双方协议以新贷偿还旧贷，除保证人知道或者应当知道的外，保证人不承担民事责任。

新贷与旧贷系同一保证人的，不适用前款的规定。

第四十条 主合同债务人采取欺诈、胁迫等手段，使保证人在违背真实意思的情况下提供保证的，债权人知道或者应当知道欺诈、胁迫事实的，按照《担保法》第三十条的规定处理。

第四十一条 债务人与保证人共同欺骗债权人，订立主合同和保证合同的，债权人可以请求人民法院予以撤销。因此给债权人造成损失的，由保证人与债务人承担连带赔偿责任。

第四十二条 人民法院判决保证人承担保证责任或者赔偿责任的，应当在判决书主文中明确保证人享有《担保法》第三十一条规定的权利。判决书中未予明确追偿权的，保证人只能按照承担责任的事实，另行提起诉讼。

保证人对债务人行使追偿权的诉讼时效，自保证人向债权人承担责任之日起开始计算。

第四十三条 保证人自行履行保证责任时,其实际清偿额大于主债权范围的,保证人只能在主债权范围内对债务人行使追偿权。

第四十四条 保证期间,人民法院受理债务人破产案件的,债权人既可以向人民法院申报债权,也可以向保证人主张权利。

债权人申报债权后在破产程序中未受清偿的部分,保证人仍应当承担保证责任。债权人要求保证人承担保证责任的,应当在破产程序终结后六个月内提出。

第四十五条 债权人知道或者应当知道债务人破产,既未申报债权也未通知保证人,致使保证人不能预先行使追偿权的,保证人在该债权在破产程序中可能受偿的范围内免除保证责任。

第四十六条 人民法院受理债务人破产案件后,债权人未申报债权的,各连带共同保证的保证人应当作为一个主体申报债权,预先行使追偿权。

三　关于抵押部分的解释

第四十七条 以依法获准尚未建造的或者正在建造中的房屋或者其他建筑物抵押的,当事人办理了抵押物登记,人民法院可以认定抵押有效。

第四十八条 以法定程序确认为违法、违章的建筑物抵押的,抵押无效。

第四十九条 以尚未办理权属证书的财产抵押的,在第一审法庭辩论终结前能够提供权利证书或者补办登记手续的,可以认定抵押有效。

当事人未办理抵押物登记手续的,不得对抗第三人。

第五十条 以《担保法》第三十四条第一款所列财产一并抵押的,抵押财产的范围应当以登记的财产为准。抵押财产的价值在抵押权实现时予以确定。

第五十一条 抵押人所担保的债权超出其抵押物价值的,超出的部分不具有优先受偿的效力。

第五十二条 当事人以农作物和与其尚未分离的土地使用权同时抵押的,土地使用权部分的抵押无效。

第五十三条 学校、幼儿园、医院等以公益为目的的事业单位、社会团体,以其教育设施、医疗卫生设施和其他社会公益设施以外的财产为自身债务设定抵押的，人民法院可以认定抵押有效。

第五十四条 按份共有人以其共有财产中享有的份额设定抵押的，抵押有效。

共同共有人以其共有财产设定抵押，未经其他共有人的同意，抵押无效。但是，其他共有人知道或者应当知道而未提出异议的视为同意，抵押有效。

第五十五条 已经设定抵押的财产被采取查封、扣押等财产保全或者执行措施的，不影响抵押权的效力。

第五十六条 抵押合同对被担保的主债权种类、抵押财产没有约定或者约定不明，根据主合同和抵押合同不能补正或者无法推定的，抵押不成立。

法律规定登记生效的抵押合同签订后，抵押人违背诚实信用原则拒绝办理抵押登记致使债权人受到损失的，抵押人应当承担赔偿责任。

第五十七条 当事人在抵押合同中约定，债务履行期届满抵押权人未受清偿时，抵押物的所有权转移为债权人所有的内容无效。

该内容的无效不影响抵押合同其他部分内容的效力。

债务履行期届满后抵押权人未受清偿时，抵押权人和抵押人可以协议以抵押物折价取得抵押物。但是，损害顺序在后的担保物权人和其他债权人利益的，人民法院可以适用《合同法》第七十四条、第七十五条的有关规定。

第五十八条 当事人同一天在不同的法定登记部门办理抵押物登记的，视为顺序相同。

因登记部门的原因致使抵押物进行连续登记的，抵押物第一次登记的日期，视为抵押登记的日期，并依此确定抵押权的顺序。

第五十九条 当事人办理抵押物登记手续时，因登记部门的原因致使其无法办理抵押物登记，抵押人向债权人缴付权利凭证的，可以认定债权人对该财产有优先受偿权。但是，未办理抵押物登记的，不得对抗第三人。

第六十条 以《担保法》第四十二条第(二)项规定的不动产抵押的，县级以上地方人民政府对登记部门未作规定，当事人在土地管理部门或者房产管理部门办理了抵押物登记手续，人民法院可以确认其登记的效力。

第六十一条 抵押物登记记载的内容与抵押合同约定的内容不一致的，以登记记载的内容为准。

第六十二条 抵押物因附合、混合或者加工使抵押物的所有权为第三人所有的,抵押权的效力及于补偿金;抵押物所有人为附合物、混合物或者加工物的所有人的,抵押权的效力及于附合物、混合物或者加工物;第三人与抵押物所有人为附合物、混合物或者加工物的共有人的,抵押权的效力及于抵押人对共有物享有的份额。

第六十三条 抵押权设定前为抵押物的从物的,抵押权的效力及于抵押物的从物。但是,抵押物与其从物为两个以上的人分别所有时,抵押权的效力不及于抵押物的从物。

第六十四条 债务履行期届满,债务人不履行债务致使抵押物被人民法院依法扣押的,自扣押之日起抵押权人收取的由抵押物分离的天然孳息和法定孳息,按照下列顺序清偿:

(一)收取孳息的费用;

(二)主债权的利息;

(三)主债权。

第六十五条 抵押人将已出租的财产抵押的,抵押权实现后,租赁合同在有效期内对抵押物的受让人继续有效。

第六十六条 抵押人将已抵押的财产出租的,抵押权实现后,租赁合同对受让人不具有约束力。

抵押人将已抵押的财产出租时,如果抵押人未书面告知承租人该财产已抵押的,抵押人对出租抵押物造成承租人的损失承担赔偿责任;如果抵押人已书面告知承租人该财产已抵押的,抵押权实现造成承租人的损失,由承租人自己承担。

第六十七条 抵押权存续期间,抵押人转让抵押物未通知抵押权人或者未告知受让人的,如果抵押物已经登记的,抵押权人仍可以行使抵押权;取得抵押物所有权的受让人,可以代替债务人清偿其全部债务,使抵押权消灭。受让人清偿债务后可以向抵押人追偿。

如果抵押物未经登记的,抵押权不得对抗受让人,因此给抵押权人造成损失的,由抵押人承担赔偿责任。

第六十八条 抵押物依法被继承或者赠予的,抵押权不受影响。

第六十九条 债务人有多个普通债权人的，在清偿债务时，债务人与其中一个债权人恶意串通，将其全部或者部分财产抵押给该债权人，因此丧失了履行其他债务的能力，损害了其他债权人的合法权益，受损害的其他债权人可以请求人民法院撤销该抵押行为。

第七十条 抵押人的行为足以使抵押物价值减少的，抵押权人请求抵押人恢复原状或提供担保遭到拒绝时，抵押权人可以请求债务人履行债务，也可以请求提前行使抵押权。

第七十一条 主债权未受全部清偿的，抵押权人可以就抵押物的全部行使其抵押权。

抵押物被分割或者部分转让的，抵押权人可以就分割或者转让后的抵押物行使抵押权。

第七十二条 主债权被分割或者部分转让的，各债权人可以就其享有的债权份额行使抵押权。

主债务被分割或者部分转让的，抵押人仍以其抵押物担保数个债务人履行债务。但是，第三人提供抵押的，债权人许可债务人转让债务未经抵押人书面同意的，抵押人对未经其同意转让的债务，不再承担担保责任。

第七十三条 抵押物折价或者拍卖、变卖该抵押物的价款低于抵押权设定时约定价值的，应当按照抵押物实现的价值进行清偿。

不足清偿的剩余部分，由债务人清偿。

第七十四条 抵押物折价或者拍卖、变卖所得的价款，当事人没有约定的，按下列顺序清偿：

（一）实现抵押权的费用；

（二）主债权的利息；

（三）主债权。

第七十五条 同一债权有两个以上抵押人的，债权人放弃债务人提供的抵押担保的，其他抵押人可以请求人民法院减轻或者免除其应当承担的担保责任。

同一债权有两个以上抵押人的，当事人对其提供的抵押财产所担保的债权份额或者顺序没有约定或者约定不明的，抵押权人可以就其中任一或者各个财产行使抵押权。

抵押人承担担保责任后，可以向债务人追偿，也可以要求其他抵押人清偿其应当承担的份额。

第七十六条 同一动产向两个以上债权人抵押的，当事人未办理抵押物登记，实现抵押权时，各抵押权人按照债权比例受偿。

第七十七条 同一财产向两个以上债权人抵押的，顺序在先的抵押权与该财产的所有权归属一人时，该财产的所有权人可以以其抵押权对抗顺序在后的抵押权。

第七十八条 同一财产向两个以上债权人抵押的，顺序在后的抵押权所担保的债权先到期的，抵押权人只能就抵押物价值超出顺序在先的抵押担保债权的部分受偿。

顺序在先的抵押权所担保的债权先到期的，抵押权实现后的剩余价款应予提存，留待清偿顺序在后的抵押担保债权。

第七十九条 同一财产法定登记的抵押权与质权并存时，抵押权人优先于质权人受偿。

同一财产抵押权与留置权并存时，留置权人优先于抵押权人受偿。

第八十条 在抵押物灭失、毁损或者被征用的情况下，抵押权人可以就该抵押物的保险金、赔偿金或者补偿金优先受偿。

抵押物灭失、毁损或者被征用的情况下，抵押权所担保的债权未届清偿期的，抵押权人可以请求人民法院对保险金、赔偿金或补偿金等采取保全措施。

第八十一条 最高额抵押权所担保的债权范围，不包括抵押物因财产保全或者执行程序被查封后或债务人、抵押人破产后发生的债权。

第八十二条 当事人对最高额抵押合同的最高限额、最高额抵押期间进行变更，以其变更对抗顺序在后的抵押权人的，人民法院不予支持。

第八十三条 最高额抵押权所担保的不特定债权，在特定后，债权已届清偿期的，最高额抵押权人可以根据普通抵押权的规定行使其抵押权。

抵押权人实现最高额抵押权时，如果实际发生的债权余额高于最高限额的，以最高限额为限，超过部分不具有优先受偿的效力；如果实际发生的债权余额低于最高限额的，以实际发生的债权余额为限对抵押物优先受偿。

四　关于质押部分的解释

动产质押：

第八十四条　出质人以其不具有所有权但合法占有的动产出质的，不知出质人无处分权的质权人行使质权后，因此给动产所有人造成损失的，由出质人承担赔偿责任。

第八十五条　债务人或者第三人将其金钱以特户、封金、保证金等形式特定化后，移交债权人占有作为债权的担保，债务人不履行债务时，债权人可以以该金钱优先受偿。

第八十六条　债务人或者第三人未按质押合同约定的时间移交质物的，因此给质权人造成损失的，出质人应当根据其过错承担赔偿责任。

第八十七条　出质人代质权人占有质物的，质押合同不生效；质权人将质物返还于出质人后，以其质权对抗第三人的，人民法院不予支持。

因不可归责于质权人的事由而丧失对质物的占有，质权人可以向不当占有人请求停止侵害、恢复原状、返还质物。

第八十八条　出质人以间接占有的财产出质的，质押合同自书面通知送达占有人时视为移交。占有人收到出质通知后，仍接受出质人的指示处分出质财产的，该行为无效。

第八十九条　质押合同中对质押的财产约定不明，或者约定的出质财产与实际移交的财产不一致的，以实际缴付占有的财产为准。

第九十条　质物有隐蔽瑕疵造成质权人其他财产损害的，应由出质人承担赔偿责任，但是，质权人在质物移交时明知质物有瑕疵而予以接受的除外。

第九十一条　动产质权的效力及于质物的从物。但是，从物未随同质物移交质权人占有的，质权的效力不及于从物。

第九十二条　按照《担保法》第六十九条的规定将质物提存的，质物提存费用由质权人负担；出质人提前清偿债权的，应当扣除未到期部分的利息。

第九十三条　质权人在质权存续期间，未经出质人同意，擅自使用、出租、处分质物，因此给出质人造成损失的，由质权人承担赔偿责任。

第九十四条　质权人在质权存续期间，为担保自己的债务，经出质人同意，以其所占有的质物为第三人设定质权的,应当在原质权所担保的债权范围之内,超过的部分不具有优先受偿的效力。转质权的效力优于原质权。

质权人在质权存续期间,未经出质人同意,为担保自己的债务,在其所占有的质物上为第三人设定质权的无效。质权人对因转质而发生的损害承担赔偿责任。

第九十五条 债务履行期届满质权人未受清偿的,质权人可以继续留置质物,并以质物的全部行使权利。出质人清偿所担保的债权后,质权人应当返还质物。

债务履行期届满,出质人请求质权人及时行使权利,而质权人怠于行使权利致使质物价格下跌的,由此造成的损失,质权人应当承担赔偿责任。

第九十六条 本解释第五十七条、第六十二条、第六十四条、第七十一条、第七十二条、第七十三条、第七十四条、第八十条之规定,适用于动产质押。

权利质押:

第九十七条 以公路桥梁、公路隧道或者公路渡口等不动产收益权出质的,按照《担保法》第七十五条第(四)项的规定处理。

第九十八条 以汇票、支票、本票出质,出质人与质权人没有背书记载"质押"字样,以票据出质对抗善意第三人的,人民法院不予支持。

第九十九条 以公司债券出质的,出质人与质权人没有背书记载"质押"字样,以债券出质对抗公司和第三人的,人民法院不予支持。

第一〇〇条 以存款单出质的,签发银行核押后又受理挂失并造成存款流失的,应当承担民事责任。

第一〇一条 以票据、债券、存款单、仓单、提单出质的,质权人再转让或者质押的无效。

第一〇二条 以载明兑现或者提货日期的汇票、支票、本票、债券、存款单、仓单、提单出质的,其兑现或者提货日期后于债务履行期的,质权人只能在兑现或者提货日期届满时兑现款项或者提取货物。

第一〇三条 以股份有限公司的股份出质的,适用《中华人民共和国公司法》有关股份转让的规定。

以上市公司的股份出质的,质押合同自股份出质向证券登记机构办理出质登记之日起生效。

以非上市公司的股份出质的，质押合同自股份出质记载于股东名册之日起生效。

第一〇四条 以依法可以转让的股份、股票出质的，质权的效力及于股份、股票的法定孳息。

第一〇五条 以依法可以转让的商标专用权，专利权、著作权中的财产权出质的，出质人未经质权人同意而转让或者许可他人使用已出质权利的，应当认定为无效。因此给质权人或者第三人造成损失的，由出质人承担民事责任。

第一〇六条 质权人向出质人、出质债权的债务人行使质权时，出质人、出质债权的债务人拒绝的，质权人可以起诉出质人和出质债权的债务人，也可以单独起诉出质债权的债务人。

五 关于留置部分的解释

第一〇七条 当事人在合同中约定排除留置权，债务履行期届满，债权人行使留置权的，人民法院不予支持。

第一〇八条 债权人合法占有债务人缴付的动产时，不知债务人无处分该动产的权利，债权人可以按照《担保法》第八十二条的规定行使留置权。

第一〇九条 债权人的债权已届清偿期，债权人对动产的占有与其债权的发生有牵连关系，债权人可以留置其所占有的动产。

第一一〇条 留置权人在债权未受全部清偿前，留置物为不可分物的，留置权人可以就其留置物的全部行使留置权。

第一一一条 债权人行使留置权与其承担的义务或者合同的特殊约定相抵触的，人民法院不予支持。

第一一二条 债权人的债权未届清偿期，其缴付占有标的物的义务已届履行期的，不能行使留置权。但是，债权人能够证明债务人无支付能力的除外。

第一一三条 债权人未按《担保法》第八十七条规定的期限通知债务人履行义务，直接变价处分留置物的，应当对此造成的损失承担赔偿责任。债权人与债务人按照《担保法》第八十七条的规定在合同中约定宽限期的，债权人可以不经通知，直接行使留置权。

第一一四条　本解释第六十四条、第八十条、第八十七条、第九十一条、第九十三条的规定，适用于留置。

六　关于定金部分的解释

第一一五条　当事人约定以缴付定金作为订立主合同担保的，给付定金的一方拒绝订立主合同的，无权要求返还定金；收受定金的一方拒绝订立合同的，应当双倍返还定金。

第一一六条　当事人约定以缴付定金作为主合同成立或者生效要件的，给付定金的一方未支付定金，但主合同已经履行或者已经履行主要部分的，不影响主合同的成立或者生效。

第一一七条　定金缴付后，缴付定金的一方可以按照合同的约定以丧失定金为代价而解除主合同，收受定金的一方可以双倍返还定金为代价而解除主合同。对解除主合同后责任的处理，适用《中华人民共和国合同法》的规定。

第一一八条　当事人缴付留置金、担保金、保证金、订约金、押金或者订金等，但没有约定定金性质的，当事人主张定金权利的，人民法院不予支持。

第一一九条　实际缴付的定金数额多于或者少于约定数额，视为变更定金合同；收受定金一方提出异议并拒绝接受定金的，定金合同不生效。

第一二〇条　因当事人一方迟延履行或者其他违约行为，致使合同目的不能实现，可以适用定金罚则。但法律另有规定或者当事人另有约定的除外。

当事人一方不完全履行合同的，应当按照未履行部分所占合同约定内容的比例，适用定金罚则。

第一二一条　当事人约定的定金数额超过主合同标的额百分之二十的，超过的部分，人民法院不予支持。

第一二二条　因不可抗力、意外事件致使主合同不能履行的，不适用定金罚则。因合同关系以外第三人的过错，致使主合同不能履行的，适用定金罚则。受定金处罚的一方当事人，可以依法向第三人追偿。

七　关于其他问题的解释

第一二三条　同一债权上数个担保物权并存时，债权人放弃债务人提供的物的担保的，其他担保人在其放弃权利的范围内减轻或者免除担保责任。

第一二四条 企业法人的分支机构为他人提供保证的，人民法院在审理保证纠纷案件中可以将该企业法人作为共同被告参加诉讼。但是商业银行、保险公司的分支机构提供保证的除外。

第一二五条 一般保证的债权人向债务人和保证人一并提起诉讼的，人民法院可以将债务人和保证人列为共同被告参加诉讼。但是，应当在判决书中明确在对债务人财产依法强制执行后仍不能履行债务时，由保证人承担保证责任。

第一二六条 连带责任保证的债权人可以将债务人或者保证人作为被告提起诉讼，也可以将债务人和保证人作为共同被告提起诉讼。

第一二七条 债务人对债权人提起诉讼，债权人提起反诉的，保证人可以作为第三人参加诉讼。

第一二八条 债权人向人民法院请求行使担保物权时，债务人和担保人应当作为共同被告参加诉讼。

同一债权既有保证又有物的担保的，当事人发生纠纷提起诉讼的，债务人与保证人、抵押人或者出质人可以作为共同被告参加诉讼。

第一二九条 主合同和担保合同发生纠纷提起诉讼的，应当根据主合同确定案件管辖。担保人承担连带责任的担保合同发生纠纷，债权人向担保人主张权利的，应当由担保人住所地的法院管辖。

主合同和担保合同选择管辖的法院不一致的，应当根据主合同确定案件管辖。

第一三〇条 在主合同纠纷案件中，对担保合同未经审判，人民法院不应当依据对主合同当事人所作出的判决或者裁定，直接执行担保人的财产。

第一三一条 本解释所称"不能清偿"指对债务人的存款、现金、有价证券、成品、半成品、原材料、交通工具等可以执行的动产和其他方便执行的财产执行完毕后，债务仍未能得到清偿的状态。

第一三二条 在案件审理或者执行程序中，当事人提供财产担保的，人民法院应当对该财产的权属证书予以扣押，同时向有关部门发出协助执行通知书，要求其在规定的时间内不予办理担保财产的转移手续。

第一三三条 《担保法》施行以前发生的担保行为,适用担保行为发生时的法律、法规和有关司法解释。

《担保法》施行以后因担保行为发生的纠纷案件,在本解释公布施行前已经终审,当事人申请再审或者按审判监督程序决定再审的,不适用本解释。

《担保法》施行以后因担保行为发生的纠纷案件,在本解释公布施行后尚在一审或二审阶段的,适用《担保法》和本解释。

第一三四条 最高人民法院在《担保法》施行以前作出的有关担保问题的司法解释,与《担保法》和本解释相抵触的,不再适用。